本书为昆明学院引进人才科研项目
"就业极化对劳动收入差距的影响机制与实证研究"
（科研项目代码：YJW2008）研究成果

# 劳动力市场极化问题研究
## ——基于技能偏向型技术进步和劳动力流动的视角

曹洁 著

RESEARCH ON LABOR MARKET POLARIZATION

Based on the Perspective of Skill Biased Technical Change and Labor Mobility

社会科学文献出版社
SOCIAL SCIENCES ACADEMIC PRESS (CHINA)

# 梨花素洁　自成花潮
## ——为曹洁博士专著作序

在春暖花开的时节，欣闻曹洁博士的心力之作《劳动力市场极化问题研究——基于技能偏向型技术进步和劳动力流动的视角》即将在社会科学文献出版社出版，好消息一如迎春绽放的花潮令人期待。好作品经得起时间的检验，该著述是在她六年前博士学位论文基础上修改完善的最新呈现，身为她的博士生指导老师，欣慰之余也颇有感慨……

我自大学毕业留校任教就一直从事人口经济学的科研与教学，聘任人口、资源与环境经济学博士生导师也近20个年头。长期的科研实践和带研究生的体会，让我深感做科研之不易，没有足够的自律与超常的专注难以做出有价值的成果。我信奉这样的观点："读博是一场艰辛的学术修行，没有经历下地狱的身心煎熬，就不可能取得真经，修成正果"。我也一直以此来告诫博士生们。

回想当年，与曹洁同时招入我门下的还有另外一位女生，该女生硕士就毕业于我们的人口、资源与环境经济学专业，因此对专业知识的熟悉程度自不待言，曹洁则来自其他学科，没有专业知识积累，因此我隐约还是有些担忧，就怕她跟不上。后来的结果却完全出乎我的意料，事先看好的那位女生因忙于工作和家庭最终没有完成学业，曹洁则不然，这个不善言辞的女孩生性文静，却颇有些不服输的韧劲儿，读博四年，尽管也经历过挫折、直面过彷徨，但还是能够排除万难，锲而不舍地坚持下来，一步一个脚印踏实推进自己的学业计划，最终圆满完成学业，通过博士学位论文答辩取得经济学博士学位。

通读曹洁博士的这篇著述，能够从中感悟到她做学问的严谨态度和求实精神，著述中蕴含的学术价值亦跃然可见。

首先，该书直面当代就业市场凸显出来的一个普遍事实——劳动力市场极化。在过去几十年间，劳动力市场极化成为许多发达国家经济发展中的一个典型事实。相对于高技能和低技能劳动力的就业份额或工资的增长，中等技能劳动力的就业份额或工资持续下降，这种两端上涨、中间下跌的"U"形结构已经成为欧美国家劳动力市场上显而易见的长期趋势。改革开放以来，伴随科学技术高歌猛进和人口流动加速呈现，当代中国的劳动力市场极化现象也渐次出现。但相关的研究显然关注不足，亦成为该著述立论的出发点。

其次，该书从技能偏向型技术进步和劳动力流动两个视角探讨了导致劳动力市场极化的原因。这无疑是抓住了问题的核心与关键。基于技能水平、受教育水平和工资水平三个标准对职业及劳动力进行了分类，通过统计各类职业在2003~2015年的就业份额变化和平均工资增长情况判定中国劳动力市场极化的发生，得出"中国劳动力市场的整体极化和地区间极化趋势渐次显现"的研究结论。在此基础上，有针对性地构建计量模型，对劳动力市场极化形成机制展开理论探讨和实证分析。本研究指出，劳动力市场上存在职业的性别隔离和年龄隔离，以及人口流动地域分割和城乡分割，导致特定群体在就业极化过程中的失业风险增加。这些分析既能够紧扣本研究主题、印证客观现实，又做到层次分明、有理有据地呈现自己的学术观点。

再次，相较于同类研究，该著述在研究视角切入、文献梳理、指标选取、数据取舍、变量预设和模型建构等方面都有自己的学术考量和独创之处，因而凸显出不同一般的学术价值。事实上，曹洁著述所彰显的学术价值已经得到学界关注和肯定，早在2018年她撰写的相关研究文章"劳动力市场极化研究综述"一文就在中国社会科学院人口与劳动经济研究所主办的《劳动经济研究》杂志刊载，随后又被《新华文摘》全文转载。这对当时没有任何学术资历、还在苦苦撰写学位论文的博士生实属难得，表明曹洁博士对该研究领域的学术关注具有较为深入而全面的理解，走在了该领域研究的前沿，也因此才能够为其完成论文奠定坚实的研究基础。

最后我想说，一个好的作品往往带有朴实无华的品性，并不需要自我张扬，但总会在不经意间被看见。犹如春天里争奇斗艳、竞相绽放的花朵，都想大红大紫，唯有梨花的洁白素雅，自带清逸脱俗的淡然，却为花潮之观止。愿曹洁博士的这本著述带着梨花的清逸与淡然进入学界的视野，为学术的春天添一枝新芽，也祝愿曹洁博士以此为契机，在学术道路上学思不辍，直面更大的挑战，成就更好的自己。

是为序。

2024年3月于龙泉苑

# 摘　要

在过去的几十年里，劳动力市场极化成为许多发达国家经济发展中的一个典型事实。相对于高技能和低技能劳动力的就业份额或工资的增长，中等技能劳动力的就业份额或工资持续下降，这种两端上涨、中间下跌的"U"形结构已经成为欧美国家劳动力市场上显而易见的长期趋势。随着中国不断深化经济结构改革，创新驱动和技术进步正在成为经济增长的核心动力，劳动力市场上就业及工资结构也随之发生深刻变化。然而，目前国内研究对于劳动力市场是否出现极化还未有定论，对劳动力市场极化形成机制的研究也相对滞后。本文基于技能偏向型技术进步和劳动力流动的视角，运用理论和实证研究方法，围绕中国劳动力市场极化问题进行深入研究。

全文拟划分七个章节。第一章绪论，围绕本文的选题背景和意义，研究思路、目标及内容，以及可能存在的创新点展开。第二章是相关文献的回顾和理论梳理，围绕劳动力市场极化的出现、测度方法、形成原因以及带来的社会经济效应四个方面进行梳理和回顾，并对已有文献研究进行简要评述。第三章是中国劳动力市场极化的特征分析。本章基于技能水平、受教育水平和工资水平三个标准对职业及劳动力进行了分类，通过统计各类职业在 2003~2015 年的就业份额变化和平均工资增长情况判定中国劳动力市场极化的发生。最后，在对全国劳动力市场极化分析的基础上，对东、中、西部地区劳动力市场极化中表现出来的地区差异进行比较。第四章是对劳动力市场极化形成机制的理论研究。本章参考奥托尔等（Autor et al., 2003）、迈克尔斯等（Michaels et al., 2010）、阿西莫格鲁和奥托尔（Acemoglu and Autor, 2013）、莱恩（Lehn, 2015）构建理论模型，对技能偏向型技术进步下，资本替代常规型工作任务导致中技能劳动力就业和工资相对减少的过程进行理论分析。再通过构建空间一般均衡分析模型，研究在劳动力流动的作用下，区域劳动力市场上工资和就业的进一步极化。第五章和第六章通过实证分析，验证理论命题的存在。其中第五章是针对技能偏向型技术进步与劳动力市场极化的实证分析。首先，借助 1995~2015 年设备、工器具等固定资产投资规模和价格指数变动的统计分析对中国此阶段资本价格指数下降和技术资本投入不断增长的典型事实进行了描述。然后根据阿西莫格鲁（Acemoglu, 2002）对技术进步偏向性的界定，计算得到我国 2003~2013 年各省（区、市）技术进步的技能偏向水平，证实了我国现阶段技术进步是高技能偏向型的。在此基础上，运用 CGSS 2003 年、2008 年、2010~2013 年、2015 年等各年份的截面数据，采用多元线性回归、加权回归、多元 Logit 回归等模型进行实证分析，检验技能偏向型技术进步对于就业极化和工资极化的影响作用。第六章是针对劳动力流动与劳动力市场极化的实证分析。本章利用 2013~2015 年全国流动人口动态监测数据进行实证分析，通过多元线性回归、多元处理效应、多元 Logit 回归等模型进行估计，并进行分城市、分地区的分组回归比较，通过实证分析对劳动力流动影响不同技能水平劳动力就业和工资变动的效应进行了较全面的分析。第七章就本文的主要结论进行总结，并据此提出进一步的研究展望。

围绕中国劳动力市场极化问题的研究，本文得到了若干有意义的研究结论。

第一，中国劳动力市场的整体极化和地区间极化趋势的渐次显现。在2003~2015年，我国劳动力市场在整体上表现出了就业极化和工资极化的特征，且在东部地区表现明显。虽然中、西部地区没有出现明显的就业极化，但在不同分类标准下中技能劳动力的就业份额都在下降，中、低技能劳动力的相对工资也在不断下降，中、低技能劳动力的工资水平非常接近，同时高技能劳动力的工资快速上涨，这些都说明中、西部地区劳动力市场上就业极化和工资极化的趋势已经显现。

第二，技术进步表现为高技能偏向型且促进了劳动力市场极化。在2003~2015年，各省（区、市）技术进步是高技能偏向型的，且偏向度水平呈上涨趋势。1995~2015年，国内资本价格指数不断下降，技术资本投入持续增长。理论和实证研究发现：技能偏向型技术进步对中国劳动力市场上就业和工资极化形成显著影响，且这一影响存在地区差异。东部地区较高的技术水平和技术资本投入，对极化的影响表现突出，而中、西部地区受技术资本投入水平限制，对劳动力市场极化的影响还不够明显。

第三，劳动力流动性的增强促进了劳动力市场极化的发生。所谓"人挪活、树挪死"，对于个体劳动者来说，扩大流动范围能够有效提高工资水平和就业概率，且这种促进效应对于高技能和低技能劳动力尤为突出，即劳动力增强流动带来了工资和就业的极化。从城市和区域层面的分析同样验证了这一点，地区常住人口规模增长、劳动力的流动性增强能够显著促进地区内部劳动力市场的极化，在技术进步和名义工资增长较快的大城市、东部地区这种极化效应尤为明显；反之，在中小城市、中西部地区，由于劳动力流动性较弱而表现出对劳动力市场极化的影响也较弱。

第四，劳动力市场分割加剧了就业极化对特定劳动群体的影响。通过实证检验中对控制变量的分析发现，劳动力市场上存在职业的性别隔离和年龄隔离，这导致男性中低学历的青壮年劳动力成为中技能职业的主要劳动供给，在就业极化过程中将首先受到冲击，面临失业风险。同时，劳动力市场上还存在地域分割、城乡分割，跨省的乡—城流动人口从事中技能职业的概率要高于城—城流动人口或省内流动人口，导致这一群体在就业极化过程中的失业风险增加。

**关键词：**劳动力市场极化　工资极化　就业极化　技能偏向型技术进步　劳动力流动

# 目 录

**第一章 劳动力市场极化问题研究导论 / 001**
  第一节 问题的提出 / 001
  第二节 研究目标和研究内容 / 009
  第三节 研究的创新点 / 011

**第二章 文献回顾和相关理论梳理 / 014**
  第一节 劳动力市场极化的出现 / 015
  第二节 劳动力市场极化的测度方法 / 018
  第三节 劳动力市场极化的形成原因 / 025
  第四节 劳动力市场极化的社会经济效应 / 051
  第五节 文献评述 / 053

**第三章 中国劳动力市场极化的特征分析 / 056**
  第一节 中国劳动力市场就业极化的测度 / 056
  第二节 中国劳动力市场就业极化的地区差异分析 / 065
  第三节 中国劳动力市场工资极化的测度及地区差异分析 / 074
  第四节 本章小结 / 081
  附　录 / 082

## 第四章　劳动力市场极化形成机制的理论研究 / 088

第一节　技术进步与劳动力市场极化 / 088

第二节　劳动力流动与劳动力市场极化 / 096

第三节　本章小结 / 099

## 第五章　技能偏向型技术进步与劳动力市场极化的实证研究 / 101

第一节　技术进步技能偏向度的测算 / 102

第二节　技能偏向型技术进步与工资极化 / 110

第三节　技能偏向型技术进步与就业极化 / 130

第四节　本章小结 / 142

附　录 / 144

## 第六章　劳动力流动与劳动力市场极化的实证研究 / 152

第一节　劳动力流动与工资极化 / 153

第二节　劳动力流动与就业极化 / 171

第三节　本章小结 / 182

附　录 / 183

## 第七章　研究结论及未来展望 / 190

第一节　主要研究结论及启示 / 190

第二节　研究展望 / 194

## 附录一　贸易开放对中国劳动者技能需求结构的影响研究

——基于贸易伙伴国发展水平差异视角的实证分析 / 196

**附录二　劳动力流动范围选择的"非线性"收入效应**
　　——基于全国流动人口动态监测数据的实证分析 / 212

**附录三　"斜杠"青年的收入和福利分析**
　　——基于 CGSS2012、2013、2015 的经验研究 / 236

**参考文献** / 258

**后　记** / 283

# 第一章
# 劳动力市场极化问题研究导论

## 第一节 问题的提出

### 一 选题背景

（一）劳动力市场极化已成为发达国家劳动力市场表现的普遍现象

劳动力的市场动向是观察一个国家经济社会发展态势的晴雨表。自20世纪八九十年代开始，欧美国家普遍出现了劳动力市场极化（Labor Market Polarization）现象：高技能和低技能劳动力的就业份额不断上升，而中技能劳动力的就业份额不断下降。同时，相对于中技能劳动力，高技能和低技能劳动力的实际相对工资不断上涨［阿西莫格鲁、奥托尔（Acemoglu and Autor, 2010）］。在2008年金融危机之后，这一极化现象更加突出，中等工资水平的工作岗位大量消失，中产阶级面临就业分化与生存风险，这一现象已成为欧美发达国家劳动力市场结构变化中的典型事实。

劳动力市场作为连接生产和消费的要素市场，其内部结构的调整既反映了生产部门对劳动力的需求现状，也将生产部门的影响通过就业和工资传导到消费部门。劳动力市场极化，正是通过研究劳动力市场上就业和工资结构的动态变化来反映整体经济结构的变动。近些年，国外学者围绕劳动力市场极化现象是否存在、如何测量及产生原因三个关键性问题展开了广泛讨论（杨伟国、李春燕，2013）。其中代表性观点认为技能偏向型技术进步（Skill-biased Technical Change，SBTC）能够较好地解释极化现象。奥托尔等（Autor et al.，2006），古斯等（Goos et al.，2009），迈克尔斯等（Michaels et al.，2010），安赫尔等（Anghel et al.，2014）等学者运用美国、欧盟国家和一些发展中国家的数据所做的经验研究都说明，在经济社会发展过程中各国普遍出现了这样的极化现象并对收入不平等产生了越来越突出的影响。

观察图1-1可以看出美国近30年劳动力市场上就业和工资的极化趋势。左图中，处于技能水平排序两头的较低技能和较高技能水平的职业，其就业份额是增长的，而中技能水平的职业就业份额是减少的。右图中，较低技能和较高技能水平职业的实际工资的相对增长快于中技能水平的职业。

从图1-2中也可以看出，欧盟16个国家在1993~2010年就已经出现劳动力市场极化，中等工资职业的就业份额均为负增长，低工资职业的就业份额为正增长或小幅减少（如卢森堡、芬兰），高工资职业的就业份额为较大幅度的正增长。

（二）经济结构转型中，中国劳动力市场开始表现出极化特征

当代中国经济发展已进入新常态，供给侧结构性改革是解决当前经济运行中突出矛盾的主要抓手。在深化改革、提高供给质量的道路

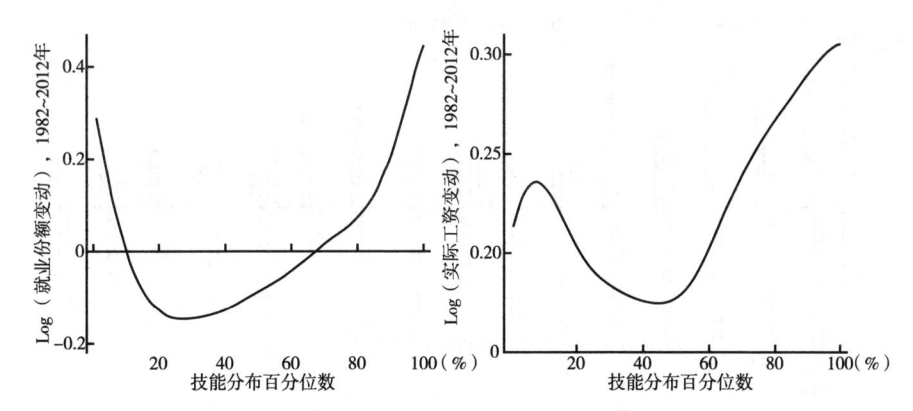

图 1-1　1982~2012 年美国劳动力市场极化

说明：左图横轴表示各职业按技能水平排序，数值越小代表的技能水平越低；纵轴表示各职业就业份额的变化水平，正值表示就业份额增长，负值表示就业份额减少。右图横轴表示各职业按技能水平排序，纵轴表示各职业实际工资的变化水平。

资料来源：莱恩（Lehn，2015）。

上，各要素市场发挥着基础性的作用，劳动力市场的结构变化将以工资作为信号，在价格机制下对供给侧产生普遍的影响。同时，劳动力市场相对于土地、资本等要素市场对居民收入的影响更直接，并将影响到需求侧。总之，劳动力市场的结构变化，连接着供给侧和需求侧两端，在经济结构转型的大背景下，要解决供求结构性失衡，需要对劳动力市场给予更多的关注。

2017 年中央预期减少贫困人口 1000 万，国务院发布《"十三五"促进就业规划》，继续实施积极就业政策以保障就业，增加居民收入，改善人民生活。然而伴随着经济增长，结构性的失业问题一直存在，大学生就业难和民工荒现象并存多年，新的"脑体倒挂"现象①、万元月嫂等现象的出现，都在说明中国劳动力市场正在发生前

---

① 一亿大学生与新"脑体倒挂". http：//news.youth.cn/gn/201507/t20150728_6929088.html.

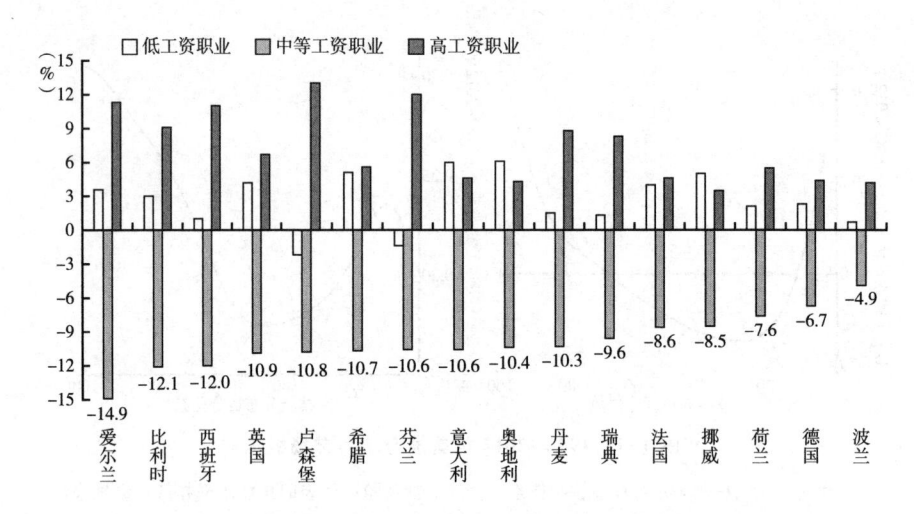

**图 1-2　1993~2010 年欧盟 16 个国家劳动力市场的极化表现**

说明：图中纵轴表示各类职业的就业份额的变动。将职业按工资水平分为低工资职业、中等工资职业和高工资职业三类。其中高工资职业包括：公司经理，物理、数学和工程专业人士，生命科学与卫生专业人员，其他专业人士，小企业管理人员，物理、数学工程助理专业人员，其他准专业人员，生命科学与健康相关专业人士。中等工资职业包括：固定设备和相关操作人员，金属、机械及相关行业工作，司机及流动设备操作员，办公室职员，精密、手工业、工艺印刷及相关行业从业人员，采掘和建筑行业工人，客服人员，机器操作员和装配工，其他工艺相关行业工人。低工资职业包括：采矿、建筑、制造业和运输业，个人和保护性服务工作者，模特，销售员和促销员；以及销售和服务等初级职业。

资料来源：奥托尔等（Autor et al., 2015）。

所未有的深刻变化。近年来，企业为降低人工成本，避免劳资纠纷而积极推动机器人等自动化设备的使用，东部沿海甚至中部省份都纷纷推动"机器换人"，加快产业升级，这对一线生产工人的就业造成直接冲击，国内劳动力市场极化的趋势正在悄然显现。

中国是否也同欧美发达国家和部分发展中国家一样出现了劳动力市场极化？极化产生的原因有哪些？这些问题逐渐引起了国内学者的注意。有研究认为，我国劳动力市场在不同行业、不同区域表现出不同的就业结构，如图 1-3 所示，将我国制造业工人分为高、中高、中低、低技能四类，1998~2009 年其就业份额的改变明显呈现出极化的特征，高技能和低技能劳动力的就业份额在十年间分别增长了 4 个和 1.3 个百分点，而中低技能劳动力的就业份额减少了 5 个百分点（吕世斌、张世伟，2015）。目前农民工就业出现了极化（屈小博、程杰，2015），在中部地区出现了极化，而东部和西部地区并没有表现出这一趋势（江永红等，2016）。梁文泉和陆铭（2015）在研究大城市人力资本分化时也发现高技能劳动力的就业份额在 2000~2010 年增长了 1.129 个百分点，同时带动低技能劳动力的就业份额增长 0.35 个百分点，而中技能劳动力就业份额却减少了 1.479 个百分点。我国劳动力市场出现极化的原因有技术进步（郝楠、江永红，2017）、对外贸易（吕世斌，2013）和产业结构升级（江永红，2016）。然而，我国针对劳动力市场极化的研究才刚刚起步，极化是否存在，在多大范围内存在，极化在各区域间的差异如何，极化如何测量以及至关重要的极化产生原因等一系列问题均有待深入研究。

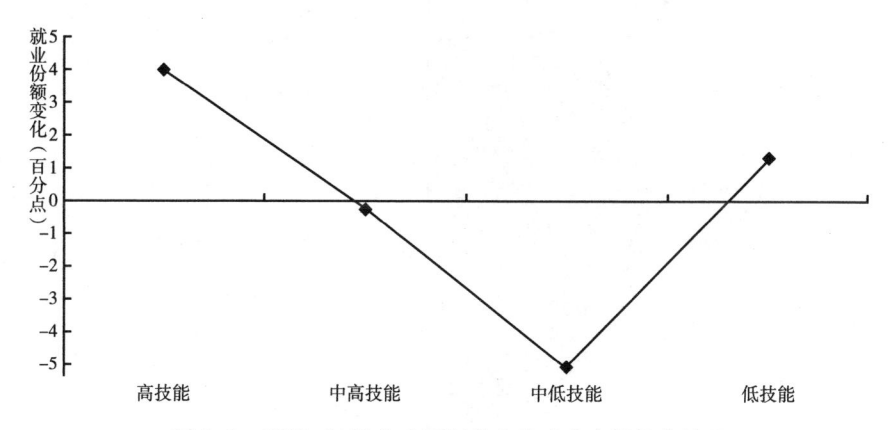

**图 1-3　1998~2009 年中国制造业劳动力市场极化情况**

资料来源：吕世斌、张世伟（2015）。

### (三)技能偏向型技术进步与劳动力市场极化

经济转型下,依靠低成本生产要素驱动的经济增长模式正在丧失动力,促进经济增长的动力源泉正在转向创新驱动和技术进步。劳动力市场也将在经济结构调整中表现出新的特征和趋势。劳动力市场极化已成为当前全球各国劳动力市场变化的一大趋势。已有研究[奥托尔等(Autor et al., 2003);杨伟国、李春燕,2013;于晓龙,2015]普遍认为自动化技术浪潮是导致劳动力市场极化的首要原因,解释了大部分制造业工人的失业和工资下降。根据国际机器人联合会(IFR)发布的《2023年世界机器人报告》,中国是世界上工业机器人保有量最大的国家,2022年已超过150万台,远超其他国家,且近五年机器人存量年均增长25%。同时,中国的工业机器人装机规模也排在世界前列,2022年装机量为290258台,占全球安装量的52.48%(见图1-4)。

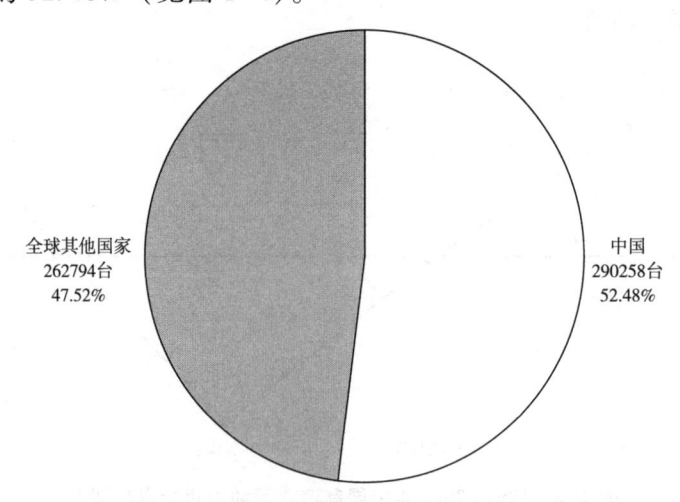

**图1-4 2022年中国工业机器人安装量及占世界比重**

资料来源:《2023年世界机器人报告》,国际机器人联合会(IFR)发布。

人工智能的迅猛发展正在对越来越多的行业产生影响，在创造出新的就业岗位的同时也加速了一些岗位的消亡。机器人的运用是否将替代人类劳动的话题再次引起热议，这背后的经济学规律集中体现在技术进步带来的就业效应上。技术进步到底会在多大程度上替代劳动力，替代哪一类劳动力，根源在于技术进步对就业的影响具有双重性，即"就业补偿和创造"（Employment Compensation and Creation）机制（Pissarides，1990）和"创造性毁灭"效应（Creative Destruction Effect）（Aghion and Howitt，1994）。随着研究的深入，技术进步的非中性得到了普遍认可，其中技术进步在技能和非技能之间的偏向问题是研究的重要方向，学者逐步发现技能偏向型技术进步对推动经济结构转型和产业升级具有重要作用。因此，以阿西莫格鲁（Acemoglu，2001、2002）、奥托尔等（Autor et al.，2006）及古斯等（Goos et al.，2009）为代表的学者们主要关注技能偏向型技术进步对不同技能水平劳动力就业的影响及就业极化的形成机制。

现阶段，我国的技术进步表现出明显的技能偏向性（宋冬林等，2010；董直庆等，2013、2014；沈春苗，2016），也必然对高、低技能劳动力产生不同的需求，进而影响就业结构（姚先国，2005）。但我国技术进步的技能偏向度如何，区域差异是否明显，其对高、中、低技能劳动力的就业效应如何体现等问题均没有完整的研究，而这些问题的解决在我国以技术进步为经济增长动力的背景下无疑是重要的。

## 二 研究价值

劳动力市场极化的研究具有重要的学术价值。首先，国内对于劳动力市场极化的测度研究较少，且对于是否出现极化没有一致结论。

本书基于劳动者从事职业的技能要求对技能劳动力进行了重新划分，并从就业和工资两个角度详细测度了中国劳动力市场的极化现象，具体分析了地区差异。在技能划分标准上能够与国外研究相一致，便于结果的跨国比较，且基于微观数据的测度结果，相较于现有宏观数据分析提高了精度。其次，劳动力流动性的增强使得这一因素对于区域劳动力供给的影响越来越明显，本书在研究中构建了空间均衡分析模型并实证检验了劳动力流动对于区域劳动力市场极化的重要影响，一定程度上扩展了劳动力市场极化理论的研究范畴。再次，现有实证研究中更多从宏观层面分析劳动力市场极化的形成机制而忽略了微观个体特征对于劳动力就业和工资的影响，本书在实证分析中利用微观计量模型将个体性别、年龄、户籍等特征的影响纳入其中，并发现劳动力市场极化中对于劳动力细分群体的差异化影响，对于深化劳动力市场极化理论研究有重要意义。最后，本书在研究中融合借鉴了劳动力市场结构理论、人口迁移理论、劳动力市场分割理论等多理论研究视角，深入分析了中国劳动力市场极化过程中表现出来的特性，一定程度上丰富了劳动力市场极化理论的研究范畴。

劳动力市场作为主要的要素市场，是连接经济与民生的重要一环，既是经济结构转变的结果，也是影响居民就业和工资的重要原因。研究劳动力市场变动的主要趋势，对于研判经济结构改革，特别是新一轮科技变革对经济社会将产生的影响，防范失业风险、缩小工资差距具有重要意义。其一，就业是最大的民生，对就业结构、工资结构变迁进行深入研究，掌握其变化趋势，能够为实现更高质量和更充分的就业目标提供相关的政策制定建议。其二，我国的技术进步具有明显的技能偏向型特征，分析技能偏向型技术进步对于劳动力市场极化形成的作用机理，能够为解决促进技术进步和保障劳动力充分就业这一两难问题提供一定的理论和政策建议。其三，当代中国有数以亿计的流动人口，劳动力的流动特征对于劳动力市场的结构演变产生着重大影响。促进流动人口就业是实现充分就业的重要方面，本书针对劳动力流动与劳动力市场极化的研究，对于掌握当前中国流动人口就业取向和工资结构变化特征、制定积极的促进流动人口就业的针对性政策，均有其现实的指导意义。

## 第二节 研究目标和研究内容

### 一 研究目标

本书的核心目标是研究技能偏向型技术进步和劳动力流动在中国劳动力市场极化形成过程中的影响机制，发现中国劳动力市场极化的特征及形成原因。该目标可分解为三个具体目标。

（1）通过对中国劳动力市场极化进行测度，从就业和工资两个方面描述中国劳动力市场极化的特征和地区差异，对我国现阶段劳动力市场的就业和工资结构有更全面的了解。

（2）通过理论和实证分析，验证技能偏向型技术进步存在及其对中国劳动力市场极化形成何种影响和影响的区域差异。

（3）通过理论和实证分析，厘清劳动力流动性增强是否加速了劳动力市场极化以及对流动人口工资和就业产生的影响。

### 二 研究内容

根据本书的研究目标，本书的研究内容包括七个章节。

第一章是绪论，围绕本论文的选题背景和意义，研究思路、目标及内容，以及试图表达的创新点逐一进行阐述。

第二章是文献的回顾和相关理论梳理。主要围绕劳动力市场极化的出现、测度方法、形成原因以及带来的社会经济效应四个方面进行梳理和回顾，并对已有文献研究进行简要评述。

第三章是中国劳动力市场极化的特征分析。主要对中国劳动力市场极化现象进行统计性描述。首先基于技能水平、受教育水平和工资水平三个标准对职业及劳动力进行了分类，然后通过统计各类职业在2003~2015年的就业份额变化和平均工资增长情况判定劳动力市场极化的发生。最后，在对全国劳动力市场极化分析的基础上，对东、中、西部地区劳动力市场极化中表现出来的差异进行分析。

第四章是劳动力市场极化形成机制的理论研究。首先，参考迈克尔斯（Michaels et al.，2010）、奥托尔和多恩（Autor and Dorn，2013）、莱恩（Lehn，2015）构建技能偏向型技术进步影响劳动力市场工资和就业极化的理论模型，提出命题1和命题2。其次，通过构建空间一般均衡分析模型，研究在劳动力流动的作用下，劳动力市场极化的进一步发展，并得到命题3。

第五章是技能偏向型技术进步与劳动力市场极化的实证研究。首先参考阿西莫格鲁（Acemoglu，2002）对技术进步偏向性的界定，计算得到我国2003~2013年各省（区、市）技术进步的技能偏向水平，证实了我国现阶段技术进步是高技能偏向型的。在此基础上，运用CGSS 2003年、2008年、2010~2013年、2015年等的截面数据，采用多元线性回归、加权回归、多元Logit回归等模型进行实证分析，检验技能偏向型技术进步对于就业极化和工资极化的影响作用。

第六章是劳动力流动与劳动力市场极化的实证研究。利用2013~2015年全国流动人口动态监测数据进行实证分析，通过多元线性回归、多元处理效应、多元 Logit 回归等模型进行估计，并进行分城市、分地区的分组回归比较，通过实证分析，对劳动力流动影响不同技能水平劳动力就业和工资变动的效应进行了较全面的分析。

第七章是研究结论及未来展望。就本论文的主要结论进行总结，并据此提出进一步的研究展望。整体研究框架如下（见图 1-5）。

## 第三节　研究的创新点

作为一篇经济学专业博士学位论文，本研究力求在以下几个方面凸显其应有的学术创新或研究价值。

第一，本书结合国际标准职业分类（ISCO 88）和国外研究中对各职业常规任务密度的测算结果，并在此基础上对我国劳动力是否出现就业极化和工资极化进行了详细比较分析。这种方法有效克服了缺少调查数据的问题，并在一定程度上提高了国内对极化进行统计分析的准确度。同时，通过使用国际通用标准，对中国劳动力市场极化的测度可以与国外相关研究进行横向比较。

第二，相关研究多使用代理指标衡量技术进步的技能偏向度，本书在实证研究中利用微观数据，基于不同技能水平劳动力的相对就业人数和相对工资测算了技术进步的技能偏向度，进一步验证了我国技术进步的技能偏向性，为实证分析技能偏向型技术进步与劳动力市场极化的关系提供了数据支持。

第三，现有研究集中于讨论技术进步、对外贸易、产业结构升级等因素从需求角度对劳动力市场极化带来的影响。本书从劳动力供给变动的角度出发，基于我国存在大规模流动人口的事实，引入空间均衡分析，从劳动力流动的视角对劳动力市场极化

```
┌─────────────────────────────────────────────────┐
│         劳动力市场极化问题研究                   │
│   基于技能偏向型技术进步和劳动力流动的视角       │
├──────┬──────────────────────────────────────────┤
│ 提出 │         绪论（第一章）                    │
│ 问题 │              ↓                            │
│      │    文献回顾和相关理论梳理（第二章）       │
├──────┼──────────────────────────────────────────┤
│ 现状 │  中国劳动力市场极化的特征分析（第三章）   │
│ 分析 │   就业极化特征        工资极化特征        │
│      │   及地区差异分析      及地区差异分析      │
├──────┼──────────────────────────────────────────┤
│ 理论 │  劳动力市场极化形成机制的理论研究（第四章）│
│ 分析 │  技能偏向型技术  技能偏向型技术  劳动力流动与劳动│
│ 及命 │  进步与工资极化  进步与就业极化  力市场极化│
│ 题提 │   （命题1）       （命题2）      （命题3）│
│ 出   │                                           │
├──────┼──────────────────────────────────────────┤
│ 实证 │  技能偏向型技术进步与   劳动力流动与劳动力市场│
│ 分析 │  劳动力市场极化的实证   极化的实证研究（第六章）│
│      │  研究（第五章）                           │
├──────┼──────────────────────────────────────────┤
│ 总结 │     研究结论及未来展望（第七章）          │
└──────┴──────────────────────────────────────────┘
```

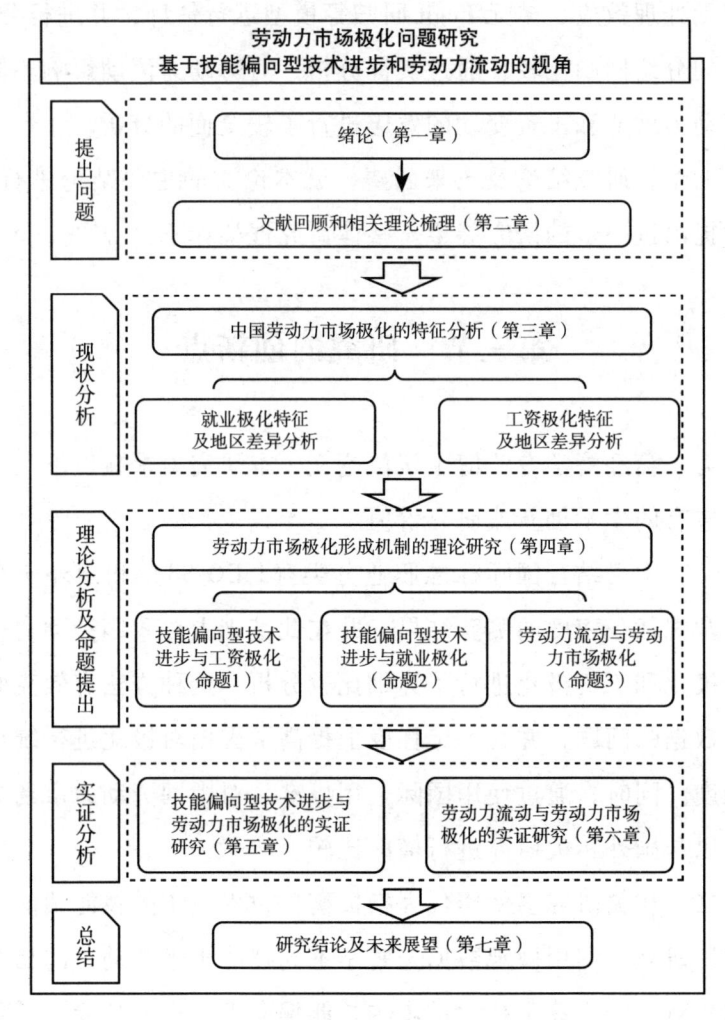

图 1-5　研究框架

问题进行了理论分析，并利用流动人口动态监测数据对理论命题进行实证检验。从供给的角度分析极化的形成，并结合了国内劳动力市场特征，为研究国内劳动力市场极化问题提供了一个新思路。

第四，相比于宏观分析，本书通过在控制变量中加入个体特征变量，深入挖掘了性别、年龄、户籍等个体因素对劳动力就业和工资的影响以及由此导致不同特征的劳动群体在劳动力市场极化中可能面临不同的失业风险和收入损失，为进一步分析劳动力市场极化带来的经济和社会效应奠定了一定基础。

# 第二章
# 文献回顾和相关理论梳理

劳动力市场的极化现象是对劳动力市场上就业结构变动的一种体现。就业结构在不同的分类标准下表现出不同的类别，如就业的产业结构、城乡结构、所有制结构、年龄结构、性别结构等。在这些分类视角下，学者们对劳动力市场的结构问题展开了不同方面的研究，来解释不同经济、社会因素对于劳动力市场结构形成、演变的影响。

劳动力市场极化描述的是不同技能水平劳动力在一个较长时期内形成的就业份额或工资的变动趋势，此时，高技能和低技能劳动力的就业份额或工资相对于中技能劳动力的就业份额或工资明显增长，这是一个就业的技能结构的动态变化过程。理论界对劳动力市场极化的研究起步较晚，主要集中于解决以下几个问题：一是一国劳动力市场上是否出现了极化现象及出现的时间；二是对劳动力市场极化的测度方法，关键是如何对职业进行划分；三是分析劳动力市场极化的形成原因；四是分析劳动力市场极化带来的社会经济效应。本章将从这四个方面对相关文献进行综述。

# 第二章 文献回顾和相关理论梳理

## 第一节 劳动力市场极化的出现

劳动力市场"极化"（Polarization）概念源自社会学中对一种社会结构的界定，描述的是这样一种趋势：社会经济分布中，低技能、低收入群体和高技能、高收入群体在整个社会群体中的比重在增长，而中间群体的比重下降了（Sassen S.，2001）。劳动力市场极化（Labor Market Polarization），也被称为职业极化（Occupational Polarization），用来描述经济结构变化中，处于技能排序两端的高技能和低技能职业的相对扩张和处于技能水平中间的职业的相对收缩，直接表现为就业份额或工资的"两端上涨、中间下跌"。这一过程中表现出的"U"形结构，称为极化，用就业衡量则称为就业极化（Employment Polarization），用工资衡量则称为工资极化（Wage Polarization）。

### 一 就业极化的相关文献综述

研究劳动力市场就业极化的首要问题是说明就业极化的存在和发生时间、范围。早期欧美国家针对就业技能结构的研究发现，高技能劳动力就业在增长而低技能劳动力就业在减少，也就是就业技能结构在升级（Berman et al.，1997；Gallie et al.，1998）。而在2000年以后更多的研究发现，美国从20世纪八九十年代开始出现了劳动力市场就业极化（Wright and Dwyer，2003；Autor et al.，2003），欧洲发达国家，如英国、德国、法国、西班牙、意大利、俄罗斯等（Goos et al.，2010；Oesch and Menes，2010；Oldenski，2014）也在这个时期出现了极化现象。

在欧美发达国家普遍出现就业极化的背景下，学者们开始关注更多国家的劳动力市场上是否也出现类似的就业结构变化。梅迪纳和波索（Medina and Posso，2010）对多国的就业结构进行分析，发现哥伦比亚1984~2006年、墨西哥1990~2000年也出现了就业极化，但巴西1981~2005年并未出现这样的现象。科埃利和伯兰德（Coelli and Borland，2016）用1966~2011年的数据分段比较发现，澳大利亚劳动力市场上1980~2000年的20年间发生了就业极化，而在70年代和2000~2011年表现出的是就业技能结构的升级。迈克尔斯等（Michaels et al.，2010）的研究也发现日本等11个发达国家1980~2004年也出现了就业极化。

由此看来，劳动力市场上的就业极化现象不是个别国家的特有问题，而是在社会经济发展到一定阶段后，在经济结构变迁中，在劳动力市场上普遍出现的现象，是多种经济行为、要素禀赋等因素共同作用在劳动力市场上的结果。

相对于国外研究，针对我国劳动力市场是否出现就业极化的研究才刚刚起步，吕世斌、张世伟（2015）利用中国1998~2009年制造业行业数据，发现在制造业内部劳动力市场上已经出现就业极化，而对于其他行业的情况还缺少相关研究。屈小博、程杰（2015）用中国2005~2010年各省（区、市）数据统计发现，各地区的就业结构存在很大差异，而从全国来讲并未表现出就业极化的趋势，但针对农民工群体的调查发现，2011~2013年农民工的就业结构出现极化现象。都阳等（2017）尝试用2005年的模拟数据和中国城市劳动力调查（CULS）2016年的调查数据对城市劳动力的工作任务分布进行描绘，结果认为还不能确定中国是否出现了劳动力市场的就业极化。郝楠（2016）利用1978年以来中国劳动力就业和工资的宏观数据分析了就业极化的变化趋势，并认为在20世纪90年代中国劳动力市场上出现了极化趋势。考虑到我国的大国特征，地区间、行业间差异较大，且现有研究中对极化的测度标准、方法也不统一，现有研究未对我国劳动力市场是否出现极化得出一致结论，有待进一步分析讨论。

## 二 工资极化的相关文献综述

从20世纪七八十年代开始，发达国家的工资差距大幅提升，高学历、高技能劳动力的工资相对上涨（Katz and Murphy, 1992; Acemoglu, 1999; Autor and Handel, 2013），这吸引了经济学家的关注，代表性的解释是围绕技能偏向型技术进步和对外贸易展开的。在劳动力市场上，就业和工资存在紧密关联。就业的极化导致中技能劳动力在就业市场上失去大量工作机会，也将带来这部分劳动者的工资下降，反映在工资结构上就是工资的极化。当然，就业极化和工资极化不一定同时发生，但就业极化必然带来各技能劳动力相对工资的变动。

在研究就业极化的相关文献中，很多学者对就业结构变动下工资的变动进行了理论和实证分析。菲尔波等（Firpo et al., 2011）利用CPS（Current Population Survey）数据库对美国20世纪80年代到21世纪头十年的工资结构变化进行了深入研究，并发现这一阶段各职业内部或职业之间的工资变动均表现出极化特征。葛和杨（Ge and Yang Tao, 2014）通过对1992~2007年中国的工资结构变化进行理论和实证分析，发现在真实工资水平上升的同时，工资的不平等也在迅速上升，而资本积累、技能偏向型技术进步和乡-城人口迁移是城市劳动力工资结构变迁的主要原因。科埃利和伯兰德（Coelli and Borland, 2016）研究发现，职业的就业结构改变和平均收入改变是澳大利亚近些年收入不平等加剧的重要原因。阿西莫格鲁和奥托尔

(Acemoglu and Autor, 2010) 构建了一个三要素模型，发现无论是高技能偏向还是低技能偏向的技术进步都有利于缩小中、低技能劳动力之间的工资差距，同时扩大高、中技能劳动力之间的工资差距。克罗格（Kroeger, 2013）将时间跨度扩大到 1960~2010 年，50 年里，高、中收入群体的差距拉大，中、低收入群体的差距缩小，在区分性别后这种极化趋势在男性劳动力的工资变化中体现得更为明显。

国内对于劳动力市场极化的研究才起步，更多关注了就业极化的测算和成因分析，而对于工资极化的关注度较低。对于工资结构的研究更多是从技能溢价的角度分析高、低技能劳动力之间的工资差距扩大及其成因（周礼和张学勇，2006；曾国彪和姜凌，2014；李磊，2017），对于高、中、低技能劳动力的工资结构变化有待进一步研究。

## 第二节　劳动力市场极化的测度方法

对极化现象的理论研究基于对现实情况的统计分析，测度一国劳动力市场上是否出现极化成为经验研究的基础。在测度之前，一般认为：第一，工作（职业）的技能要求与从事此工作的劳动力具备的技能水平是基本一致的，即高技能劳动力从事的是高技能要求的工作。第二，工作的技能要求与其工资水平是基本一致的，即要求高技能的工作一般也是高工资的工作。基于此，在测度之前，要将劳动力市场上的各职业类别进行排序并分类，主要分为高技能、中技能和低技能三类。在分类排序的基础上，通过比较一个时期内三类职业的就业份额变动率来确定是否发生了劳动力市场极化。当出现中技能（中等收入）职业的就业份额相对于另外两类职业下降时，就称这一结构为劳动力市场极化。

目前用于职业技能分类的方法主要有三种,第一种方法是根据各职业从业人员的平均受教育水平进行排序并分类。迈克尔斯等(Michaels et al.,2010)在进行跨国比较时就利用劳动力受教育年限来进行比较,这样便于对各国数据进行标准化处理。其将高技能定义为获得大学以上学历,中技能包括高中毕业、专科学历、职业教育毕业等,其余为低技能。梁文泉和陆铭(2015)在研究城市中不同技能劳动力的互补关系中也以受教育水平对劳动力技能水平进行分类,并视大学本科以上学历为高技能,高中和大专学历为中技能,初中以下学历为低技能。此方法由于数据易得,便于横向比较而被采用得最多,但这种方法忽略了劳动力参与技能培训以及工作经验积累对其技能提高的影响。

第二种方法是根据各职业从业人员的平均工资水平或工资的中位数排序并分类。古斯等(Goos et al.,2009)按小时工资对各职业进行排序,将工资最高的8种职业定为高收入(技能)职业、9种中等工资的职业定为中等收入(技能)职业和4种最低工资的职业定为低收入(技能)职业(见表2-1)。

表2-1 根据平均工资水平划分的职业类别

| 类别 | 根据1993年欧洲平均工资排序的职业分类 | ISCO code |
| --- | --- | --- |
| 高等收入职业 | 公司管理人员 | 12 |
| | 物理、数学和工程学教授 | 21 |
| | 生命科学和健康学教授 | 22 |
| | 其他学科教授 | 24 |
| | 中小企业的管理者 | 13 |
| | 物理、数学和工程学副教授 | 31 |
| | 其他学科副教授 | 34 |
| | 生命科学和健康学副教授 | 32 |

续表

| 类别 | 根据1993年欧洲平均工资排序的职业分类 | ISCO code |
|---|---|---|
| 中等收入职业 | 司机和自动化车间操作工 | 83 |
|  | 固定装置和相关的操作工 | 81 |
|  | 金属制品、机械装置和相关的贸易工人 | 72 |
|  | 精密仪器、工艺品、工艺印刷及相关贸易工人 | 73 |
|  | 办公室文员 | 41 |
|  | 客户服务人员 | 42 |
|  | 开采和建筑行业的工人 | 71 |
|  | 机器操作工和装配工 | 82 |
|  | 其他工艺及相关贸易工人 | 74 |
| 低等收入职业 | 个人服务和安保服务人员 | 51 |
|  | 采矿、建筑、制造、运输等方面的劳动者 | 93 |
|  | 商品展示模特和销售推广人员 | 52 |
|  | 销售和服务初级职位 | 91 |

资料来源：根据古斯等（Goos et al., 2009）整理得到。

奥施和格内斯（Oesch and Menes，2010）、屈小博和程杰（2015）根据岗位平均工资进行排序，然后进行五等分，依次是高收入（技能）岗位——平均工资排最高的20%、中高收入岗位、中等收入岗位、中低收入岗位和低收入（技能）岗位——平均工资排最低的20%。工资变量是连续变量，依据各类职业的平均工资或工资中位数可以将职业进行两类以上分类，甚至将每个工资水平进行排序，用一条U形曲线描述极化。如图2-1所示，古斯和曼宁（Goos and Manning，2010）根据平均工资的对数值对职业进行排序，横坐标从左到右表示各职业层平均工资由低到高，纵坐标表示各职业层1993~2006年的就业份额变动情况。低工资和高工资职业的就业份额是提高的，中等水平工资的职业，其就业份额是负增长的，整体上就业份额的变动表现出"U"形结构，是为就业极化。由于工资是连续变量，这种测度方法的优点是可以将职业根据工资排序并用平滑曲线描述极化，而无须分类，缺点是工资受多种宏微观因素的影响易发生较大波动，不便于比较。

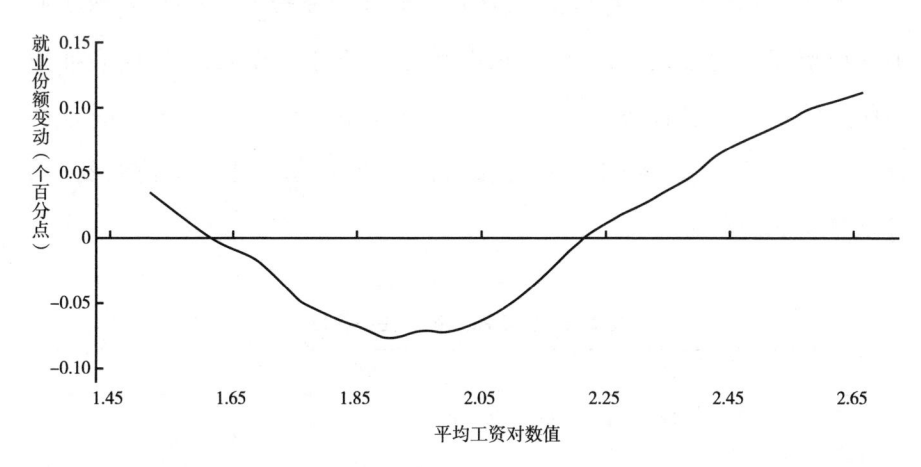

**图 2-1　1993~2006 年用工资水平排序描绘的欧洲国家就业极化**

资料来源：根据古斯等（Goos et al., 2010）整理得到。

第三种方法是基于奥托尔等（Autor et al., 2003）提出的"常规化假设"（Routinization Hypothesis），通过计算各职业中工作任务内容（Task）的"常规任务密度"（Routine Task Intensity, *RTI*）来衡量职业。首先，将工作任务分为三类，即抽象型任务、常规型任务和手工型任务（Autor et al., 2006；Acemoglu and Autor, 2010；Firpo et al., 2011；Jaimovich and Siu, 2012 等）。抽象型任务（Abstract Tasks）如解决问题、协调问题和管理类任务等这一类高技能的任务。常规型任务（Routine Tasks）指那些信息技术资本替代性强的工作任务，如记账、行政助理工作、重复性的生产任务等，这类工作主要对中技能工人形成需求。手工型任务（Manual Tasks）如驾驶服务、安保服务、服务员工作等任务，这类任务与信息技术资本之间不存在直接替代关系和强烈的互补关系，主要需要的是低技能劳动力。

$$RTI_k = \ln(T_k^R) - \ln(T_k^M) - \ln(T_k^A) \tag{2.1}$$

式（2.1）中，$RTI_k$代表职业 k 中常规任务密度，$T_k^R$代表该职业中常规型任务的投入，$T_K^M$代表减去手工型任务的投入，$T_k^A$代表抽象型任务的投入，各任务的投入可以用完成相应任务的工作时间来衡量。利用各职业的三类工作任务投入值和$RTI_k$值与平均值进行比较，可以对职业进行分类。

表 2-2  主要职业组的任务密度

| 类别 | $RTI_k$ | $T_k^A$ | $T_k^R$ | $T_k^M$ |
| --- | --- | --- | --- | --- |
| 1. 经理人/教授/教师/金融从业者/公共安全从业者 | - | + | - | - |
| 2. 生产者/手工艺人 | + | + | + | - |
| 3. 运输工/建筑工/技工/矿工/农林牧渔业工人 | - | - | + | + |
| 4. 机器操作工/组装工 | + | - | + | + |
| 5. 办事员/售货员 | + | - | + | - |
| 6. 服务类相关职业 | - | - | - | + |

资料来源：根据奥托尔等（Autor et al.，2013）整理得到。

表 2-2 中，"+"代表此职业组所需的这类工作任务投入高于平均水平，"-"则是低于平均水平。根据各职业组所需三类工作任务的比例可以将职业组分为三类，表中用阴影表示各职业组的归类情况。如经理人/教授等所代表的职业组，抽象型工作任务的需求高于平均水平，而其他两类工作任务需求低于平均水平，因此将这类职业归为抽象任务型职业。同理，第 2、第 4、第 5 组职业的常规任务需求高于平均水平，且$RTI_k$值也高于平均水平，这三组职业就属于常规任务型职业，第 3、第 6 组职业则属于手工任务型职业。

奥托尔、多恩（Autor and Dorn，2013）在文中根据 RTI 值和技能水平将细分职业进行了排序，表 2-3 中列出了 RTI 值最高和最低的职业。

表 2-3 按任务密度排序的细分职业组

| RTI 最高的职业 | RTI 最低的低技能职业 | RTI 最低的高技能职业 |
| --- | --- | --- |
| 1. 屠宰工人、切肉工人 | 1. 公交司机 | 1. 消防员 |
| 2. 秘书、书记员 | 2. 出租车司机、其他司机 | 2. 警察、侦探 |
| 3. 工资核算员、考勤管理员 | 3. 服务员 | 3. 小学教师 |
| 4. 银行柜员 | 4. 卡车司机、送货员 | 4. 房地产项目经理 |
| 5. 档案管理员 | 5. 推销员、供货商 | 5. 中学教师 |
| 6. 出纳员、收银员 | 6. 木匠 | 6. 电气工程师 |
| 7. 打字员 | 7. 电信线路安装和维修员 | 7. 内科医师 |
| 8. 药剂师 | 8. 管家、仆人、保洁员 | 8. 电脑系统分析员 |
| 9. 记账员 | 9. 保健员、护士 | 9. 土木工程师 |
| 10. 除邮递员以外的邮政人员 | 10. 电工 | 10. 企业管理家 |

资料来源：根据奥托尔等（Autor et al.，2013）整理得到。

奥托尔、多恩（Autor and Dorn，2013）还发现职业的常规任务密度随职业技能水平（职业平均工资）呈倒 U 形变化，即低技能职业和高技能职业的常规任务密度很低，而中技能职业的常规任务密度较高，如图 2-2 所示。基于此关系，我们发现基于工作任务的职业划分与职业技能是基本一致的。抽象任务型职业对应的是高技能职业，常规任务型职业对应中技能职业，而手工任务型职业对应低技能职业。据此，根据常规任务密度指标及三类工作任务平均投入值的时间序列变化可以确定一国劳动力市场上是否出现了极化。

在数据可得的基础上，此方法逐步运用到相关的国外实证研究中，科埃利和伯兰德（Coelli and Borland，2016）通过计算 RTI 发现，1966~2011 年澳大利亚工作中的常规型任务的就业份额减少，且越是

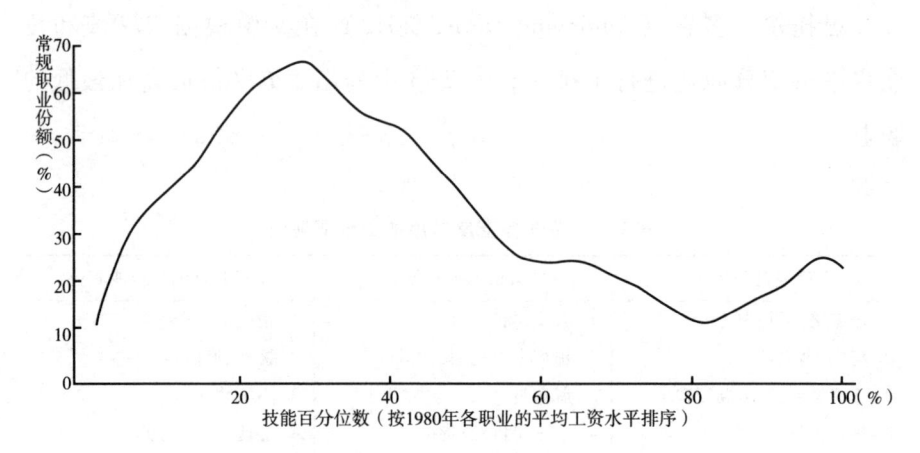

图 2-2 随职业技能水平变化的 RTI

资料来源：奥托尔等（Autoret et al.，2013）。

*RTI* 值高的职业就业份额减少越多，而 *RTI* 小于 40% 的职业就业份额是增长的。换句话说，常规型任务为主的中技能职业就业份额在减少，而抽象型任务为主的高技能职业和手工型任务为主的低技能职业就业份额在增加，说明澳大利亚劳动力市场结构表现出了极化特征。

基于"常规任务密度"的衡量方式因有利于结合技能偏向型技术进步来分析劳动力市场极化的形成原因而逐渐得到广泛运用，但 RTI 的计算需要掌握劳动者在工作期间的各类工作任务时间安排，对微观数据提出了较高的要求，一定程度上限制了此方法的推广使用。

相对国外研究，国内对于劳动力市场极化的测算研究才刚刚起步，由于缺乏对工作任务相关信息的微观调查，国内研究主要用受教育水平和平均工资水平对职业分类排序。吕世斌和张世伟（2015）根据 OECD（2011）公布的 ISIC3 按技术水平将制造业细分行业分为高技术、中高技术、中低技术和低技术四类，用 1998~2009 年各类行业的从业人数和工资变化来衡量极化的发生。行业技术水平与从业人员的技能水平有很强的相关性，但行业内部不同职业、不同岗位对从业人员的技能要求是不同的，在不同工作任务中花费的时间差异就更大。因此，用这种方式衡量极化存在准确性不够的问题。都阳等（2017）利用中国城市劳动力调查（CULS）中关于工作任务方面的调查数据对中国城市劳动者工作任务的分布情况进行描述，并发现非常规的工作任务在2005~2016年里增长了，与世界其他出现极化的国家情况相似，手工型任务的分布基本不变，而常规认知型任务却增加了，这与其他劳动力市场上的观察结果不同。在劳动力成本上涨、技术进步的推动下，常规型工作任务是最容易替代的，但该研究指出我国劳动力市场出现这样的特征情形有待进一步分析其内在机制，因此也难以确定我国劳动力市场上是否出现了就业两极化。

至此，国内关于劳动力市场是否出现极化还没有得出较一致的结论，主要是受到了数据的限制和测算方法的影响。然而，基于已有的国内外研究，笔者认为，中国劳动力市场具有总量大、结构复杂的特征，极化的出现及形态将受到中国劳动力市场内部特征影响而存在一定特质。考虑到大国特性，笔者在第三章的测算分析中将多角度、细分数据观察劳动力市场的结构变化，检验劳动力市场是否整体或局部出现了极化。

## 第三节 劳动力市场极化的形成原因

目前，对极化的研究更多还处于经验研究阶段，测算各国是否出现极化以及极化的程度、范围和区域间横向比较是现阶段的主流。然而，探究劳动力市场出现极化的原因是围绕极化问题的研究重点和核心。2000年以后，在已普遍确定出现极化的基础上，已有研究开始逐步构建理论分析框架，解释劳动力市场极化的形成机制，代表性观点是从技术进步、对外贸易的角度展开分析，近年来也有学者从产业结构、经济周期等因素出发来进行解释。本小节将对已有的理论研究和代表性模型进行梳理和简介。

## 一 技术进步与劳动力市场极化

从技术进步对劳动力就业的"创造与补偿机制"和"破坏机制"之争开始，技术进步与就业的关系是经济学界经久不衰的争论话题（朱翠华，2012）。技术进步通过不同的渠道破坏和创造劳动力就业，对劳动力的影响取决于很多因素，在这个过程中，技能偏向型技术进步对于就业技能结构的影响逐渐进入了研究者的视野。

### （一）技能偏向型技术进步与就业技能结构

阿西莫格鲁（Acemoglu，2002）早期关于技能偏向型技术进步的研究是最具有影响力的，其指出事实上存在两种类型的技术进步，即技能退化型技术进步和技能偏向型技术进步。技能退化型技术进步将增加对低技能劳动力的需求（Braverman，1974），而技能偏向型的技术进步将增加对熟练技能（高技能）劳动力的需求、相对降低对低技能劳动力的需求。到20世纪，技术进步已经基本转向技能偏向型，促使技术与技能强烈地互补，同时高技能劳动力对低技能劳动力不断替代，这必然引起就业结构的改变（Berman et al.，1994），提高高技能劳动力的比重，加大劳动者之间的收入差距。这一阶段，学者们围绕技术进步的"技能偏向性效应"做了大量的理论和实证研究（Berman et al.，1997；Wolff，1996；Autor et al.，1998；Weiss，2008等），并认为技能偏向型技术进步是从技术进步类别的角度探讨技术进步与劳动力就业关系的有效研究方法之一。

国内相关研究中，如姚先国等（2005）基于技能偏态假说，分析技术进步对技能需求和就业结构的影响，将技能划分为高、低两类，发现技术进步对于高技能劳动力和低技能劳动力的就业影响是不同的，这对于研究我国的劳动力市场极化问题有很强的借鉴意义。董直庆等（2011、2014）基于对我国技术进步技能偏向度的测算，分析了其对于劳动力市场需求分化的影响，并认为我国当前的技能需求结构和技能溢价是受技能偏向型技术进步影响的。盛欣和胡鞍钢（2011）分别从自主创新和引进技术两个方面来分析技术进步对就业的影响，并认为两种技术进步都是技能偏向型的，技术进步都会使高技能劳动力的相对需求增长。

以上研究都验证了技能偏向型技术进步对于就业结构的显著影响，但由于对技能结构的划分还停留在高、低技能二分法上，因此理论模型只能解释技术进步对技能升级的作用机理，只有进一步细分劳动力的技能类型才能解释劳动力市场极化的形成，尤其是中、低技能劳动力在技能偏向型技术作用下的不同表现。

### （二）技能偏向型技术进步与劳动力市场极化

从理论发展的脉络上看，从技能偏向型技术进步的角度解释劳动力市场极化的出现是研究技术进步与劳动力就业关系的理论延续。但从理论上讲，如果技术进步是技能偏向型的，那么技术进步对低技能劳动力的替代效应应该是最强的。在技术进步过程中，中技能劳动力的就业相对于低技能劳动力应该增长，就业技能结构应该呈现"升级"而非"极化"。也就是说，技能偏向型技术进步理论能够解释高技能劳动力相对中技能劳动力的就业增长，却无法解释中技能劳动力相对低技能劳动力的就业减少（屈小博和程杰，2015）。而此时，奥托尔等（Autor et al., 2003）建立了"常规任务模型"，对这一理论进行了补充和发展。该模型指出技术进步对就业的替代效应主要发生在处于中技能水平的常规工作任务中，导致高技能和低技能劳动力需求的相对增加，这一结论得到了普遍的认可，之后关于技术进步与劳动力市场极化的研究基本延续了这一思路。

在"常规任务模型"的基础上，阿西莫格鲁、奥托尔（Acemoglu and Autor，2010）构建了一个基于工作任务（Task-based）的理论分析框架，在模型中工作任务是生产活动分解后的基本单位，技能内生地分配到各类任务中。该研究还将工作任务按技能要求设置了两个阈值$I_L$和$I_H$，高于$I_H$的工作任务由高技能工人完成，低于$I_L$的工作任务由低技能工人完成，位于阈值中间的工作任务就由中技能工人完成。当市场上技能供给不变时，$I_L$提高意味着工作任务中由低技能工人完成的部分增加了，对低技能需求的增加，将导致低技能劳动力工资相对上涨。增加高技能劳动力供给或通过技术进步提高高技能劳动力的生产率，将降低阈值$I_H$，即一部分高技能劳动力承担了之前由中技能劳动力从事的工作任务。$I_L$和$I_H$的这种变化，带来的间接效应是$I_L$和$I_H$之间的范围变小，导致中技能劳动力的供给相对工作任务是过剩的，表现在劳动力市场上就是就业份额减少、工资下降。模型还假设技术进步与高、低技能劳动力是互补的，且是技能偏向型的，并证明技术的发展运用导致了机器对中技能的劳动力的直接替代。阿西莫格鲁、奥托尔（Acemoglu and Autor，2010）的研究延续了奥托尔等（Autor et al.，2003）对工作任务的划分思路，但其将工作任务—技能—技术进步三者联系起来的分析框架，能够更加动态地解释技术进步如何影响工作任务对技能的需求，进而影响各技能劳动力的就业和工资，而不足之处是模型对$I_L$提高的原因没有进行充分解释。

针对"极化"中的低技能部分，奥托尔等（Autor et al.，2013）

在文章中着重解释了低技能服务业的就业增长，其认为是消费者偏好和自动化、常规工作任务的成本下降共同影响了劳动力市场极化。计算机应用技术价格的下降导致完成常规工作任务的工人就业和工资减少，而服务类职业的工作由于其对灵活性、人际沟通和空间距离的要求很难被自动化，因而也吸纳了更多的低技能劳动力就业。至此，从技能分布的两端入手，技能偏向型技术进步较完整地解释了劳动力市场出现极化的原因。

在实证研究方面，古斯等（Goos et al.，2010）、迈克尔斯等（Michaels et al.，2010）、森夫特莱本、维兰德特（Senftleben and Wielandt，2012）、博德里等（Beaudry et al.，2013）、科埃利和伯兰德（Coelli and Borland，2016）等学者运用美国、欧洲国家近30年来的数据进行的实证分析都验证了理论模型的解释力。

国内研究中，宁光杰和林子亮（2014）运用制造业企业微观数据证明了IT技术与高技能劳动力需求呈互补关系，对中技能劳动力没有明确的影响，对低技能劳动力就业形成负影响。这间接说明信息技术运用并未导致劳动力市场极化，作者认为这是因为研究对象只考虑了制造业，而制造业大部分属于中技术行业。于晓龙（2015）借鉴奥托尔等（Autor et al.，2006），阿西莫格鲁、奥托尔（Acemoglu and Autor，2010），奥托尔、汉德尔（Autor and Handel，2013）的模型，对信息技术进步的就业极化效应进行了分析，认为信息技术进步从劳动力需求角度解释了劳动力市场的极化，但在实证分析中，通过各省（区、市）平均工资、城乡收入差距比来衡量就业极化并不能真正体现出各技能水平劳动力在极化过程中的工资变化。此外，吕世斌和张世伟（2015）、郝楠和江永红（2017）、王永钦和董雯（2020）等国内学者也先后通过实证研究验证了技术进步对劳动力市场极化的重要影响。

与此同时，也有研究发现技术进步并不能完全解释劳动力市场的极化现象，且随着经济发展，技术进步在各个阶段的解释力也在发生变化。菲尔波等（Firpo et al.，2011）利用1976~2010年人口调查数据，分三个时间段研究了工资极化的出现和原因，并发现技术进步和全球化在20世纪八九十年代工资极化中发挥的中心作用，而20世纪90年代以后，离岸外包成为关键因素。莱恩（Lehn，2015）利用1985~2011年的调查数据，构建了动态一般均衡模型来检验技术进步对于劳动力市场极化的解释力，并发现2000年以前技术进步能够很好地解释劳动力市场极化的发生，但随着要素投入中劳动份额的减少，技术进步速度趋缓，模型的解释力在2000年后变弱了。王林辉等（2023）运用国内2012~2018年微观个体层面数据检验了技术的就业替代和创造效应，发现两个效应作用下，综合影响是正是负还存在争议。再具体到性别、年龄、学历、劳动者身份等不同微观群体中，技术进步带来的影响差异更大（Anghel et al.，2014；宋月萍，2021；曹洁等，2018；Yao et al.，2022），争议点也更多，也是当前学者研究的重点。

（三）技能偏向型技术进步的衡量

由于技能偏向型技术进步对于劳动力市场极化形成有较强的解释力，在研究极化形成原因时首先要对一个经济体的技术进步技能偏向性进行验证。在实证检验阶段，技能偏向型技术进步的衡量指标成为了关键问题之一，故本文在此对相关文献使用的指标进行总结。

第一种方法，根据资本与技能互补或低替代的特性，用资本价格指数代表技能偏向型技术进步，如卡塞利（Caselli，2012）。第二种方法，考虑到信息技术与高技能偏向型技术进步的高度相关，信息技术对于生产自动化、智能化的推动作用尤为明显，对中技能劳动力的高替代，用信息技术进步类指标作为技能偏向型技术进步的代理指标，如计算机普及率（Autor and Dorn，2012），信息技术资本占比（Michaels et al.，2010），IT资本价格指数（杨飞，2013）。第三种方法，运用专利数或研发投入规模来衡量技能偏向型技术进步，如汉隆（Hanlon，2011），但这一方法存在不足，研发投入及专利数量可以衡量技术进步的水平和质量，却很难体现出技术进步的方向。第四种方法，根据技能型劳动力和非技能型劳动力就业份额或收入份额的相对增长率来测度一国的技能偏向型技术进步水平，如周礼和张学勇（2006），宋冬林等（2010），董直庆和蔡啸（2013）。第五种方法，采用 CES 生产函数、非线性似不相关估计或数值模拟，估计出技术进步技能偏向程度，如董直庆和蔡啸（2013、2014）、王林辉和袁礼（2013）。

前三种方法在研究劳动力市场极化问题的文献中是常用的，前提假设是该经济体的技术进步是技能偏向型的，以计算机拥有率等指标作为代理变量。后两种方法得益于阿西莫格鲁（Acemoglu，2002）提出的测算方法，即用技能劳动力的相对收入份额与相对投入数量之比表示，这类方法常见于针对技能偏向型技术进步是否存在的研究文献中，能够更好地测度出一国技术进步的技能偏向水平，提高实证检验的准确性。

## 二 技能偏向型技术进步与劳动力市场极化的理论模型

### （一）ALM（2003）常规任务模型

奥托尔等（Autor et al.，2003）构建的常规任务模型从工作任务角度出发对职业、行业层面的劳动力需求进行了微观层面的剖析，对于后续研究劳动力市场上的技能需求结构变迁提供了理论框架，在相关研究中得到了广泛的应用,如奥托尔等（Autor et al.,2006）,斯皮茨-欧纳（Spitz-Oener,2008）,科埃利和伯兰德（Coelli and Borland,2016）等,对本文理论模型的构建也有很大启发,现简要介绍如下。

1. 微观层面

提出了三个假设条件：

（1）在常规任务中计算机资本对劳动力的替代要强于非常规任务中的替代；

（2）常规任务与非常规任务是不完全替代的；

（3）常规投入增加能够提高非常规投入的边际生产率。

文中构建了一个简单的一般均衡生产函数,其中包含两种工作任务投入：常规工作任务（Routine Task）和非常规工作任务（Non-routine Task）。产出为 Q,产品价格为 1。模型设定计算机资本对手工型工作任务既没有很强的替代也没有很强的互补,因此,模型中的常规任务包括常规的认知任务（Routine Cognitive Task）和常规的手工任务（Routine Manual Task）,非常规任务包括非常规的分析任务（Non-routine Analytical Task）和非常规的交互任务（Non-routine Interpersonal Task）。设定生产函数是柯布-道格拉斯生产函数,且规模报酬不变（见式2.2）：

$$Q = (L_R + C)^{(1-\beta)} L_n^{\beta}, \beta \in (0,1) \tag{2.2}$$

其中,$L_R$ 和 $L_N$ 代表常规和非常规劳动力投入,$C$ 代表计算机资本,计算机资本与常规劳动力投入是完全替代的,与非常规劳动力投入是互补的。此时,假设条件1和假设条件2已基本满足。

$$\partial^2 Q / \partial L_n \partial (L_R + C) = \beta(1-\beta) L_n^{\beta-1} / (L_R + C)^{\beta} \tag{2.3}$$

式（2.3）计算结果大于 0，说明常规任务的投入增加提高了非常规任务的边际生产率。由此假设条件 3 得以验证。我们假设工人是追求收入最大化的，并提供无弹性的劳动供给。$E_i = [r_i, n_i]$ 且 $1 \geq r_i, n_i > 0$。每个工人在完成常规和非常规任务时生产率存在差异，$E_i$ 代表生产率禀赋。$r_i$ 代表工人常规任务投入的效率单位，$n_i$ 代表工人非常规任务投入的效率单位。根据 Roy（1951）的研究，工人会根据自身比较优势选择工作任务，有 $L_i = [\lambda_i r_i, (1-\lambda_i) n_i]$ 且 $0 \leq \lambda_i \leq 1$。当 $\lambda_i = 1$ 时，工人只提供常规劳动；当 $\lambda_i = 0$ 时，工人则只提供非常规劳动。

模型要实现均衡有两个条件：一是常规劳动力投入与计算机资本完全替代，所以每单位常规劳动力投入的工资也随着计算机资本价格的降低而降低，而非常规任务的影子价格则超过 $\rho$ 计算机资本价格。

$$w_R = \rho \tag{2.4}$$

其中，$\rho$ 表示计算机资本的价格，外生且随着技术进步下降。

二是工人在常规和非常规职业间进行自选择，使劳动力市场出清。构建了变量 $\eta_i$，代表非常规和常规任务之比，$\eta_i = n_i/r_i$，$\eta_i \in (0, \infty)$。当劳动力市场实现供需均衡时，选择常规任务和非常规任务应该是无差别的，即

$$\eta^* = \frac{w_R}{w_N} \tag{2.5}$$

当 $\eta_i < \eta^*$ 时，工人选择提供常规劳动，反之，工人选择提供非常规劳动。为了对劳动力供给进行量化分析，构建了（2.6）、（2.7）两个方程，分别表示提供常规劳动和非常规劳动的人口数。

$$g(\eta) = \sum_i r_i \cdot I[\eta_i < \eta] \tag{2.6}$$

$$h(\eta) = \sum_i n_i \cdot I[\eta_i \geq \eta] \tag{2.7}$$

其中，$I[\cdot]$ 是一个指示函数。因为 $\eta_i \in (0, \infty)$，所以函数 $g(\eta)$ 是连续且递减的，函数 $h(\eta)$ 是连续且递增的。当劳动力市场实现均衡时，有：

$$w_R = \frac{\partial Q}{\partial L_R} = (1-\beta)\theta^{-\beta} \tag{2.8}$$

$$w_N = \frac{\partial Q}{\partial L_N} = \beta\theta^{-\beta} \tag{2.9}$$

这里，$\theta \equiv [C + g(\eta^*)]/h(\eta^*)$ 表示生产中常规任务和非常规任务投入的比例。利用以上公式可以分析计算机资本价格的下降如何从影响常规劳动力投入的工资开始，进而影响非常规劳动力投入的工资和劳动力供给。从式（2.4）可以看出，$\rho$ 的下降一对一地降低了 $w_R$，并带来对常规任务的需求增加：

$$\frac{\partial \ln \theta}{\partial \ln \rho} = -\frac{1}{\beta} \tag{2.10}$$

从厂商的角度来看，常规任务需求的增加可以通过增加计算机资本 $C$ 或增加常规劳动力投入 $L_R$（或都增加）来实现，但前提是计算机资本的价格 $\rho$ 下降。同时，由于常规任务和非常规任务的互补，非常规劳动力投入的相对工资随 $\rho$ 的下降而上升：

$$\frac{\partial \ln(w_N/w_R)}{\partial \ln \rho} = -\frac{1}{\beta} \tag{2.11}$$

$$\frac{\partial \ln \eta^*}{\partial \ln \rho} = \frac{1}{\beta} \tag{2.12}$$

相对工资的变化导致工人将更多的劳动投入从常规任务转向非常

规任务，对常规任务增加的需求将完全由计算机资本的投入来满足。

至此，假设条件3得到验证：计算机资本价格的下降提高了非常规任务的边际生产率，导致工人将劳动力供给重新从常规任务中分配到非常规任务中。虽然常规任务中的劳动力投入减少了，但计算机资本的投入不但补偿了这部分减少还产生了一个净增加，从而增加了生产中常规任务投入的密度。

2. 行业层面

模型在设定生产函数（2.2）时只考虑了单一行业，为了考察对宏观经济因素的影响，模型定义了行业 $j$、产出为 $q_j$ 的柯布-道格拉斯生产函数：

$$q_j = r_j^{1-\beta_j} n_j^{\beta_j}, \beta_j \in (0,1) \tag{2.13}$$

其中，$r_j$、$n_j$ 代表行业 $j$ 的任务投入，$\beta_j$ 代表行业 $j$ 的非常规任务的投入份额，数值越小，说明该行业的常规任务密集度越高。

参照迪克西特-斯蒂格利茨（1977）的效用函数，模型设定消费者的效用函数如下：

$$U(q_1, q_2, \cdots, q_j) = \left( \sum_j q_j^{1-v} \right)^{\frac{1}{1-v}} \tag{2.14}$$

其中，$0<v<1$。商品需求弹性为 $-\dfrac{1}{v}$，市场出清价格与商品数量成反比例。行业利润最大化的一阶条件：

$$\rho = r_j^{-\beta_j} n_j^{\beta_j} (1-\beta_j)(1-v)(r_j^{1-\beta_j} n_j^{\beta_j})^{-v} \tag{2.15}$$

$$w_N = r^{1-\beta_j} n_j^{\beta_j-1} \beta_j (1-v)(r_j^{1-\beta_j} n_j^{\beta_j})^{-v} \tag{2.16}$$

推导得到要素需求函数：

$$n_j = w_N^{\frac{1}{v}} [\beta_j(1-v)]^{\frac{1}{v}} \left\{ \frac{w_N}{\rho} \cdot \frac{(1-\beta_j)}{\beta_j} \right\}^{\frac{(1-\beta_j)(1-v)}{v}} \quad (2.17)$$

$$r_j = \rho^{-\frac{1}{v}} [(1-\beta_j)(1-v)]^{\frac{1}{v}} \left\{ \frac{w_N}{\rho} \cdot \frac{(1-\beta_j)}{\beta_j} \right\}^{\frac{\beta_j(v-1)}{v}} \quad (2.18)$$

通过模型的设定和理论推导，得到了三个命题。

命题1：虽然各行业面对的是相同的计算机资本价格 $\rho$，但各行业在生产中投入多少计算机资本取决于 $\beta_j$。如式（2.19），在 $\rho$ 下降的过程中，常规任务的需求成比例增长，且随行业的常规任务密集度提高而增加。

$$\frac{\delta \ln r_j}{\delta \rho} = \frac{\beta_j(1-v)-1}{v\rho} < 0, \quad \frac{\delta^2 \ln r_j}{\delta \rho \delta \beta_j} = \frac{1-v}{v\rho} > 0 \quad (2.19)$$

命题2：由于常规和非常规投入的互补性，计算机资本价格的下降提高了非常规任务投入的需求，且这种需求随行业的常规任务密集度提高而增加。

$$\frac{\delta \ln n_j}{\delta \rho} = \frac{(\beta_j-1)(1-v)}{v\rho} < 0, \quad \frac{\delta^2 \ln n_j}{\delta \rho \delta \beta_j} = \frac{1-v}{v\rho} > 0 \quad (2.20)$$

命题3：前两个命题都是行业层面的，从职业层面分析也能得到相似的结论：由于投向常规任务的劳动力随计算机资本价格的下降而减少，当常规任务需求增加后，计算机资本的投入将增加，这将使得投向非常规任务的劳动力大幅增加和投向常规任务的劳动力大幅减少。

在之后的经验分析中，奥托尔等（Autor et al.，2003）运用美国1960~1998年的数据对模型的结论进行了实证检验并证实了美国劳动力市场上常规和非常规劳动投入的变化趋势。

## （二）奥托尔、多恩（Autor and Dorn，2013）的极化模型

1. 模型设定

模型假定存在一个两部门的经济体，分别是产品部门和服务部门，并通过四种生产要素进行生产，包括三种劳动投入（或任务）和计算机资本投入。劳动投入分为：手工型、常规型和抽象型的劳动。计算机资本作为一种中间产品为常规型任务服务。在每个部门，都有大量的厂商存在。

在产品部门，常规型劳动、抽象型劳动和计算机资本共同生产产品，生产函数设定为 CES 生产函数：

$$Y_g = L_a^{1-\beta} \left[ (\alpha_r L_r)^\mu + (\alpha_k K)^\mu \right]^{\beta/\mu} \tag{2.21}$$

其中，$\beta, \mu \in （0，1）$，$Y_g$ 表示产出，$L_a$、$L_r$ 分别代表抽象型和常规型的劳动，$K$ 代表计算机资本。抽象型劳动和总的常规型任务投入的替代弹性为1，常规型劳动和计算机资本的替代弹性为 $\sigma_r = 1/（1-\mu）$，并假设其大于1。根据假设，计算机资本 $K$ 与抽象型劳动是互补的，与常规型劳动是相互替代的。

在服务部门，只有唯一的生产要素投入，即手工型的劳动，生产函数如下：

$$Y_s = \alpha_s L_m \tag{2.22}$$

其中，$\alpha_s$ 是一个效率参数，模型中将其标准化为 1，那么式（2.21）中的 $\alpha_r$ 代表的就是相对效率参数。

市场上存在大量的高技能劳动力，并在产品部门提供无弹性的抽象型劳动，还存在大量的低技能劳动力，提供手工型或常规型的劳

动。模型设定，低技能劳动力在执行手工型工作任务时，提供的是同质的劳动技能，但在执行常规型工作任务时，提供的是异质的劳动技能。用 $\eta$ 代表工人在执行常规型工作任务时的技能水平，其密度函数和分布函数分别为 $f(\eta) = e^{-\eta}$、$F(\eta)$，且存在大量常规劳动投入：$\int \eta f(\eta) d\eta = 1$。低技能工人在能获得的最高收入水平的工作任务中提供其技能禀赋，因此，当其在常规型任务中获得的收入高于在服务部门获得的工资时，其会将劳动力投入常规型任务中，即 $w_r(t) \times \eta_i \geq w_m(t)$。

将计算机资本的生产函数设定为：

$$K = Y_k(t) e^{\delta t}/\theta \tag{2.23}$$

其中，$Y_k(t)$ 代表用于生产 $K$ 的最终消费品，$\delta > 0$，是一个正的常数值，$\theta = e^\delta$，是一个效率参数。生产率随 $\delta$ 增长，反映技术进步水平。当 $t=1$ 时，投入一个单位的 $Y_k$ 可以生产出一个单位的计算机资本：$1 = e^\delta/\theta$。根据完全竞争条件，计算机资本的真实价格等于其边际成本，由此得到：

$$p_k(t) = \frac{Y_k}{K} = \theta e^{-\delta t} \tag{2.24}$$

假设模型中消费者/工人的效用函数为：

$$u = (c_s^\rho + c_g^\rho)^{1/\rho}, \rho < 1 \tag{2.25}$$

消费产品和服务的替代弹性为：$\sigma = 1/(1-\rho)$。那么，效用最大化：

$$\max_{K,\eta} (C_s^{\frac{\sigma-1}{\sigma}} + C_g^{\frac{\sigma-1}{\sigma}})^{\frac{\sigma}{\sigma-1}} \tag{2.26}$$

$s.t.$ $C_g = Y_g - p_k(t) K$

$$C_s = Y_s = L_m = 1 - \exp(-\eta^*)$$

且 $Y_g = L_a^{1-\beta} X^\beta$

$$X \equiv [(\alpha_r L_r)^\mu + (\alpha_k K)^\mu]^{1/\mu}$$

$$L_a = 1$$

$$L_r = (1 + \eta^*)\exp(-\eta^*)$$

将各式代入，简化后得到：

$$\max_{K,L_m}\{L_m^{\frac{\sigma-1}{\sigma}} + [Y_g - p_k(t)K]^{\frac{\sigma-1}{\sigma}}\}^{\frac{\sigma}{\sigma-1}} \tag{2.27}$$

且 $Y_g = X^\beta$

$$L_r = g(L_m) \equiv [1 - \log(1 - L_m)](1 - L_m)$$

其中，$g(\cdot)$ 是概率函数，$g(0) = 1$，$g(1) = 0$。由方程 (2.26) 的一阶条件得到：

$$\frac{\partial Y_g}{\partial K} = p_k(t) \tag{2.28}$$

$$L_m^{-1/\sigma} = (Y_g - p_k K)^{-1/\sigma} \frac{\partial Y_g}{\partial X} \frac{\partial X}{\partial L_r}[-\log(1-L_m)] \tag{2.29}$$

且 $g'(L_m) = \log(1-L_m) = -\eta^*$。

2. 低技能劳动力的分配

基于以上方程可以分析低技能劳动力如何在产品部门和服务部门进行分配，并得到均衡工资。$p_k(t)$ 是外生下降的，当 $p_k(t)$ 趋近于 0 时，计算机资本的投入趋于无穷大：$\lim_{t\to\infty} K(t) = \infty$。在 $X$ 的生产中，$L_r$ 和 $K$ 是替代的，而 $L_r$ 的投入是有上限的，所以 $X$ 的产量实质上由 $K$ 决定，即 $\lim_{t\to\infty} X/\alpha_k K = 1$。由此可以得到：

$$X \sim \alpha_k K, Y_g \sim (\alpha_k K)^\beta, p_k K \sim \beta(\alpha_k K)^\beta \tag{2.30}$$

那么，$C_g = Y_g - p_k K \sim k_1 K^\beta$，其中 $k_1 \equiv (1-\beta)\alpha_k^\beta$。

设定低技能劳动力的均衡投入为 $L_m^*$，$L_m^* \equiv \lim_{p_k \to 0} L_m(p_k)$。将以上近似分析代入式（2.29）中，可得：

$$(L_m^*)^{-\frac{1}{\sigma}} = k_1^{-\frac{1}{\sigma}} k_2 K^{\beta - \mu - \beta/\sigma} L_r^{\mu - 1} [-\log(1 - L_m^*)] \qquad (2.31)$$

其中 $k_2 \equiv \beta \alpha_k^{\beta - \mu} \alpha_r^\mu$，$L_r = g(L_m^*)$

由此得到低技能劳动力投入服务部门的均衡值：

$$L_m^* = \begin{cases} 1, & \dfrac{1}{\sigma} > \dfrac{\beta - \mu}{\beta} \\ L_m \in (0,1), & \dfrac{1}{\sigma} = \dfrac{\beta - \mu}{\beta} \\ 0, & \dfrac{1}{\sigma} < \dfrac{\beta - \mu}{\beta} \end{cases} \qquad (2.32)$$

$\beta$ 代表了产品生产中常规任务的投入份额，当 $\beta = 1$ 时，方程 (2.32) 简化为 $\dfrac{\sigma_r}{\sigma} \gtreqless 1$，即低技能劳动力在产品部门和服务部门的分布依赖于生产中计算机资本和常规劳动力投入的替代弹性 $\sigma_r$ 和消费中产品和服务的替代弹性 $\sigma$ 的大小。当 $\sigma_r > \sigma$ 时，技术进步水平提高，计算机资本价格下降，会导致服务部门对低技能劳动力的相对需求提高，在极限情况下，所有的低技能劳动力将从产品部门转移到服务部门。反之，$\sigma_r < \sigma$ 时，低技能劳动力更多地从服务部门转移到产品部门。这里，$\beta$ 起到了关键作用，$\beta$ 值越小，流入服务业的低技能劳动力就越少，$\beta$ 值越大，流入服务业的低技能劳动力就越多，发生就业极化。

3. 工资不平等

模型中对工资不平等、是否发生工资极化进行了理论推导。

$$w_a = \frac{dY_g}{dL_a} = (1 - \beta) Y_g \sim k_1 K^\beta \qquad (2.33)$$

$$w_r = \frac{\partial Y_g}{\partial X}\frac{\partial X}{\partial L_r} = \beta X^{\beta-\mu} \alpha_r^{\mu} g (L_m)^{\mu-1} \qquad (2.34)$$

$$w_m = p_s = (C_S/C_g)^{-\frac{1}{\sigma}} = (L_m)^{-\frac{1}{\sigma}} C_g^{\frac{1}{\sigma}} \sim (L_m)^{-\frac{1}{\sigma}} k_1^{\frac{1}{\sigma}} K^{\beta/\sigma} \qquad (2.35)$$

一般来说，工资不平等意味着 $w_a/w_m$ 的提高和 $w_m/w_r$ 的下降。相反，工资极化表现为 $w_m/w_r$ 的提高和 $w_a/w_m$ 的下降或稳定不变。工资极化实现的充分必要条件如下。

由于低技能劳动力必然流向高工资的部门/任务中，因此 $w_m/w_r$ 的动态变化能够很好地反映出劳动力在产品部门和服务部门间的流动。由方程（2.32）变形得：

$$\frac{w_m}{w_r} = \begin{cases} \infty, & \frac{1}{\sigma} > \frac{\beta-\mu}{\beta} \\ -\log(1-L_m^*), & \frac{1}{\sigma} = \frac{\beta-\mu}{\beta} \\ 0, & \frac{1}{\sigma} < \frac{\beta-\mu}{\beta} \end{cases} \qquad (2.36)$$

当 $\sigma_r > \sigma$ 时，低技能劳动力执行手工任务获得的工资高于执行常规任务获得的工资，导致低技能劳动力流入服务部门，这样工资极化的必要条件算是实现了。然而，工资极化的充分条件是服务类职业的工资至少与高技能劳动力的工资同样增长，即 $w_a/w_m$ 下降或固定不变，而通过推导发现，在 $\frac{1}{\sigma} \geq 1 > \frac{\beta-\mu}{\beta}$ 时，产品和服务是互补关系时，充分条件才能实现，此时，工资极化与就业极化相伴而生。

$$\frac{w_a}{w_m} \sim \frac{k_1 K^{\beta}}{(L_m)^{-\frac{1}{\sigma}} k_1^{\frac{1}{\sigma}} K^{\beta/\sigma}} \qquad (2.37)$$

$$\frac{w_a}{w_m} = \begin{cases} \infty, \sigma > 1 \\ 1, \sigma = 1, \frac{1}{\sigma} > \frac{\beta-\mu}{\beta} \\ 0, \sigma < 1 \end{cases} \qquad (2.38)$$

在 $\frac{1}{\sigma} < \frac{\beta-\mu}{\beta}$ 时，技术进步带来投入常规任务的劳动力工资相对降低，但对服务的需求并未增长，因此，投入手工任务的劳动力工资也没有相对常规任务的劳动力工资提高。最终，$L_m$ 和 $w_m$ 下降，就业和工资的变化保留了技能偏向技术进步带来的单调形式。

4. 空间均衡模型分析

由于自动化常规任务的价格下降和产业、地区差异的交叉影响，高技能劳动力随真实工资的变化而在地区间流动，并影响各地区的技术进步。假设存在 $J$ 个地区，每个地区都拥有大量的高、低技能劳动力，且存在大量的竞争厂商生产差异化的产品 $Y_{g,j}$：

$$Y_{g,j} = L_{a,j}^{1-\beta_j} [(\alpha_r L_{r,j})^\mu + (\alpha_k K_j)^\mu]^{\beta_j/\mu} \tag{2.39}$$

其中，$\beta_j \in (0,1)$。$\beta_j$ 较大意味着生产中常规任务密度高，$\beta_j$ 较小意味着生产中对抽象型任务的需求更高。为简化分析，假设每个地区的 $\beta_j$ 是不同的，且存在一个地区满足 $\beta_{j\max} = \max_j \beta_j$ 和一个地区满足 $\beta_{j\min} = \min_j \beta_j$。产出为服务的生产方程同式（2.22）。产品在各地区间存在低成本贸易，而服务由于其特性不存在地区间贸易。模型设定高技能劳动力在地区间的流动要强于低技能劳动力，并假设高技能劳动力在地区间是完全流动的而低技能劳动力不是。

假设每一个区域存在一个典型的家庭，其偏好为：

$$\mu(c_s, c_{g1}, \cdots, c_{gJ}) = \mu(c_s^\rho + \tilde{c}_g^\rho)^{1/\rho} \tag{2.40}$$

$$\tilde{c} = \left(\sum_{j=1}^{J} c_g^v\right)^{1/v} \tag{2.41}$$

其中，$v>0$，意味着各地区生产的产品是替代的。为简化模型，假设产品和服务的消费替代弹性 $\sigma = 1$，此假设只在方程（2.38）中受限，其他时候都不影响推导结论。模型还假设所有地区的产品是完全替代的（$v \rightarrow -\infty$），因此其价格是完全相等的。

定义增加一个单位的消费的成本，即价格指数为：

$$P_j(t) = [p_{s,j}(t)^{1-\sigma} + 1]^{1/(1-\sigma)} \tag{2.42}$$

对于高技能劳动力市场，实现空间均衡的条件是：

$$L_{a,j}(t) > 0,\ 且满足：\frac{w_{a,j}(t)}{P_j(t)} = \frac{w_{a,j^{\max}}(t)}{P_{j^{\max}}(t)} = w(t) \tag{2.43}$$

在要素集 $\{L_{a,j}(t),\ L_{m,j}(t),\ K_j(t)\}$ 和价格集 $\{w_{a,j}(t),\ w_{m,j}(t),\ w_{s,j}(t),\ p_{s,j}(t)\}$ 下，实现空间均衡有两个条件。

（1）单个区域市场上的均衡：在 $j$ 地区，给定高技能劳动供给 $L_{a,j}(t)$ 和价格 $p_k(t)$，通过要素分配 $\{L_{a,j}(t),\ L_{m,j}(t),\ K_j(t)\}$ 和价格设定 $\{w_{a,j}(t),\ w_{m,j}(t),\ w_{s,j}(t),\ p_{s,j}(t)\}$ 实现静态均衡，具体如前文所述。

（2）在每个地区 $j$，高技能劳动力都满足式（2.43）的条件，则最终所有地区的高技能劳动力的真实工资收入相等，实现空间均衡。

模型中对要素均衡分配进行了近似推导。首先，假定每个地区的计算机资本都随价格趋于 0 而增长，且按一固定比率增长：$\frac{\dot{K}_j(t)}{K_j(t)} = g_{K,j}$。其次，假定完成手工任务的劳动力趋于 1，即 $L_{m,j}(t) \rightarrow 1$，因为在 $\sigma = 1$ 的设定下，每个地区是孤立的，所有的低技能劳动力将被分配到手工型工作任务中。再次，假定高技能劳动力全部集中于一个地区 $\bar{J}$，其他地区按一个近似固定的比例流失高技能劳动力，该地区的高技能劳动力也按一个近似固定的比例增长：

$$L_{a,\bar{J}}(t) \rightarrow L_a \equiv \sum_j L_{a,j},\ \frac{\dot{L}_{a,j}(t)}{L_{a,j}(t)} = g_{L,j} < 0,\ j \neq \bar{J} \tag{2.44}$$

在以上假定下，可以保证产品的产出和消费在所有地区按一个正比率增长，总产出的增长率由高技能劳动力的增长和计算机资本的增长共同决定，具体表达式如下：

$$g_{Y,j} \equiv g_{L,j}(1-\beta_j) + \beta_j g_{K,j} > 0 \tag{2.45}$$

参照前文式（2.30），有：

$$\begin{aligned} X_j(t) &\sim \alpha_k K_j \\ p_k(t)K(t) &\sim \beta L_{a,j}(t)^{1-\beta}[\alpha_k K_j(t)]^\beta \\ C_{g,j}(t) &\sim k_1 L_{a,j}(t)^{1-\beta}[\alpha_k K_j(t)]^\beta \end{aligned} \tag{2.46}$$

假定 $g_{K,j} = g_{Y,j} + \delta$，代入式（2.45），则：

$$g_{K,j} = g_{L,j} + \frac{\delta}{1-\beta_j} \tag{2.47}$$

其中 $\delta$ 代表技术进步，该方程表明，计算机资本的增长是技术进步的直接结果，且计算机资本的增长受到高技能劳动力流出的潜在影响。

参照前文式（2.33）、（2.34）、（2.35），有：

$$w_{s,j}(t) \sim k_1 L_{a,j}(t)^{-\beta_j} K(t)^{\beta_j} \tag{2.48}$$

$$w_{m,j}(t) = \left\{\frac{C_{g,j}(t)}{C_{S,j}(t)}\right\}^{1/\sigma} \sim k_1^{1/\sigma} L_{a,j}(t)^{(1-\beta_j)/\sigma} K_j(t)^{\beta_j/\sigma} \tag{2.49}$$

$$w_{a,j}(t) = k_1 L_{a,j}(t)^{-\beta_j} K_j(t)^{\beta_j} \tag{2.50}$$

因为 $p_{s,j}(t) = w_{m,j}(t)$，式（2.42）可以简化为：

$$P_j(t) \sim w_{m,j}(t)^{1/2} \tag{2.51}$$

经推导后可以得到劳动力市场均衡的条件：

$$w_{a,j}(t)/w_{m,j}(t)^{1/2} \sim w(t) \tag{2.52}$$

## 第二章
文献回顾和相关理论梳理

在近似分析的基础上，模型进一步讨论了高技能劳动力的工资及空间流动的均衡。式（2.43）对高技能劳动力的空间均衡进行了界定，其中有两个因素制约着高技能劳动力的迁移决策。一是 $j$ 地区的工资 $w_{a,j}(t)$ 的上涨刺激了高技能劳动力向 $j$ 地区的流入；二是 $j$ 地区的价格指数的上涨会带来高技能劳动力从 $j$ 地区流出。也就是说，高技能工人的真实收入在所有地区相等且能够平衡以上两个因素的作用，促成高技能劳动力在地区间平衡分布。将式（2.49）、（2.50）代入式（2.52）得到：

$$\frac{k_1 L_{a,j}(t)^{-\beta_j} K_j(t)^{\beta_j}}{k_1^{1/2} L_{a,j}(t)^{(1-\beta_j)/2} K_j(t)^{\beta_j/2}} = w(t) \tag{2.53}$$

其中，$w(t)$ 是一个独立于地区 $j$ 的方程。分子中 $K_j(t)^{\beta_j}$ 代表地区 $j$ 高技能劳动力增加带来的 $K$ 的增长（二者互补）。$L_{a,j}(t)^{-\beta_j}$ 代表地区 $j$ 工资增长带来高技能劳动力增加。分母部分代表的是随着服务类产品的价格上涨产生资本增长效应：随着经济快速增长，服务类产品价格将上涨，这将给高技能劳动力的福利带来负效应。当满足式（2.53）时，市场实现空间均衡，劳动力不再在各区域间流动。

根据前文对计算机资本增长率和高技能劳动力变动的设定，经推导得到高技能劳动力和计算机资本增长率的方程。首先，将式（2.53）化简后得到：

$$k_1^{1/2} L_{a,j}(t)^{[(\beta_j-1)/2]-\beta_j} K_j(t)^{\beta_j/2} = w(t) \tag{2.54}$$

取对数再对时间求导，得到：

$$\left(\frac{\beta_j - 1}{2} - \beta_j\right) g_{L,j} + \frac{\beta_j}{2} g_{K,j} = g_w \tag{2.55}$$

考虑到 $w(t)$ 与区域无关，根据前文设定，$g_w = \beta_j \dfrac{\sigma-1}{\sigma} g_{K,j}$，代入式（2.47），得到最终的均衡表达式：

$$g_{L,j} = \frac{\delta}{1-\beta_j} - \frac{\delta \beta_{\bar{j}}}{1-\beta_{\bar{j}}} \tag{2.56}$$

$$g_{K,j} = \delta\left(\frac{\beta_j}{1-\beta_j} - \frac{\beta_{\bar{j}}}{1-\beta_{\bar{j}}}\right) \tag{2.57}$$

因为对于地区 $\bar{J}$ 以外的其他地区 $j$，只要常规任务投入满足 $\beta_j < \beta_J$，$j \neq \bar{J}$，就存在 $g_{L,j} < 0$，$j \neq \bar{J}$。这说明 $\bar{J} = j\max$，也就是说，高技能劳动力会被 $\beta_j$ 值最高的地区吸引，因为该地区将从计算机资本价格下降中获得最多的好处。随着高技能劳动力流出 $\bar{J}$ 以外的地区，该地区的服务类产品价格将下降，高技能劳动力的福利将增加。在均衡状态下，高技能劳动力的流出比率要保证在每个时期 $t$ 留在 $j \neq \bar{J}$ 地区的高技能劳动力是无差别的。

通过空间均衡模型的设定和推导，发现随着计算机资本价格的下降，常规任务的份额将更高，并提出 4 个命题。

（1）计算机技术的运用将越来越广泛，常规任务投入中劳动力将被取代的越来越多。

（2）低技能劳动力将更多地从常规任务密集的职业分配到服务类职业中。

（3）高技能抽象型的劳动力和低技能手工类的劳动力的工资将大幅增加，即工资的极化将导致生产中信息技术和抽象型任务的互补和消费上产品和服务的互补。此外，地区间实际工资差将由于高技能劳动力的流动而消除，因此地区间只存在名义工资差。

（4）随着一个地区生产中计算机资本投入的增加和执行常规任

务中计算机资本替代常规型劳动力的比例提高，高技能劳动力的净流入将增加。

## 三 对外贸易与劳动力市场极化

在新古典贸易理论框架下，以 H-O 理论为代表的传统贸易理论最早解释了国际贸易与劳动力市场的相关关系。这一理论认为，南北贸易会有效增加发展中国家低技能劳动力的相对就业和工资，从而缩小高、低技能劳动力的收入差距。随着发达国家间产业内贸易的发展，国际贸易与劳动力市场的关系趋于复杂化，较一致的观点是贸易开放能够提高贸易双方高技能劳动力的就业和工资，但对于低技能工人的影响出现了不同的研究结果（盛斌、牛蕊，2009），低技能工人的就业和工资增减在不同国家出现了不同表现。20 世纪 80 年代后期，国际贸易的发展，尤其是离岸外包的增加对参与国劳动力市场结构变迁产生了不容忽视的作用，对外贸易是否影响了劳动力市场极化的形成也得到了更多研究。

以古斯等（Goos et al.，2014）、阿西莫格鲁、奥托尔（Acemoglu and Autor，2010）为代表，有很多学者从解释劳动力技能结构变迁的角度出发，分析了对外贸易中的离岸外包对于技能需求的影响，发现这种影响很弱或并不显著，或是通过其他因素，主要是技能偏向型技术进步而表现出来。克罗格（Kroeger，2013）通过研究美国的贸易外包对于工资和就业结构的影响，发现离岸外包对美国中技能工人的就业产生了替代，也就是说，进口、离岸外包对于美国的劳动力市场结构的影响是局部性的，主要集中于中低技能水平的工人和行业。这与长期以来对发达国家的研究结论是基本一致的，在离岸外包、与发展中国家贸易为主的进口中，发达国家非熟练工人的就业和工资都减少了。奥托尔（Autor et al.，2016）利用中美贸易数据分析了美国劳动力市场结构的变化，他们认为随着美国从中国进口的贸易额增加，美国制造业工人和非本科学历工人的就业受到了显著的冲击。

国内针对此问题的研究中，李磊等（2011）运用2002年的微观调查数据发现，贸易开放促进了城镇居民的收入增长，但对于高技能工人的影响大于低技能工人，并认为低技能工人工资上涨更多是因为经济发展、城市生活水平提高等。曾国彪、姜凌（2014）利用CGSS数据分析了贸易开放对于个人收入的影响，并证明贸易开放在提高个人收入的同时也拉大了高、低技能工人的工资差距，这一结论也验证了对外贸易拉大收入差距的说法。在研究中，学者们更多关注了对外贸易过程中的收入效应，但对于技能需求结构的研究关注较少。黄灿（2014）利用省级面板数据发现，垂直专业化贸易对我国高技能劳动力中的研发人员形成了显著的就业冲击，但分东、中、西部的研究中只有东部的研发人员受到了对外贸易的冲击，中、西部并未受到影响。杨飞（2013）的研究则表明发达国家劳动力市场极化的主要原因是技能偏向型技术进步，出口主要是通过技能偏向型技术进步影响劳动力市场极化。吕世斌和张世伟（2015）研究发现，在制造行业，离岸外包对于高技能劳动力是替代效应，对于低技能劳动力是互补效应，也就是说离岸外包难以解释劳动力市场极化中高技能劳动力的就业增长。江永红等（2016）发现对外贸易与低技能劳动呈负相关，与高技能劳动呈正相关，即对外贸易使我国就业结构呈高技能偏向型特点，而非极化的特点。李宏兵等（2017）通过区分出口目的地和出口企业发现，对外直接投资对于中国劳动力市场极化的影响存在较大内部差异，但整体上是显著促进了极化的发生。

总结国内外相关研究，国际贸易的发展，尤其是离岸外包的增加对参与国劳动力市场结构变迁产生了不容忽视的作用,但具体影响存在极大差异,尤其是受贸易方向、方式的影响,与各技能劳动力的互补、替代关系在不同经济体、不同行业有不同表现。以奥托尔等(Autor et al.,2013)为代表,古斯等(Goos et al.,2014)欧美国家学者认为中国承接离岸外包业务导致了他国制造业工人的失业,带来极化,而国内如杨飞(2013)、江永红等(2016)、李宏兵等(2017)、刘睿雯(2020)等学者的实证研究却并未得出统一结论。因此,未来研究中需要进一步细分对外贸易的形式和方向。

## 四　其他方面的原因分析

除了技能偏向型技术进步和对外贸易,还有学者关注了其他可能影响劳动力市场极化的因素,如产业结构变迁、城市化、制度因素、经济周期、消费者偏好、企业组织变革等。

产业结构方面,江永红等(2016)认为产业结构升级和技术进步、对外贸易共同作用影响了我国劳动力市场的极化,产业结构升级会增加高技能、高素质人才需求,导致高技能劳动力相对就业比重增加,并通过实证检验发现产业结构升级有利于高、低技能劳动力就业增长。但不足之处是并未就产业结构升级对中、低技能劳动力就业的影响机制展开分析。

城市化方面,陆铭等(2012)利用微观数据实证分析了城市化发展对不同技能水平劳动力就业的差异化影响,并发现城市规模的扩大有利于促进高、低技能劳动力的互补,从而带动低技能劳动力随着高技能劳动力在城市的就业增长而增长,而中技能劳动力的就业未受显著影响。梁文泉和陆铭(2015)还尝试从劳动力分工的细化、人力资本的外部性和消费外部性三个方面解释高、低技能的互补。

制度因素方面，奥施、梅内斯（Oesch and Menes，2010）的研究发现在英国和西班牙工资设定机制创造了更多低技能低工资的服务类工作机会，对劳动力市场极化的形成起到了促进作用。梁文泉和陆铭（2015）认为大城市偏向高技能人才的户籍政策抑制了高低技能的互补效应，从而不利于低技能劳动力就业。

经济周期方面，杰姆维奇、希乌（Jaimovich and Siu，2012）认为在美国过去三十年间，中技能要求的、常规类的就业在经济衰退期集中减少与经济复苏的无就业有很大关系。富特、瑞安（Foote and Ryan，2015）发现在大萧条中失业的劳动者主要是中技能的，原因是中技能劳动力从事的职业一般是周期性强的职业，因此，在分析极化原因时应该考虑到各产业的周期性差异。

消费者偏好方面，奥托尔和多恩（Autor and Dorn，2013）认为相比标准化的产品，消费者更加偏好多样化、个性化的产品和服务，而这些产品和服务的提供很难进行自动化生产，因此从事交互类、服务型工作的低技能劳动力的就业在 1980~2005 年出现增长，美国劳动力市场也表现出极化。

企业组织变革方面，宁光杰和林子亮（2014）用企业内部员工权利和企业内管理流程创新指标表示企业组织变革，研究发现企业的组织变革与高技能劳动力需求之间呈互补关系，对低技能劳动力则形成替代。

这些因素通过作用于不同技能劳动力的就业或工资，最终对劳动力市场极化的形成产生一定的影响。在不断深入研究的过程中，学者们对劳动力市场极化的形成机制有了更广泛的解释，但主要是围绕技能偏向型技术进步和对外贸易展开，其他原因的分析主要通过经验研究来论证，而缺少理论分析。此外，以上因素均是从劳动力需求的角度分析劳动力市场极化的形成，忽视了劳动力供给规模及结构变动对劳动力市场极化的影响。然而，供给无疑是影响市场结构变迁的重要因素，本文将在理论和实证分析中加入对劳动力市场供给因素的研究。

## 第四节 劳动力市场极化的社会经济效应

劳动力市场出现极化时有两个主要特征，首先是高工资和低工资的岗位就业是增长的，而中等工资的就业份额是下降的。其次是高工资人群的工资相对于中等工资是持续上涨的，中等工资与低等工资之间的差距在减小（Ikenaga and Kambayashi，2010）。劳动力市场的极化变动会对劳动者的就业机会（王林辉等，2023）、工资水平（李振刚和张建宝，2019）、居民收入结构（田柳等，2022）等产生一系列影响，是当前学界和政府、社会关注的热点。极化是一个动态过程，劳动力市场在逐渐极化的过程中，对不同劳动力群体产生了不同的影响，其中最典型的是就业和收入上的年龄差异和性别差异。在劳动力市场分割理论下，已有很多学者围绕着市场分割产生的原因，市场分割下的就业和工资不平等程度、范围等问题展开研究。劳动力市场极化过程中，不同技能、不同职业的劳动力也被分割于不同的市场，由于自身比较优势的差异而出现就业机遇和工资待遇的差异。劳动力市场分割理论的典型研究着眼于性别分割、年龄分割，因此，针对劳动力市场极化对不同劳动力带来的影响问题，主要也是从年龄、性别角度来分析的。

## 一 对不同年龄层劳动力就业的影响

不同年龄层的劳动力因分割于不同技能水平的职业层而在就业极化过程中也表现不同。奥托尔、多恩（Autor and Dorn，2013）在研究美国1980~2005年劳动力市场极化时注意到，不同年龄层的劳动力在劳动力市场极化过程中受到的影响程度是不一样的。总体来看，年龄与就业份额增加呈反比例关系。对于高学历劳动力来说，年轻劳动力主要从事高技能的非常规性的职业，年长劳动力主要从事低技能的非常规性的工作。安赫尔等（Anghel et al.，2014）利用西班牙1997~2012年的数据研究发现，抽象类任务密集型职业表现出劳动力平均年龄降低的趋势，尤其在经济扩张时期。常规任务密集型职业则出现了明显的劳动力老龄化现象，服务类任务密集型职业的劳动力年龄变化同抽象类任务密集型职业相似。文中将劳动力根据年龄分为三组：青年组（16~30岁）、中年组（31~45岁）、老年组（45岁以上）。比较研究显示，青年组劳动力更多地从事抽象类、服务类工作任务；中年组劳动力在常规类工作中的就业份额在增长，而在其他两类工作中的份额则减少；老年组的劳动力，由于解雇成本高，往往固定在常规性的工作任务中。可见，年龄将影响劳动力进入或退出某一职业，并导致劳动者在劳动力市场极化中面临不同处境，在对劳动力市场极化的分析中不能无视年龄的影响。

## 二 对不同性别劳动力就业的影响

就业市场上的性别歧视导致男、女性劳动力集中于不同的职业类别，在劳动力市场极化过程中将受到不同程度的影响。巴吉奇-森（Bagchi-Sen，1995）较早开始对这一问题的研究，其认为男性劳动力就业更集中于中技能密集型职业，因此在就业极化中所受冲击最大，女性劳动力主要从事低技能服务型职业，就业份额并没有发生较大改变。安赫尔等（Anghel et al., 2014）的研究发现，在高技能职业中，年轻女性从事管理、服务类职业的比例（52%）远高于年轻男性（29%）。在中低技能职业中，年轻男性从事的职业具有常规性任务密集的特点，而年轻女性主要集中于服务密集型工作。在经济衰退期，由于年轻男性更多地集中于常规化工作，伴随着这类职业劳动需求的减少而受到最大的冲击。考虑到女性劳动力主要从事非常规化的工作任务，且已进入高层次的标准化的服务类职业，因此在经济扩张时期也并未受到过多影响，也不受技术进步的影响。科埃利、伯兰德（Coelli and Borland, 2016）通过对澳大利亚1966~2011年劳动力市场的分阶段研究发现，劳动力市场极化集中体现在男性劳动力市场上。

相关研究说明，劳动力市场极化对于不同年龄、性别劳动力产生的影响主要是源于劳动力市场分割。国内对于劳动力市场分割的相关研究也就年龄分割、性别分割得出了较一致的研究结论，但在劳动力市场极化问题的研究中还未从劳动力市场分割的视角来深入研究劳动力市场极化对于不同群体劳动力的影响差异。此外，也有学者从经济增长（王悦和马树才，2017）、技术创新（郝楠，2016）等角度分析劳动力市场极化的经济效应，这对于进一步研究劳动力市场结构变迁与经济增长的互动关系有一定意义。

## 第五节　文献评述

本文回顾和梳理了关于劳动力市场极化问题的研究文献，并从劳动力市场极化的出现、测度方法、形成原因和影响效应四个方面进行了评述。在此基础上，本文将针对未来国内研究劳动力市场极化提出展望。

第一，极化的核心是不同技能水平职业的变迁引发其就业份额的增减变动，因此对劳动力市场极化的衡量应基于对职业的分类。国内相关研究均采用宏观数据来刻画劳动力市场极化，在职业技能要求、劳动者技能水平、劳动者受教育水平三者之间存在不对等时将扩大测度的误差，导致对极化的衡量不准确。正是由于测度标准和数据的限制，国内现有研究并未就劳动力市场是否极化得出一致结论。本文将借鉴国外研究方法，利用微观调查中提供的职业信息，对职业及从事相关职业的劳动力进行详细分析归类，以期准确测度我国劳动力市场是否出现了极化。

第二，现有研究中主要围绕就业极化展开，对于工资极化的研究还很少，但工资极化是劳动力市场极化在工资方面的体现，且工资是影响就业的重要因素，将影响就业结构的变迁。本文将在后文中对工资极化问题进行相应的理论和实证分析，明确我国现阶段工资结构是否发生了极化。

第三，国外对于劳动力市场极化现象的研究主要围绕发达国家进行，中国作为最大的发展中国家，在劳动力市场极化中是否表现出其他特征，还缺少相应研究。国外研究较少关注一国劳动力市场上的区域差异问题，我国存在较大的区域发展差异，为理论研究提供了很好的差异性分析条件，本文将在后续研究中对劳动力市场在极化过程中表现的区域差异进行详细分析。

第四，随着劳动力跨国流动的增多，国外学者开始关注跨国移民在一国劳动力市场极化过程中扮演的角色，并发现劳动力的跨国流动会影响本地劳动力市场极化。我国流动人口规模占全国总人口的1/6，人口流动将改变区域劳动力供给规模，对各地区劳动力市场具有重要影响，而现有研究鲜有从劳动供给的角度研究劳动力市场极化。本文在后文中通过理论和实证分析劳动力流动对于劳动力市场极化的影响。

# 第三章
# 中国劳动力市场极化的特征分析

本文研究力求解答的一个关键问题就是，中国是否出现了劳动力市场极化以及极化的特征。由于测度过程中国内外学者对职业的分类方法不同，为提高测算结果的可靠性，本章将综合运用技能水平、受教育水平、平均工资水平三个标准对职业进行分类以此来测度我国劳动力市场上是否出现了极化趋势。劳动力市场极化的测度可以从就业和工资两方面衡量，本章将分别对我国就业极化和工资极化进行测度分析。考虑到我国经济社会发展的区域差异，本章还将具体分析劳动力市场极化是否也存在显著的区域差异。

## 第一节 中国劳动力市场就业极化的测度

随着经济社会的发展，职业的变迁能够更具体地反映个体就业的变化和劳动力市场的需求变迁。一方面，职业体现了劳动者的个体技能水平、受教育水平等，相对于行业、产业，劳动力从事的职业类别能够更有效地衡量劳动者的个体特征。另一方面，伴随着宏观经济中新经济形式的出现、运营模式的变迁、技术创新等因素的变化,有新职业不断出现,也有传统职业在衰退。可以说,职业将微观个体的劳动力特征和宏观经济的劳动力需求变化很好地衔接在了一起,职业结构的变化是研究劳动力市场结构变化的重要方面。

正是注意到这一点,越来越多的学者开始从职业层面分析劳动力市场结构问题。本文研究的劳动力市场极化正是基于对各类职业就业份额的观察展开的,所以本文首先要解决的问题是对我国劳动力从事的职业进行分类。

我国目前的职业划分主要参照《中华人民共和国国家标准职业分类与代码》(GB/T6565-2009),虽然现已公布2015年版的新标准,但职业大类并无变化,且各类经济数据还未完全启用新标准。该标准中,将职业划分为八大类,如表3-1所示。

表3-1 国家标准职业分类(2015)

| 职业类别分组 |
| --- |
| 1 党的机关、国家机关、群众团体和社会组织、企事业单位负责人 |
| 2 专业技术人员 |
| 3 办事人员和有关人员 |
| 4 社会生产服务和生活服务人员 |
| 5 农、林、牧、渔业生产及辅助人员 |
| 6 生产制造及有关人员 |
| 7 军人 |
| 8 不便分类的其他从业人员 |

资料来源:《中华人民共和国职业分类大典》(2015年版)。

在2015年职业分类大典修订以前,我国职业分类的基本原则是"工作性质的同一性",这种方式更多强调职业的"身份",对现代社会分工的复合性和技能水平差异均体现不足。① 这带来的直接问题是我国职业分类与国际标准无法统一，目前国际劳工组织（International Labor Organization，ILO）制定的国际标准职业分类标准ISCO88和ISCO08中，职业划分标准是"技能水平和技能的专业程度"。其中，技能水平指的是任务复杂性的等级，技能的专业程度则反映了所运用的知识类型，使用的工具、设备和材料以及产品或服务的性质。ISCO88标准将职业分为十大类，并与技能等级相对应，如表3-2所示。

表3-2 国际标准职业分类（ISCO88）大类和技能水平

| | 职业类别 | 技能水平 |
| --- | --- | --- |
| 1 | 立法者、高级官员和管理者 | — |
| 2 | 专业人员 | 4级 |
| 3 | 技术人员和专业人员助理 | 3级 |
| 4 | 办事员 | 2级 |
| 5 | 服务人员和商店或市场销售人员 | 2级 |
| 6 | 农林牧渔业技术员 | 2级 |
| 7 | 工艺制造及有关人员 | 2级 |
| 8 | 机器操作员和装配工 | 2级 |
| 9 | 体力工或非技术工 | 1级 |
| 0 | 军人 | — |

资料来源：《ISCO88用户使用说明》。

为了方便进行国际比较，本文在对职业进行分类分析时，采用的是国际标准职业分类（ISCO88）。目前国内的调查数据库中，中国综合社会调查（Chinese General Social Survey，CGSS）直接为我们提供

---

① 摘自：《中华人民共和国职业分类大典》（2015年版）。

了受访者所从事职业的 ISCO88 的 4 位数编码以及受访者受教育程度、工资水平、就业状态等相关数据。该数据库覆盖了全国 31 个省、自治区、直辖市，自 2003 年起共进行了 9 次调查，本章将通过 CGSS 数据对我国 2003~2015 年的劳动力市场极化现象进行统计分析，判断我国劳动力市场是否出现极化以及相对其他国家表现出的新特征。

## 一 基于技能水平的就业极化测度

依据 ISCO88 的职业分组及对应的技能评级，并结合奥托尔、多恩（Autor and Dorn，2013）依据常规任务密度得到的职业分组，本文将职业按技能水平分为低技能、中技能和高技能三类，其中第 6 大类和第 9 大类中的第 2 子类属于农业类职业，不在劳动力市场极化的考察范围内，故删除，具体参见表 3-3。

表 3-3 职业技能水平分组对照

| 技能水平 | 职业类别 |
| --- | --- |
| 低 | 第 5 大类：服务人员和商店或市场销售人员<br>第 9 大类：体力工或非技术工<br>其中除去了第 9 大类中的第 2 子类：农业、渔业及相关工人 |
| 中 | 第 4 大类：办事员<br>第 7 大类：工艺制造及有关人员<br>第 8 大类：机器操作员和装配工 |
| 高 | 第 1 大类：立法者、高级官员和管理者<br>第 2 大类：专业人员<br>第 3 大类：技术人员和专业人员助理 |

资料来源：笔者自制。

按第二章第二节所述测度方法，劳动力的技能水平与其从事职业的技能水平一致。图 3-1 和图 3-2 根据高、中、低技能统计的就

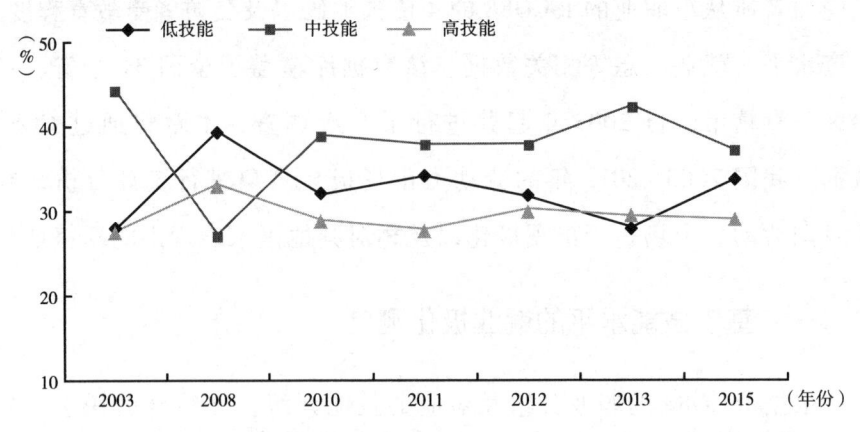

**图 3-1　2003~2015 年部分年份不同技能水平劳动力的就业份额变化趋势**

资料来源：根据 CGSS 相应年份数据计算整理得到。

业份额数据反映了不同技能水平劳动力的就业份额变化情况。低技能劳动力和高技能劳动力的就业份额在波动中上升，2015 年比 2003 年分别增长了 20.93% 和 4.90%，而中技能劳动力的就业份额整体上在下降，2015 年比 2003 年减少了 16.23%。虽然中技能劳动力的就业份额在减少，但到 2015 年还保持在 37.16%，在整个劳动力市场中的占比最大。图 3-1 中，2008 年中技能劳动力的就业份额出现了大幅减少，之后又缓慢恢复，这与 2008 年金融危机下大量制造业企业受到严重冲击破产停工有很大关系。由此也可窥见，中技能职业受经济周期波动影响较大，富特、瑞安（Foote and Ryan，2015）在对美国大萧条的研究中就发现，中技能职业多为强周期职业，在大萧条中失业的主要人群就是从事中技能职业的劳动力。总体看来，我国劳动力市场上职业结构的变化与欧美发达国家相似，呈现"两头高、中间低"的"U"形结构，说明我国劳动力市场在此阶段存在极化现象。

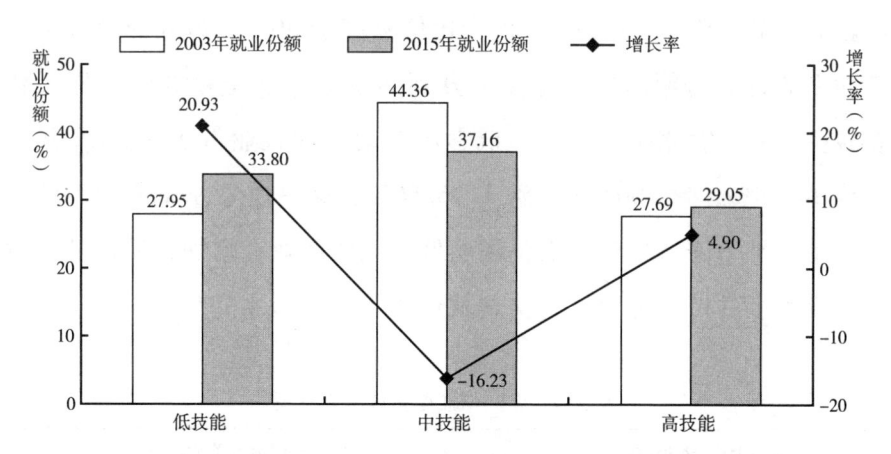

图 3-2　2003 年、2015 年不同技能水平劳动力的就业份额及增长率

资料来源：根据 CGSS 数据库 2003 年和 2015 年数据计算整理得到。

## 二　基于受教育水平的就业极化测度

除了从技能水平的角度测度劳动力市场极化，本文还借鉴迈克尔斯等（Michaels et al., 2010）、吕世斌和张世伟（2015）等学者的研究，以劳动力受教育水平为标准来进行测度。ISCO88 技能水平的划分与国际标准受教育水平分类（ISCED）是相对应的，见表 3-4。参照 ISCED 方法，本文将受教育水平划分为三个层次：低等受教育水平，是指受教育程度为小学及以下，对应 ISCO88 的 1 级技能水平；中等受教育水平指受教育程度为初中、高中或高中同等水平教育，包括技校、职业高中、中专等，对应 ISCO88 的 2 级技能水平；高等受教育水平指受教育程度为大学专科、大学本科及以上，对应 ISCO88 的 3 级和 4 级技能水平。

从图 3-3 和图 3-4 可以看到，我国近些年劳动力构成以中等受教育水平的劳动力为主，在 2003～2015 年部分年份，这部分劳动力的就业份额下降了14.23%，但占比依然高于50%。高等受教育水平劳动力的就业份额居中，逐步上升到30%以上。全社会低学历人数在减少，受教育水平提高，但低学历劳动力的就业份额在2015年仍达到14.69%，比2003年上涨了76.56%。这一现象并非劳动力的人力资本水平下降所导致，而是说明低技能的职业在增加，所需的相应受教育水平的劳动力更容易实现就业。

表3-4 国际标准受教育水平分类

| ISCO88技能水平 | ISCED受教育水平 |
| --- | --- |
| 1级 | 小学及以下 |
| 2级 | 初中和高中或高中同等水平 |
| 3级 | 大专 |
| 4级 | 大学本科及以上 |

资料来源：《ISCO88用户使用说明》。

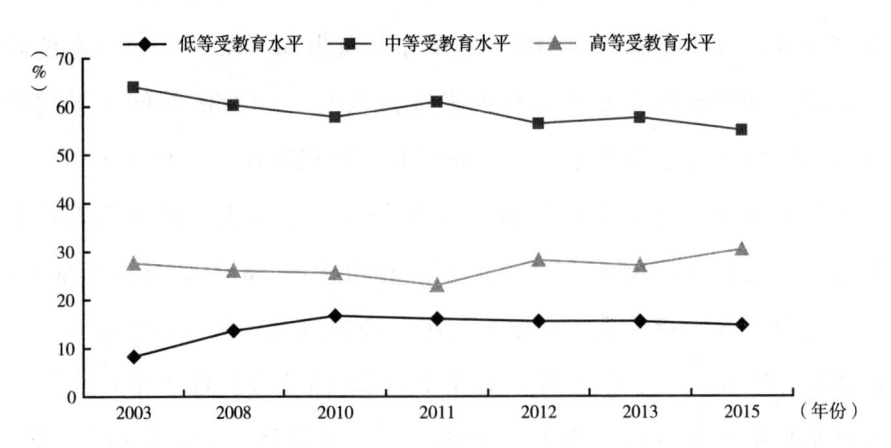

图3-3 2003~2015年部分年份不同受教育水平劳动力的就业份额变化趋势

资料来源：根据CGSS相应年份数据计算整理得到。

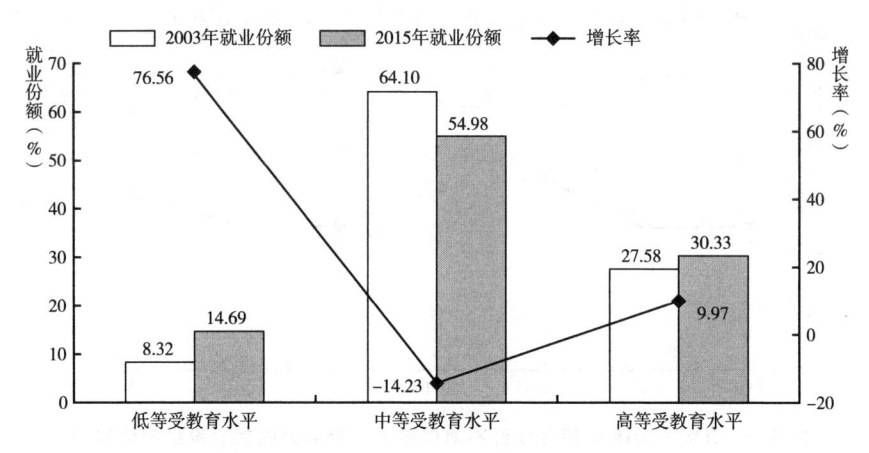

图 3-4　2003 年、2015 年不同受教育水平劳动力的就业份额及增长率

资料来源：根据 CGSS 数据库 2003 年和 2015 年数据计算整理得到。

## 三　基于工资水平的就业极化测度

借鉴奥施、梅内斯（Oesch and Menes，2010），屈小博、程杰（2015）的方法，本文按劳动力的工资分位数水平将工资排序前 25% 定义为低收入劳动力、排序在 25%~75% 定义为中等收入劳动力、排序在 75% 以上的定义为高收入劳动力。通过图 3-5、图 3-6 描述了 2003~2015 年部分年份不同工资水平劳动力的就业份额演变，其结构形态与采用前两种方法得到的结果相似，中等收入劳动力的就业份额最高，但表现出下降趋势，2015 年较 2003 年下降了 11.93%。低收入和高收入劳动力的就业份额较接近，且都在增长，低收入劳动力的就业份额在此阶段增长了 20.89%，高收入劳动力的就业份额则增长了 4.10%。整体上看，通过工资分位数划分劳动力的方式也能够对劳动力市场极化进行测度且就业份额的增长率与按技能水平划分得到的结果非常接近。

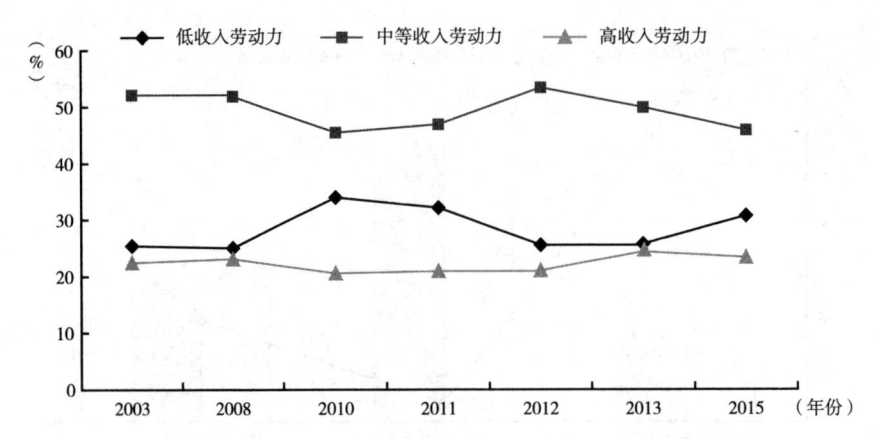

图 3-5　2003~2015 年部分年份不同工资水平劳动力的就业份额变化趋势

资料来源：根据 CGSS 相应年份数据计算整理得到。

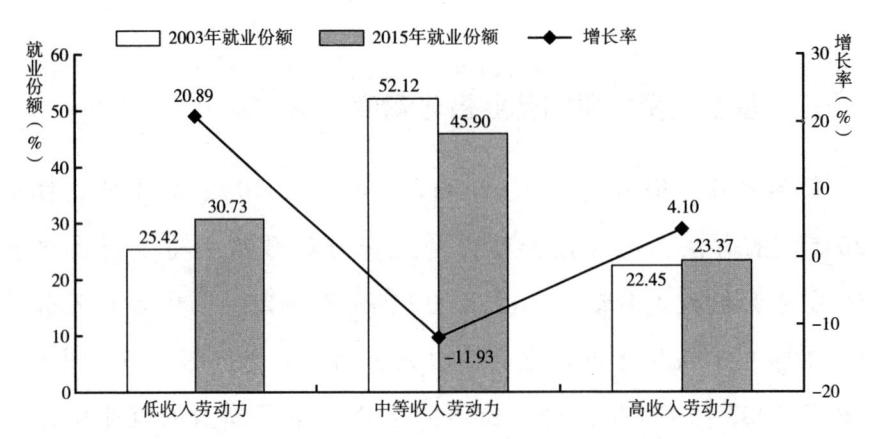

图 3-6　2003 年、2015 年不同工资水平劳动力的就业份额及增长率

资料来源：根据 CGSS 数据库 2003 年和 2015 年数据计算整理得到。

本节尝试用不同的标准对劳动力或职业进行分类，并在此基础上比较 2003~2015 年部分年份各类劳动力或职业的就业份额及其增长率的变化趋势。通过三种方法的相互验证，可以确定中国劳动力市场上出现了极化现象，具体表现为高技能（高等受教育水平或高收入）的劳动力就业份额在增长，低技能（低等受教育水平或低收入）的劳动力就业份额也在增长，同时中技能（中等受教育水平或中等收入）的劳动力就业份额有明显下降。

## 第二节 中国劳动力市场就业极化的地区差异分析

### 一 基于技能水平的就业极化地区差异分析

考虑到中国经济社会发展的区域差异，本文对中国东、中、西部地区劳动力市场情况进行了具体分析，发现东部地区已表现出就业极化的趋势。如图3-7所示，东部地区中技能劳动力的就业份额在2003~2015年虽有较大波动，但整体表现为下降，从2003年的46.95%下降到2015年的38.25%（增长率变化见附图3-1）。同期，低技能劳动力和高技能劳动力的就业份额却在上升，且高技能劳动力的就业份额的涨幅较大，2015年比2003年上涨了26.10%，低技能劳动力的就业份额则增长了7.26%。2003年三类劳动力的就业份额从高到低排序是"中、低、高"，高技能劳动力占比最少，仅25.79%，但到了2015年的排序转变为"中、高、低"，高技能劳动力的就业份额已经超过低技能劳动力，达到32.52%。这一转变说明，在东部劳动力市场极化过程中，东部地区在经济、技术发展作用下对于高技能人才的需求在增长，有益于区域内人才积累。

相比于东部地区的快速发展，中部地区的劳动力市场并未呈现U形结构的极化趋势。如图3-8所示，2003~2015年中部地区的低、中技能劳动力的就业份额有较大的波动，2008年低技能劳动力的就业份额大量增加，中技能劳动力的就业份额大量减少，这与全国的情况一致。到2015年，低技能劳动力的就业份额相比2003年有较大增长，中技能劳动力的就业份额相比2003年保持下降趋势。相比2003

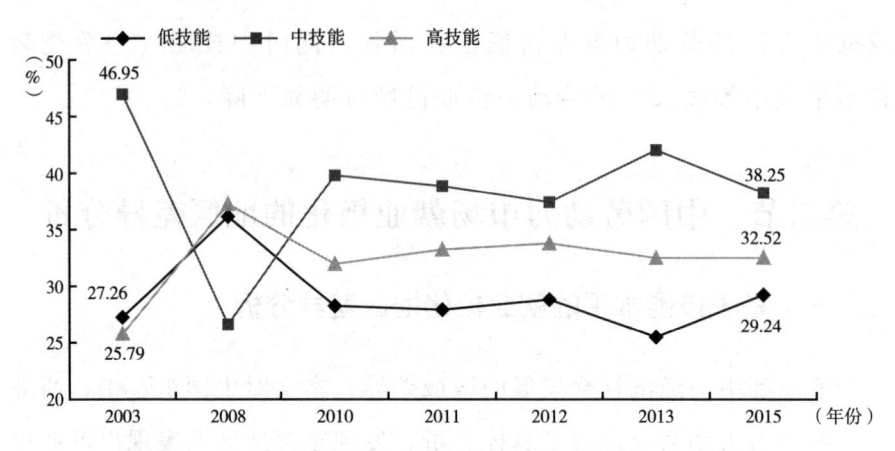

图 3-7　2003~2015 年部分年份东部地区不同技能水平劳动力的
就业份额变化趋势

说明：东部地区包括北京、天津、河北、辽宁、上海、江苏、浙江、福建、山东、广东和海南等 11 个省（市）。

资料来源：根据 CGSS 数据库相应年份数据计算整理得到。

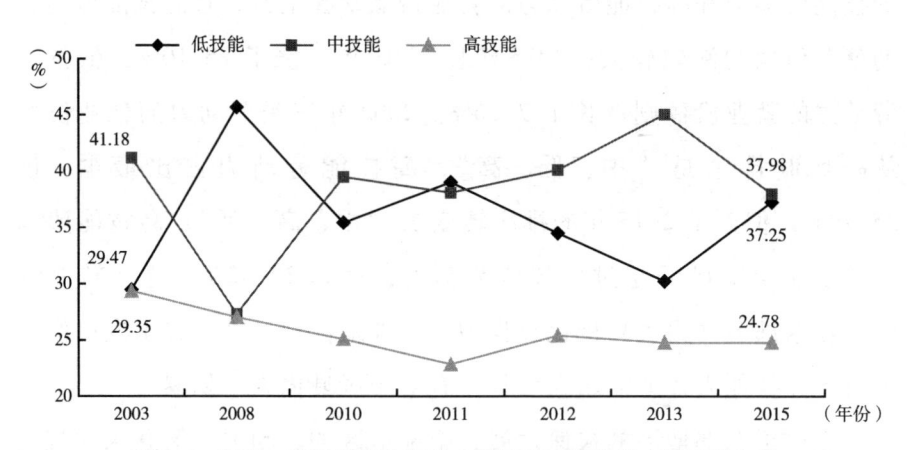

图 3-8　2003~2015 年部分年份中部地区不同技能水平劳动力的
就业份额变化趋势

说明：中部地区包括山西、吉林、黑龙江、安徽、江西、河南、湖北、湖南等 8 个省。

资料来源：根据 CGSS 数据库相应年份数据计算整理得到。

年，2015 年高技能劳动力的就业份额减少，导致高、低技能劳动力的就业份额差距拉大，中部劳动力市场整体就业结构表现为"低技能化"（增长率变化见附图3-2）。笔者认为这与近些年区域经济发展的差距有很大关系，高技能劳动力主要是管理者、专业技术人员，东部地区经济发达，聚集了大量的企业，吸引了更多的高技能人才，虹吸效应显著，从而导致在东部地区高技能劳动力就业增长的同时，中部地区相应减少。

从图3-9来看，西部地区低技能劳动力的就业份额在2003年快速上涨，至2008年后虽然有所回落，但整体上还是上涨的，2015年较2003年增长率达50%以上（增长率变化见附图3-3）。相反地，中技能劳动力的就业份额在2008年下降后有所回升，但整体趋势还是下降，2015年较2003年下降了23.68%。同时，西部地区的高技能劳动力的就业份额与中部地区相仿，也在缓慢下降。三类技能水平劳动力的就业份额相对变动，构成了西部地区劳动力市场上"低技能化"的趋势。

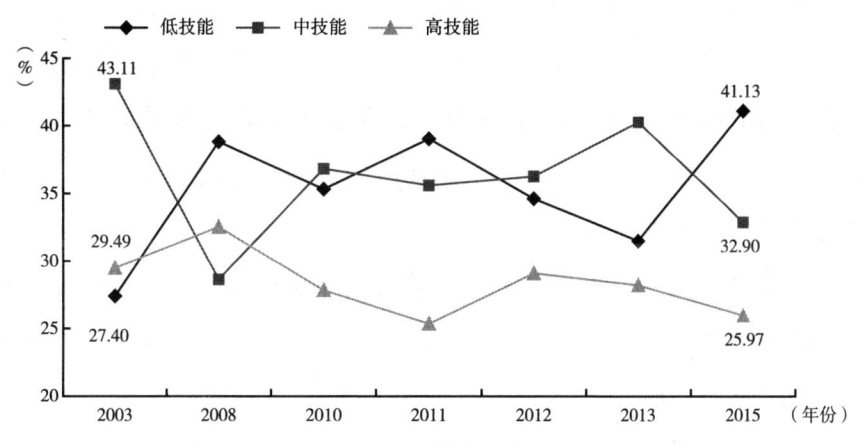

图3-9 2003~2015年部分年份西部地区不同技能水平劳动力的就业份额变化趋势

说明：西部地区包括四川、贵州、云南、西藏、陕西、甘肃、青海、重庆、广西、宁夏、内蒙古和新疆等12个省（区、市）。

资料来源：根据CGSS数据库相应年份数据计算整理得到。

综合来看，东部地区的经济社会发展水平高过全国平均水平，从劳动力就业的结构看，东部地区高技能劳动力的就业份额增长幅度很大，远远高于全国平均水平。同时，随着消费升级、第三产业的发展等作用的推动，对从事低技能、服务型职业的劳动力需求也在增长，最终形成了劳动力市场的极化。而中西部地区经济发展较慢、产业空心化和技术创新能力相对不足，经济增长与技术水平、产业结构不协调，区域经济发展的较大差距必然导致高技能劳动力的流失。加之我国的城市化过程推动了更多劳动力从中西部向东部流动，尤其是中、高技能劳动力和年轻劳动力群体。最终，由于高技能劳动力的就业份额相对减少，中西部地区并未形成劳动力市场就业极化。

## 二　基于受教育水平的就业极化地区差异分析

东部地区高等受教育水平劳动力的就业份额在三个地区中最高，2015年达到37.54%（见图3-10），且在2003~2015年增长了26.27%（增长率变化见附图3-4）。同时，低等受教育水平劳动力的就业份额也从6.02%上涨到10.89%，而中等受教育水平劳动力的就业份额则下降较快。整体上，东部地区的劳动力市场就业结构已经表现出明显的就业极化特征。

中部地区中等受教育水平的劳动力就业份额在三类地区中是最高的，且下降幅度也最小，到2015年，中等受教育水平劳动力的就业份额还维持在60%以上。低等受教育水平劳动力就业份额在此阶段有较快增长，到2015年时就业份额增长率已经远超中、高等受教育水平的劳动力（见附图3-5）。从地理位置上看，中部地区位于我国京津冀、长三角、珠三角几大城市群的边缘，受虹吸效应的影响，中部地区的人力、财力存在明显的流出现象，武汉、郑州等城市每年大

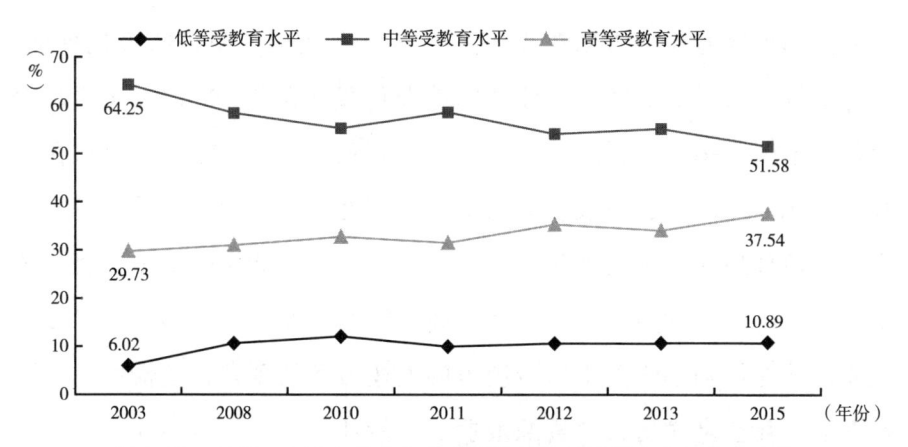

图 3-10　2003~2015 年部分年份东部地区不同受教育水平劳动力的就业份额变化趋势

资料来源：根据 CGSS 数据库相应年份数据计算整理得到。

学毕业生人数居全国前列，却大规模流向了东部地区。因此，在图 3-11 中我们看到 2003~2015 年中部地区的高等受教育水平劳动力的就业份额出现了小幅的下降。

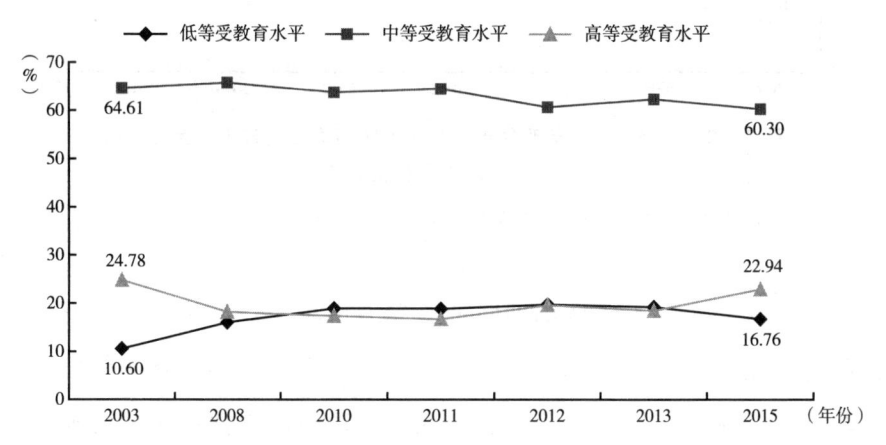

图 3-11　2003~2015 年部分年份中部地区不同受教育水平劳动力的就业份额变化趋势

资料来源：根据 CGSS 数据库相应年份数据计算整理得到。

西部地区劳动力市场在2003~2015年表现出了明显的极化特征。中等受教育水平的劳动力在此期间就业份额下降了11.12%（增长率变化见附图3-6），而低、高等受教育水平的劳动力就业份额都在上升（见图3-12）。这与按技能水平分类测度的结果存在差异，笔者认为这与西部地区经济发展相对缓慢、提供的高技能岗位较少有直接关系。高学历的劳动力并不完全从事高技能的职业，从而出现了高技能职业的就业份额小于高学历劳动力的就业份额的现象，这恰恰说明了西部地区存在高学历人才资源浪费的可能性。

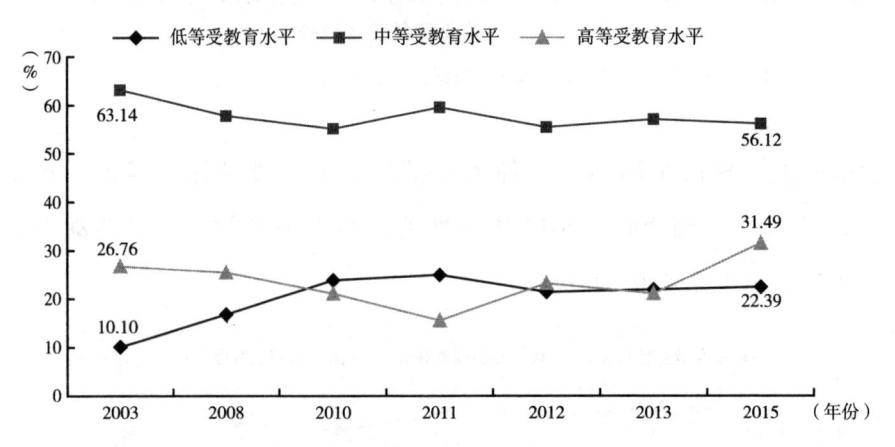

图3-12　2003~2015年部分年份西部地区不同受教育水平劳动力的就业份额变化趋势

资料来源：根据CGSS数据库相应年份数据计算整理得到。

通过比较东、中、西部地区的劳动力市场就业结构，可以看出地区间差异主要体现在中部地区高等受教育水平的劳动力就业份额在此阶段没有出现上涨，且中等受教育水平劳动力的就业份额也出现了下降，说明中部地区已经表现出极化趋势。随着中部地区人才引进等一系列政策的实施和推动，高学历人才在中部地区的比例将会上升，但中等受教育水平劳动力的就业受技术进步等因素的影响将持续下降。

此外，东部地区的经济结构在全国具有一定的超前性、引导性，从东部劳动力市场上表现出的典型极化结构可以预见，中部地区劳动力市场上也将出现极化。全国各地区低等受教育水平劳动力的就业份额都显著增长，这表明经济增长、城镇化速度的加快以及第三产业的增长带动了更多低学历劳动力从事非农工作，尤其是集中于低技能要求的服务型职业。

## 三 基于工资水平的就业极化地区差异分析

2003~2015年通过工资水平测度得到的结果与按受教育水平测度所得结果基本一致，东部地区中等收入劳动力的就业份额下降，同时低收入和高收入劳动力的就业份额增加，增长率的相对变化构成了劳动力市场的"U"形结构（增长率变化见附图3-7）。相比其他地区，东部地区以中高收入劳动力为主，到2015年，低收入劳动力的就业份额只占到18.94%，低于中、西部地区（见图3-13）。与按技能水平分类测度的结果相比，2015年，东部地区高收入劳动力的就业份额与高技能劳动力的就业份额基本相等，分别是32.97%、32.52%；然而，低收入劳动力的就业份额比低技能劳动力的就业份额低了10.3个百分点，这说明在东部地区很多从事低技能职业的劳动力其收入在上涨，已纳入中等收入层。

从图3-14、图3-15来看，中、西部地区的不同工资水平的劳动力就业份额变化趋势非常接近，2003年中等收入的劳动力占比超过50%，到2015年下降到44%左右。低收入劳动力的就业份额在2003~2015年增长较为明显（增长率变化见附图3-8、3-9），而高收入劳动力的就业份额没有明显增长或下降，且维持在较低水平。受地区经济发展水平和物价水平差异的影响，中、西部地区的工资水平

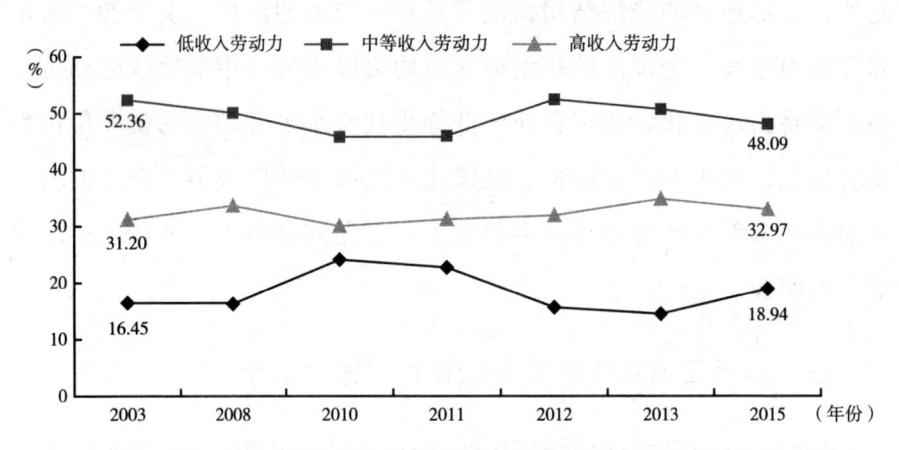

图 3-13　2003~2015 年部分年份东部地区不同工资水平劳动力的就业份额变化趋势

资料来源：根据 CGSS 数据库相应年份数据计算整理得到。

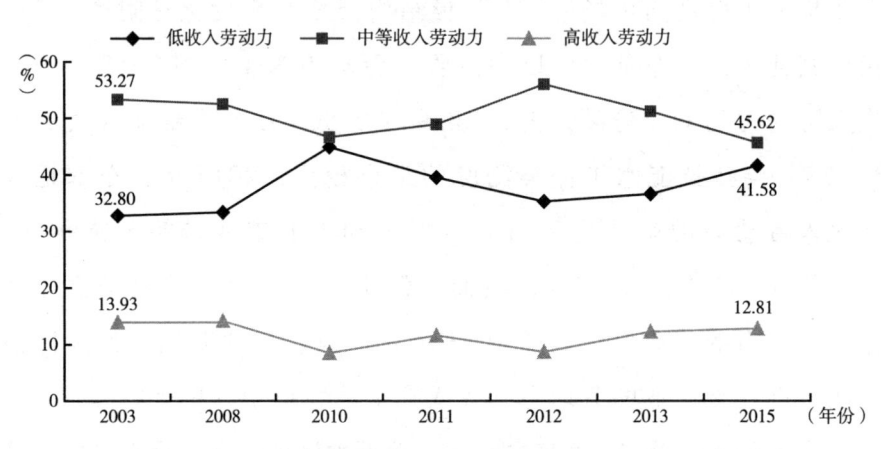

图 3-14　2003~2015 年部分年份中部地区不同工资水平劳动力的就业份额变化趋势

资料来源：根据 CGSS 数据库相应年份数据计算整理得到。

普遍低于东部地区，导致从事同一技能水平职业的劳动力在东部和中、西部的工资也存在较大差异。数据显示，中、西部地区的高收入

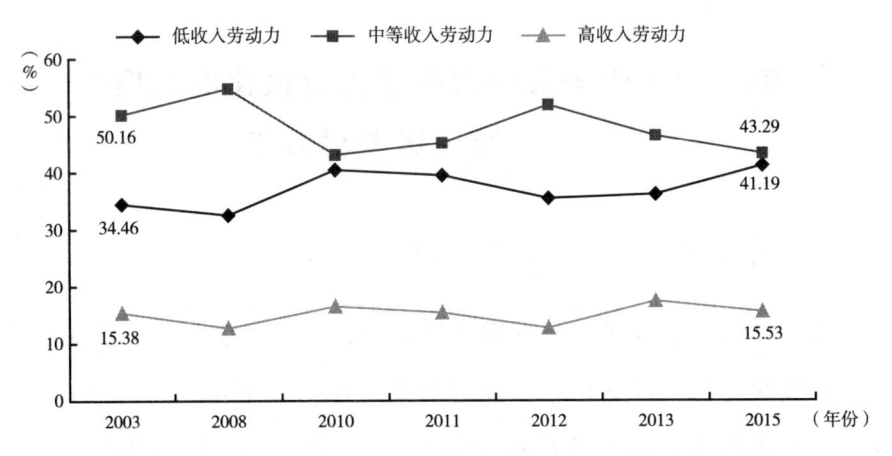

图 3-15　2003～2015 年部分年份西部地区不同工资水平劳动力的就业份额变化趋势

资料来源：根据 CGSS 数据库相应年份数据计算整理得到。

劳动力就业份额在 14% 左右，而高技能劳动力的就业份额在 25% 左右，也就是说，在中、西部地区有部分从事高技能职业的劳动力收入停留在中等收入层。即便如此，我们也能清楚地看到中等收入劳动的就业份额在此阶段的显著减少和低、高收入劳动力的就业份额增长。

综合三种方式下得到的测度结果，笔者认为中国在 2003～2015 年这个阶段，东部地区的劳动力市场上出现了典型的极化特征，中、西部地区受经济发展水平的制约以及劳动力流动性的影响，高技能劳动力就业份额的增长不够突出；但中技能劳动力就业份额的下降和低技能劳动力就业份额的增长得到了数据的支撑，中、西部地区的极化趋势已经完全表现出来，可以预见，未来劳动力市场上的极化特征将愈加明显。

## 第三节　中国劳动力市场工资极化的测度及地区差异分析

### 一　中国劳动力市场工资极化的测度

在本节我们将从工资变动的角度分析，劳动力市场上是否也出现了工资极化。依照前文就业极化的测度方法，本节依然按技能水平、受教育水平和工资水平对劳动力进行分类，并分别比较三种方式下的测度结果。

图3-16报告了不同技能水平劳动力的平均工资增长情况，高技能劳动力的工资在2003~2015年快速上涨，与中、低技能劳动力的工资差距不断扩大，技能溢价水平不断提高。2003年高技能劳动力的年平均工资是16429.96元，到2015年已经达到79569.85元，年平均增长率达14.05%。然而，中、低技能劳动力的工资水平则非常接近，年平均增长率分别是11.1%和10.34%，技能溢价的变化不明显。

图3-17报告了不同受教育水平劳动力的平均工资增长情况，与图3-16比较后发现：首先，高等受教育水平劳动力的工资水平与高技能劳动力的工资水平非常一致，说明高学历水平的劳动力基本从事高技能职业，且教育回报愈加突出。其次，低等受教育水平劳动力的工资远远低于低技能劳动力，且工资差从2003年的2640.91元扩大到2015年的9187.9元，这说明低等受教育水平的劳动力通过职业选择，进入低技能职业后能够提高其工资水平，也说明部分中等受教育水平的劳动力进入了低技能职业，一定程度上拉高了低技能职业的平均工资，这也间接证明了就业的极化。最后，中等、低等受教育水平

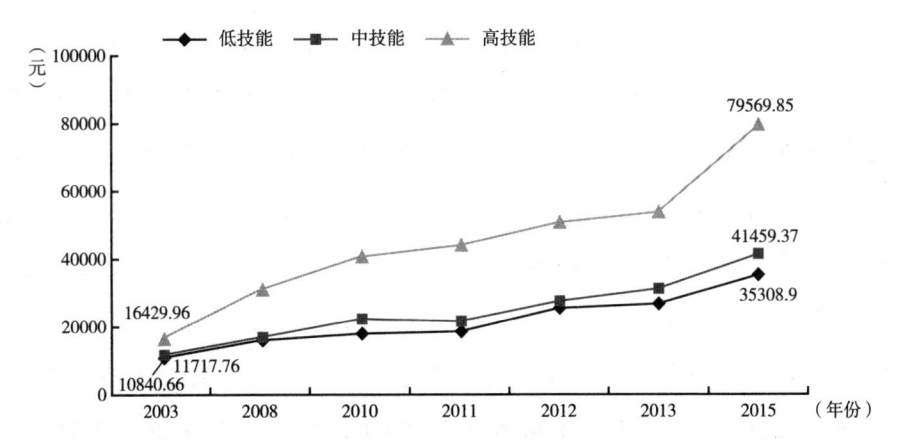

图 3-16　2003~2015 年部分年份不同技能水平劳动力的年平均工资增长趋势

资料来源：根据 CGSS 数据库相应年份数据计算整理得到。

劳动力的工资差距有所扩大，且这一差距大于中、低技能劳动力之间的工资差距，说明技能溢价的规模要小于教育回报，中技能职业的工资优势正在减弱。在就业极化的作用下，中技能水平的就业岗位正在减少，就业机会的减少加之工资优势的减弱都将使中等受教育水平劳动力进入低技能职业的可能性增大。

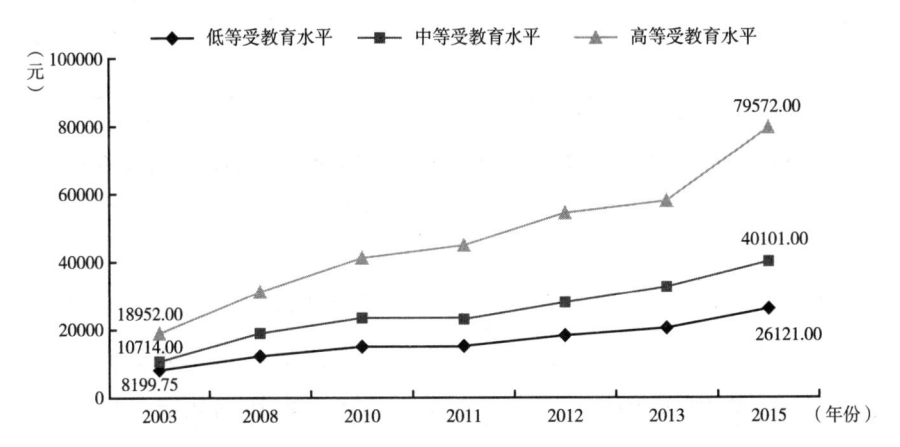

图 3-17　2003~2015 年部分年份不同受教育水平劳动力的年平均工资增长趋势

资料来源：根据 CGSS 数据库相应年份数据计算整理得到。

因为是依据工资的分位数对劳动力进行分类的，所以在比较不同工资水平劳动力的平均工资变化情况时再比较工资绝对值的变化缺乏参考价值。在此，本文通过比较三类劳动力的相对工资变动趋势来展开分析。如图3-18所示，高工资与中工资的相对值从3.079上涨到3.437，说明在2003~2015年高工资劳动力的平均工资上涨速度快于中工资劳动力。同时，中工资/低工资从3.284下降到2.687，说明低工资劳动力的平均工资增长也快于中工资劳动力。综合来看，在工资分位数排序中的前25%和最后25%的工资水平都在更快地增长，而处于工资中间水平的却增长最慢，从这一角度分析，中国劳动力市场上表现出了工资极化。

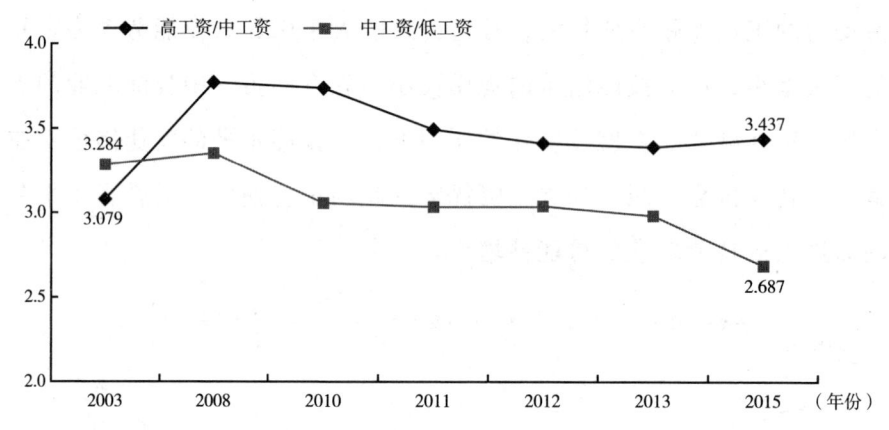

**图3-18　2003~2015年部分年份不同工资水平劳动力的相对工资变动趋势**

资料来源：根据CGSS数据库相应年份数据计算整理得到。

按技能水平和受教育水平测度的工资变动情况说明，中技能职业的工资虽在上涨但相对于低技能职业的工资优势已经不明显，而高技能职业的工资则快速增长，工资结构表现出了极化的趋势。按工资水平测度的相对工资变动趋势则表明我国工资结构已呈现极化特征——中等工资水平相对下降，两端的工资水平相对上涨。

## 二 中国劳动力市场工资极化的地区差异分析

在整体分析的基础上，本文还将比较工资极化中的地区差异。由于按技能水平分类和按受教育水平分类分析得到的结果相似，正文中将只具体分析按技能水平分类得到的结果，按受教育水平分类的结果见附录。

图3-19、图3-20、图3-21分别呈现了东、中、西部地区在2003~2015年不同技能劳动力的工资变动情况，东部地区的特征与全国的平均水平接近。高技能劳动力工资快速提高，而中、低技能劳动力的工资基本一致且涨幅较小。数据显示，2003~2015年，高技能劳动力的工资年平均增长率是14.77%，高于全国平均水平14.05%；低技能劳动力的工资年平均增长率是10.34%，也高于全国平均水平10.22%；而中技能劳动力的工资年平均增长率在10.40%，低于全国平均水平11.1%。可见，东部地区中、低技能劳动力的工资趋同效应更加明显，更容易出现工资极化。

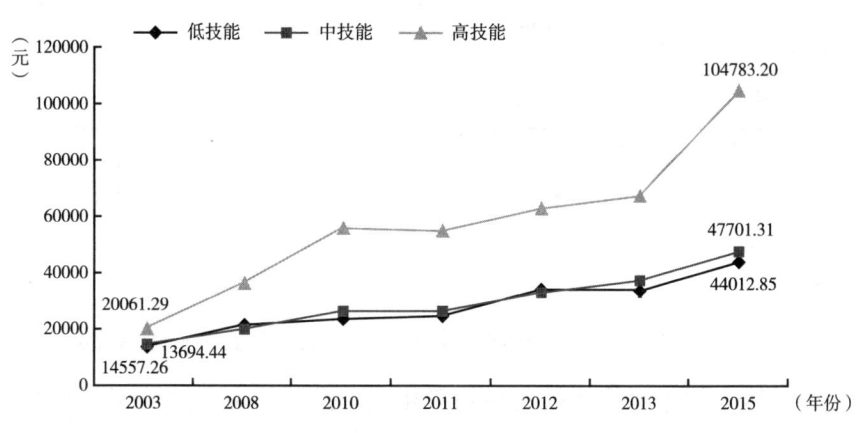

**图3-19 2003~2015年部分年份东部地区不同技能水平劳动力的工资增长趋势**

资料来源：根据CGSS数据库相应年份数据计算整理得到。

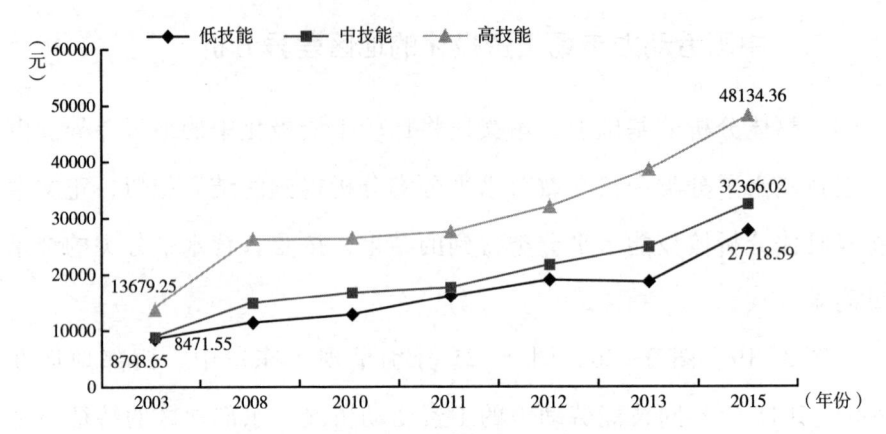

图 3-20　2003~2015 年部分年份中部地区不同技能水平劳动力的工资增长趋势

资料来源：根据 CGSS 数据库相应年份数据计算整理得到。

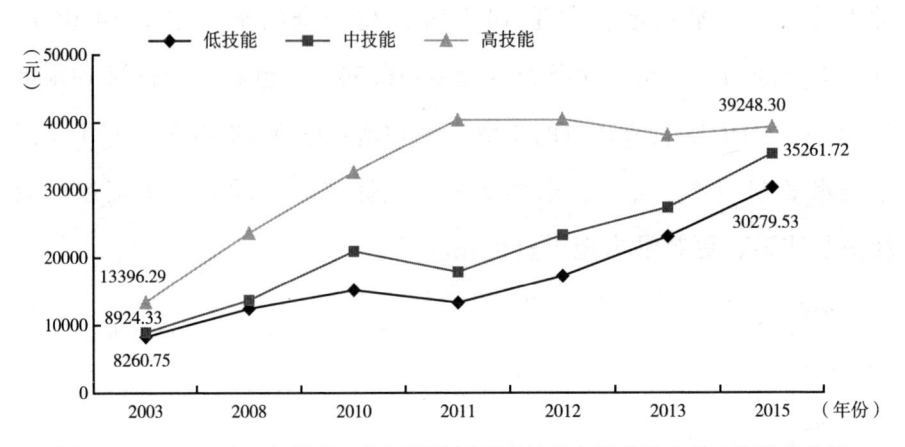

图 3-21　2003~2015 年部分年份西部地区不同技能水平劳动力的工资增长趋势

资料来源：根据 CGSS 数据库相应年份数据计算整理得到。

与东部地区相比，中部地区各技能水平劳动力的工资水平都要远低于东部地区，但工资结构的变动趋势相似。高技能劳动力的工资持续上涨，但涨幅要小于东部地区，中、低技能劳动力的工资差距较东部地区扩大，极化趋势要弱于东部地区。2003~2015 年西部地区的工资水平在三个地区中最低,且高技能劳动力的工资上涨幅度趋于平缓,中、低技能劳动力的工资年平均增长率要高于高技能劳动力,导致技能溢价较东、中部地区大大减弱,西部地区工资结构也表现出极化特征。

对比三个地区的工资水平及其变动情况,得到以下结论。首先,东部地区表现出了工资极化的趋势。其次,东部地区的高工资水平和高技能溢价能够吸引更多劳动力涌入,而中、低技能劳动力工资的趋同,加上低技能职业的进入门槛低将使得低技能职业对于劳动力具有更大的吸引力,加剧东部地区的就业极化。按受教育水平分类分析后得到的各地区工资增长趋势见本章附图3-10、3-11和3-12,增长趋势呈现的特征与图3-19~图3-21呈现的特征基本一致,故此处不再详细分析,并将其放在附录中,作为补充。

本文还比较了三个地区的相对工资变动情况,具体见图3-22~图3-24。东部地区高工资与中工资相对值呈上升趋势,中工资与低工资相对值呈下降趋势,表明在2003~2015年东部地区的工资结构呈极化发展,两端工资增长而中间工资下跌。

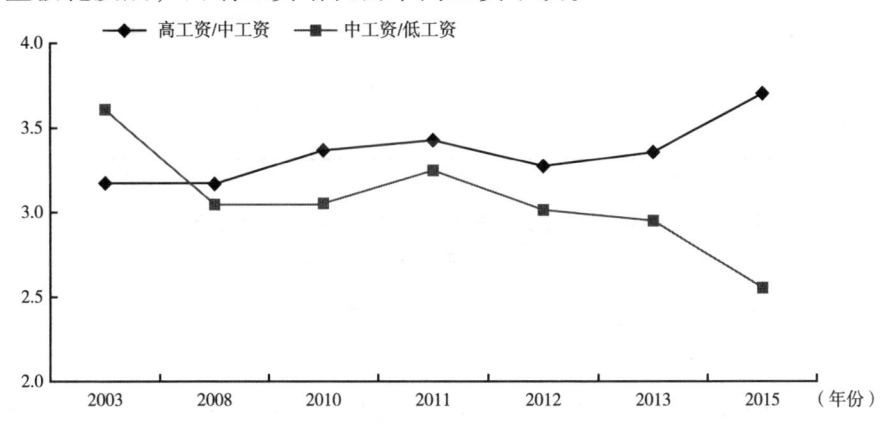

图3-22 2003~2015年部分年份东部地区不同工资水平劳动力的相对工资变动趋势

资料来源:根据CGSS数据库相应年份数据计算整理得到。

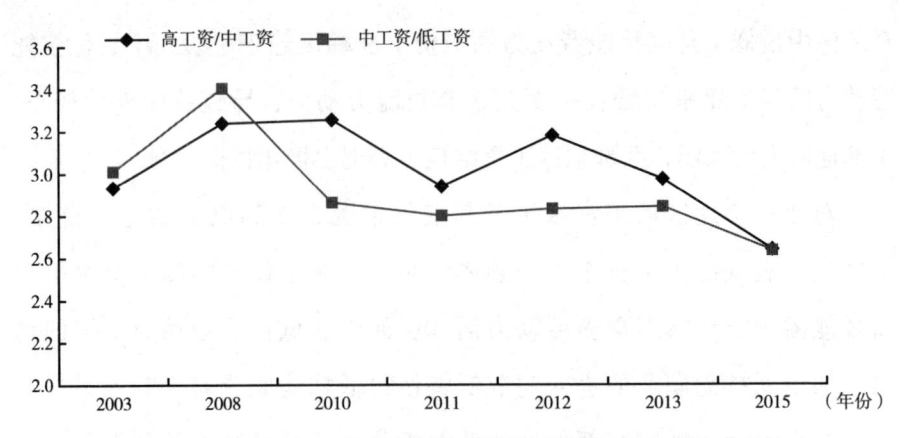

图 3-23　2003~2015 年部分年份中部地区不同工资水平劳动力的
相对工资变动趋势

资料来源：根据 CGSS 数据库相应年份数据计算整理得到。

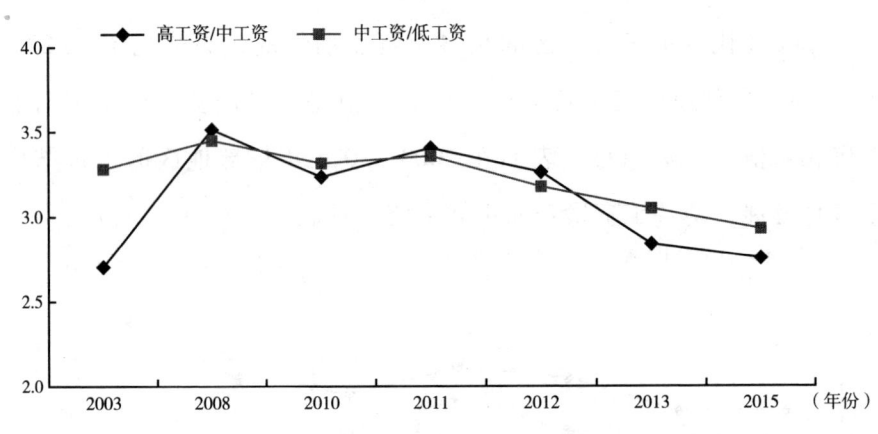

图 3-24　2003~2015 年部分年份西部地区不同工资水平劳动力的
相对工资变动趋势

资料来源：根据 CGSS 数据库相应年份数据计算整理得到。

与东部地区不同，中、西部地区的高工资与中工资相对值波动较大且整体表现为下降，表明高工资的增长趋缓。中工资与低工资相对值除 2008 年上升，其他年份均下降了，表明低工资的增长超过了中工资。然而，整体上中部地区的工资结构没有极化，而是趋于向中间靠拢，工资差距变小。

综合三种方式对工资极化的测度，本文得到以下结论：工资结构在地区间存在较大差异，东部地区出现了工资极化现象；中、西部地区的工资结构没有发生极化，但随着低技能工资的增长逐渐加快，中工资与低工资相对值不断减小，工资极化的趋势也将越来越突出。

## 第四节 本章小结

本章利用CGSS数据库对我国整体以及东、中、西部地区劳动力市场是否出现就业极化和工资极化进行了较为全面的分析。借鉴国内外相关研究方法，本章以技能水平、受教育水平和工资水平为三个标准对职业及劳动力进行了分类，并对不同分类标准下得到的结论进行了具体比较。

基于上述分析，本章得到以下结论。

第一，我国劳动力市场在整体上表现出了就业极化和工资极化两个特征，且在东部地区表现明显。

第二，中、西部地区没有出现明显的就业极化，但在不同分类标准下中技能劳动力的就业份额都在下降，说明中、西部地区劳动力市场上就业极化的趋势已经显现。

第三，中、西部地区的中技能与低技能劳动力的工资相对值不断下降，且中、低技能的工资水平非常接近，同时高技能劳动力的工资快速上涨，综合起来表明中、西部地区的工资极化趋势日趋明显。

第四，由于中、西部地区的平均工资水平与东部地区差距较大，加之东部地区工资极化下中技能职业的工资优势减弱，中、西部地区劳动力流入东部将加速东部地区的就业极化。

# 附 录

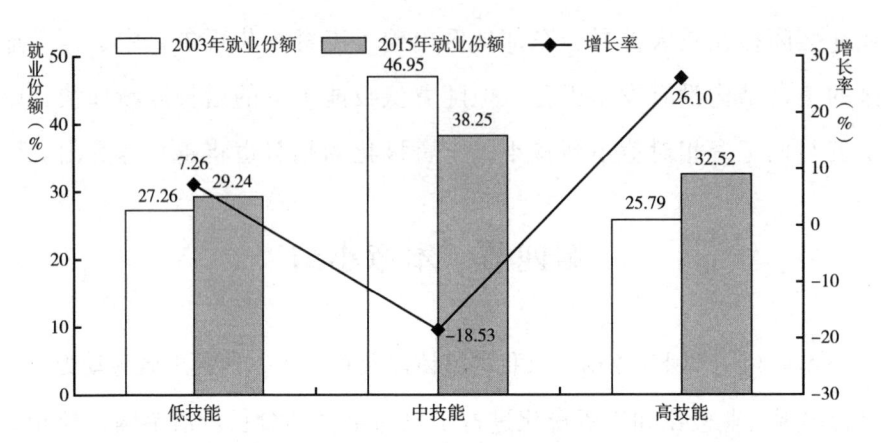

附图 3-1 2003 年、2015 年东部地区不同技能水平劳动力的就业份额及增长率

资料来源：根据 CGSS 数据库 2003 年和 2015 年数据计算整理得到。

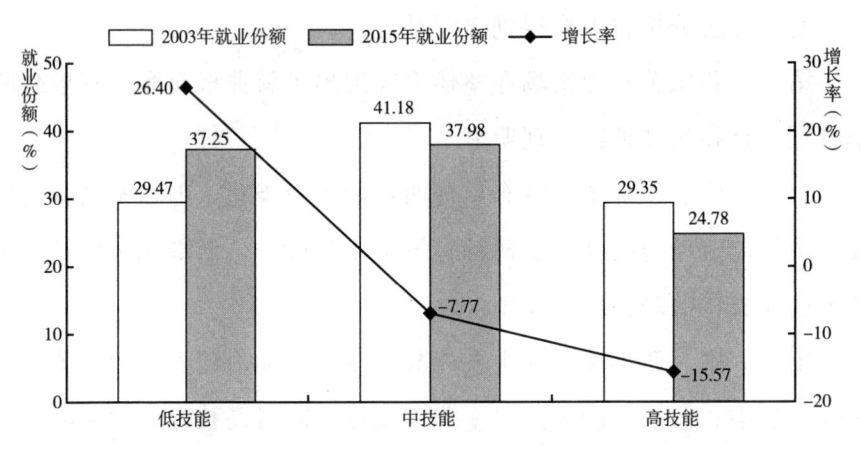

附图 3-2 2003 年、2015 年中部地区不同技能水平劳动力的就业份额及增长率

资料来源：根据 CGSS 数据库 2003 年和 2015 年数据计算整理得到。

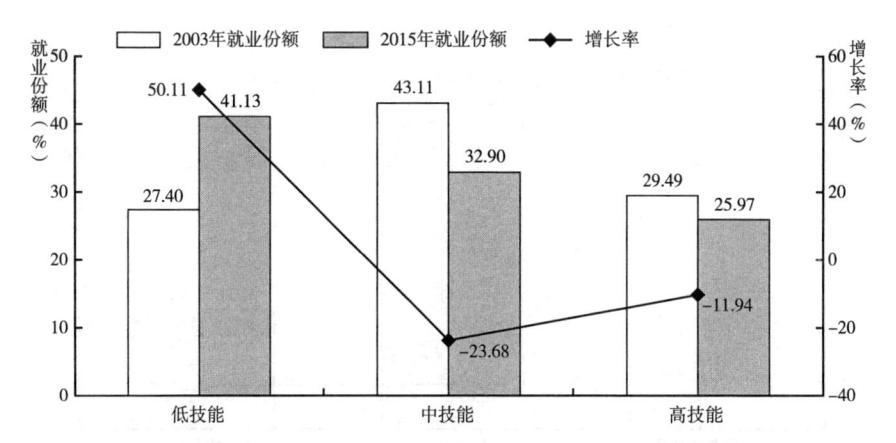

附图3-3 2003年、2015年西部地区不同技能水平劳动力的就业份额及增长率

资料来源：根据CGSS数据库2003年和2015年数据计算整理得到。

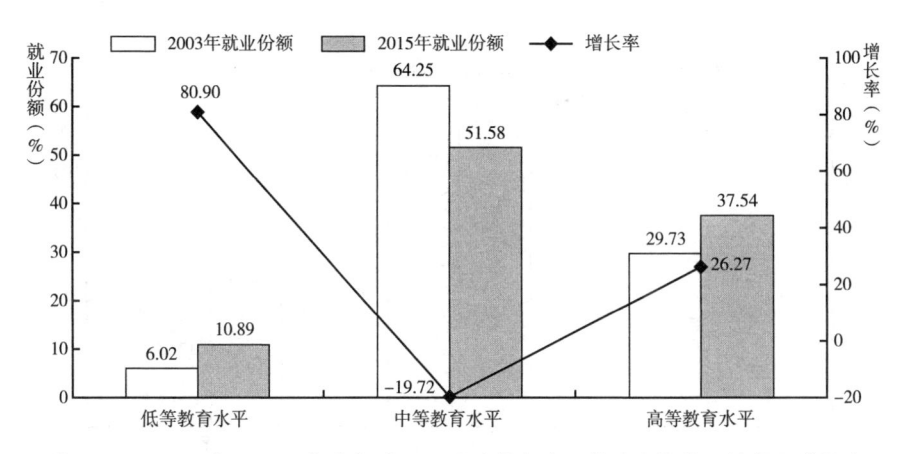

附图3-4 2003年、2015年东部地区不同受教育水平劳动力的就业份额及增长率

资料来源：根据CGSS数据库2003年和2015年数据计算整理得到。

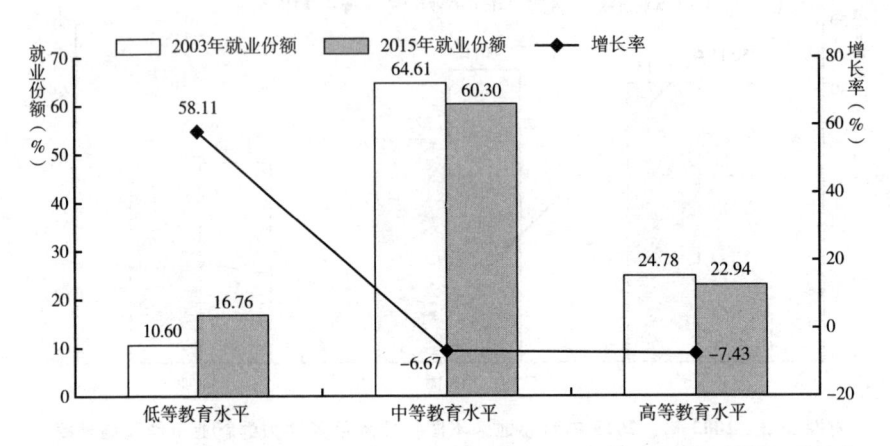

附图 3-5　2003 年、2015 年中部地区不同受教育水平劳动力的就业份额及增长率

资料来源：根据 CGSS 数据库 2003 年和 2015 年数据计算整理得到。

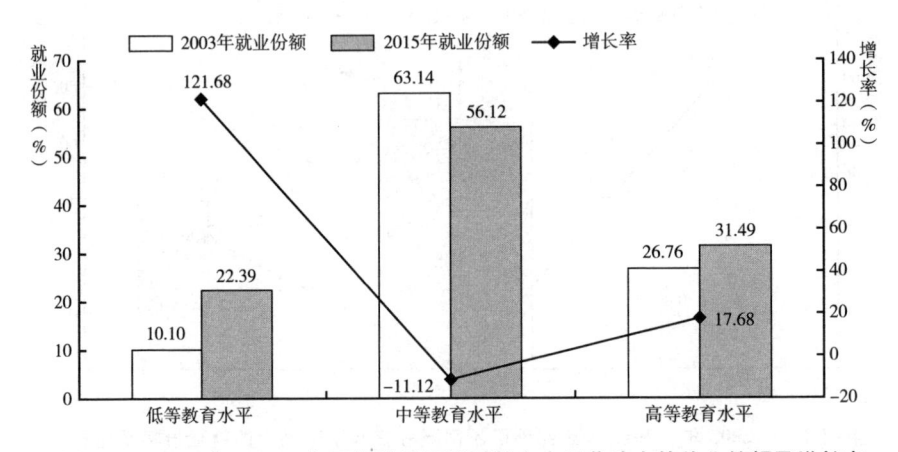

附图 3-6　2003 年、2015 年西部地区不同受教育水平劳动力的就业份额及增长率

资料来源：根据 CGSS 数据库 2003 年和 2015 年数据计算整理得到。

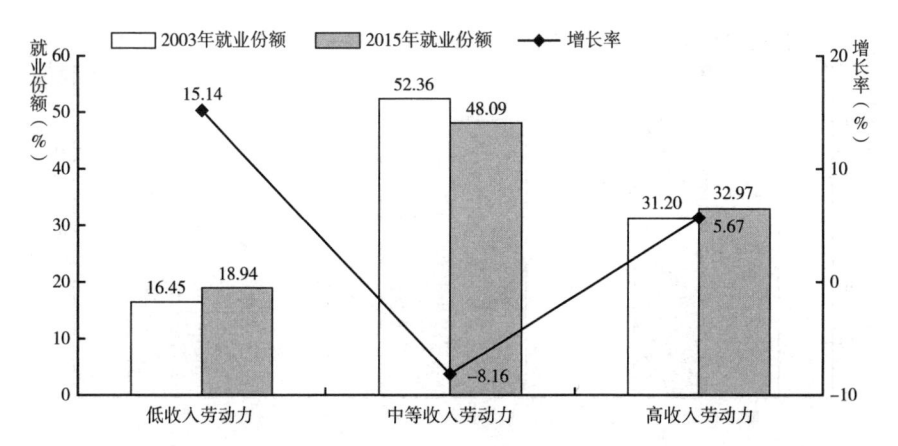

**附图 3-7  2003 年、2015 年东部地区不同工资水平劳动力的就业份额及增长率**

资料来源：根据 CGSS 数据库 2003 年和 2015 年数据计算整理得到。

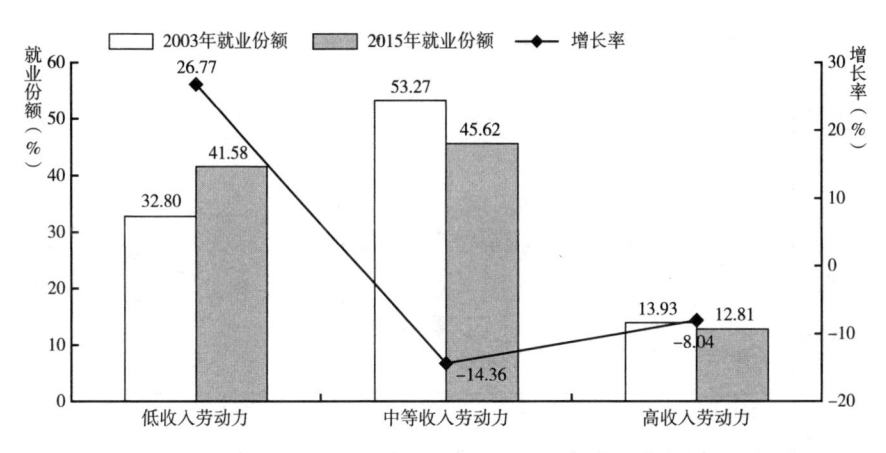

**附图 3-8  2003 年、2015 年中部地区不同工资水平劳动力的就业份额及增长率**

资料来源：根据 CGSS 数据库 2003 年和 2015 年数据计算整理得到。

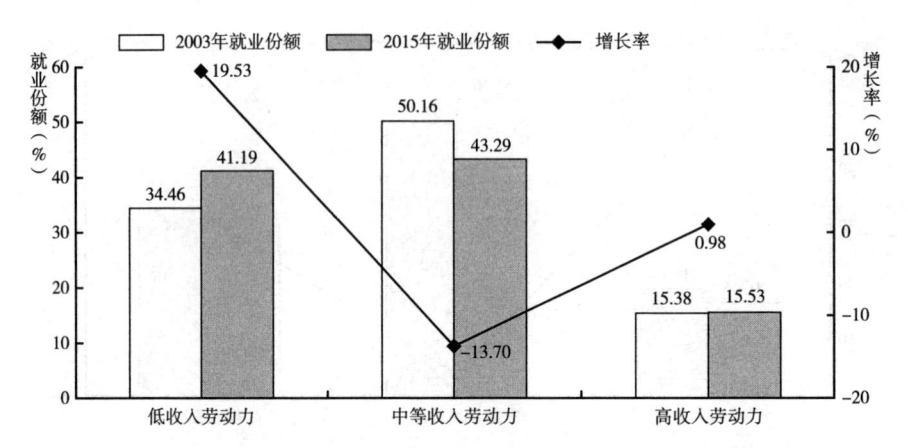

附图 3-9　2003 年、2015 年西部地区不同工资水平劳动力的就业份额及增长率

资料来源：根据 CGSS 数据库 2003 年和 2015 年数据计算整理得到。

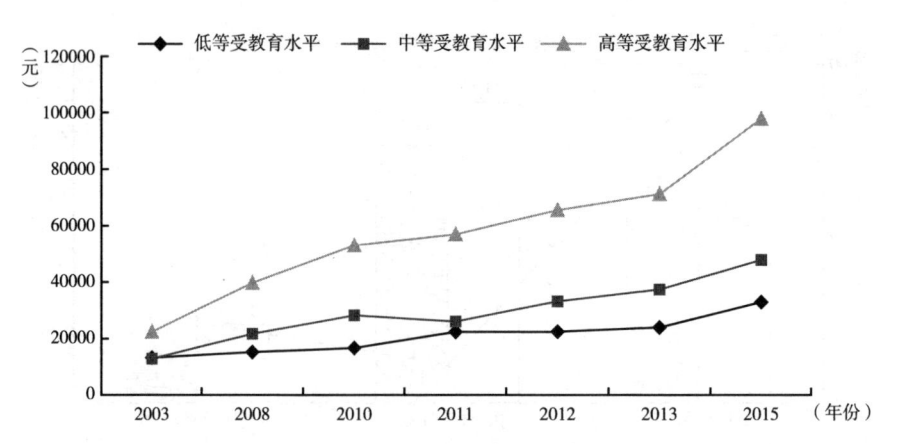

附图 3-10　2003~2015 年部分年份东部地区不同受教育水平劳动力的工资增长趋势

资料来源：根据 CGSS 数据库相应年份数据计算整理得到。

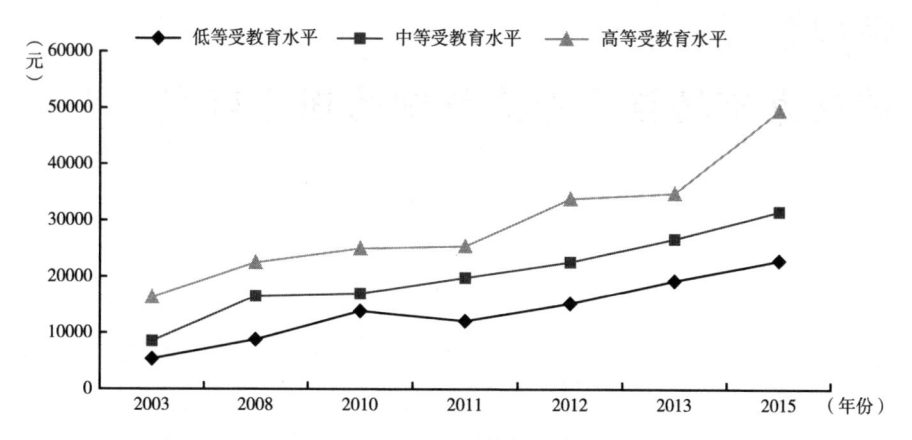

附图 3-11　2003~2015 年部分年份中部地区不同受教育水平
劳动力的工资增长趋势

资料来源：根据 CGSS 数据库相应年份数据计算整理得到。

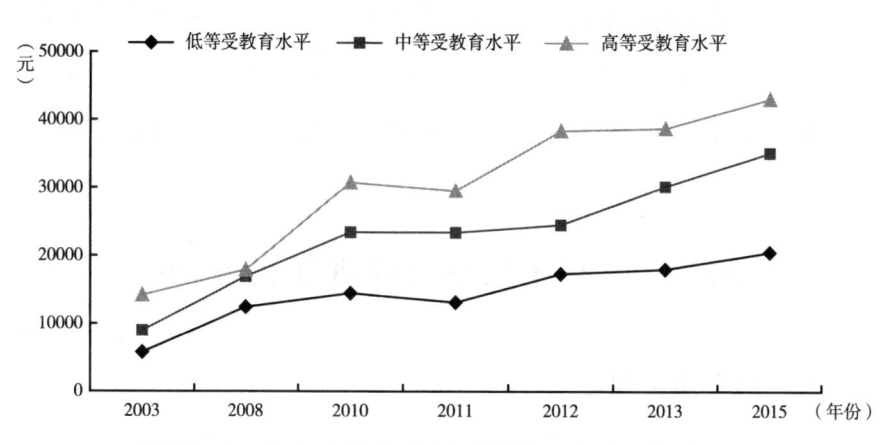

附图 3-12　2003~2015 年部分年份西部地区不同受教育水平
劳动力的工资增长趋势

资料来源：根据 CGSS 数据库相应年份数据计算整理得到。

# 第四章
# 劳动力市场极化形成机制的理论研究

极化的形成机制是研究劳动力市场极化问题的核心，通过上文的文献梳理发现，技能偏向型技术进步是劳动力市场极化的主要原因，本章在已有研究基础上构建了一个理论模型，首先分析技术进步对劳动力市场极化的影响机制，再利用空间均衡分析对劳动力流动如何进一步影响劳动力市场极化展开理论探讨，最终得到三个理论命题。

## 第一节 技术进步与劳动力市场极化

### 一 基础模型设定

本文借鉴了奥托尔等（Autor et al., 2003），迈克尔斯等（Michaels et al., 2010），奥托尔、多恩（Autor and Dorn, 2013），莱恩（Lehn, 2015）的模型，并将劳动力技能从高-低二分法拓展到高-中-低三维度，通过构建数理模型，分析劳动力市场极化的形成机制。

本文假设生产函数是 CES 生产函数，$Y$ 代表产出水平，五种生产要素投入分别是：技术进步（$A$），资本（$K$），劳动力总供给，包括高技能劳动力（$H$）、中技能劳动力（$M$）和低技能劳动力（$L$）。$A$ 也可以代表结构因素，如产业结构、贸易结构等。

$$Y = A^{1-\sigma} \left[ (\alpha_l L)^\rho + (\alpha_m M + \beta K)^\rho + (\alpha_h H^\mu + \gamma K^\mu)^{\frac{\rho}{\mu}} \right]^{\frac{\sigma}{\rho}} \qquad (4.1)$$

其中，$\alpha_j$、$\beta$、$\gamma$ 代表生产要素投入的效率参数，均为正数，$j$ 表示 $l$、$m$ 或 $h$，分别对应低、中、高技能水平和劳动力要素。参照"常规任务"模型，假设在完成常规任务过程中，资本与中技能劳动力是互相替代的，而在完成抽象任务过程中，资本与高技能劳动力是互补关系，弹性系数 $\varepsilon = \dfrac{1}{1-\mu} \in (0, 1)$，$\mu < 0$。这里对资本的定义主要指与技术进步密切相关的信息技术资本、高技术资本。三种工作任务之间的固定的替代弹性为 $\delta = \dfrac{1}{1-\rho} > 1$，$\rho \in (0, 1)$，技术进步与劳动力和资本的总投入之间的替代弹性是 1，$\sigma \in (0, 1)$。

假设劳动力市场上有大量的工人提供所需的劳动力，$L$ 代表低技能工人的集合，任一无差别的低技能工人 $i \in L$ 将提供 $l_i$ 个单位的低技能劳动力。同理，$M$ 代表中技能工人的集合，任一无差别的中技能工人 $i \in M$ 将提供 $m_i$ 个单位的中技能劳动力；$H$ 代表高技能工人的集合，任一无差别的高技能工人 $i \in H$ 将提供 $h_i$ 个单位的高技能劳动力。总的低、中、高技能劳动力供给可以表示为：

$$\begin{aligned} L &= \int l_i di; \\ M &= \int m_i di; \\ H &= \int h_i di \end{aligned} \qquad (4.2)$$

本文假设市场是完全竞争的，低技能劳动力、中技能劳动力和高技能劳动力的工资率分别为 $w_l$、$w_m$、$w_h$。资本的价格为 $p_k$，最终产品的价格为 $p_g$，并标准化为 1。模型假设低技能劳动力投入手工型工作任务中，用 $T_l^\rho = (\alpha_l L^\rho)$ 表示；中技能劳动力和资本共同用于完成常规型工作任务，用 $T_m^\rho = (\alpha_m M + \beta K)^\rho$ 表示；高技能劳动力和资本共同用于完成抽象型工作任务，用 $T_h^{\frac{\rho}{\mu}} = (\alpha_h H^\mu + \gamma K^\mu)^{\frac{\rho}{\mu}}$ 表示。当市场实现均衡时，三种劳动力的工资率和资本的价格如下。

$$w_l = \frac{\partial Y}{\partial L} = A^{1-\sigma} B^{\frac{\sigma}{\rho}-1} \sigma \alpha_l L^{\rho-1} \tag{4.3}$$

$$w_m = \frac{\partial Y}{\partial M} = \frac{Y}{B}\sigma \alpha_m (\alpha_m M + \beta K)^{\rho-1} = A^{1-\sigma} B^{\frac{\sigma}{\rho}-1} \sigma \alpha_m T_m^{\rho-1} \tag{4.4}$$

$$w_h = \frac{\partial Y}{\partial H} = \frac{Y}{B}\sigma \alpha_h (\alpha_h H^\mu + \gamma K^\mu)^{\frac{\rho}{\mu}-1} H^{\mu-1} = A^{1-\sigma} B^{\frac{\sigma}{\rho}-1} \sigma \alpha_h T_h^{\frac{\rho}{\mu}-1} H^{\mu-1} \tag{4.5}$$

$$p_k = \frac{\partial Y}{\partial K} = \frac{\beta}{\alpha_m} w_m + \frac{\gamma K^{\mu-1}}{\alpha_h H^{\mu-1}} w_H \tag{4.6}$$

其中，$B \equiv (\alpha_l L)^\rho + (\alpha_m M + \beta K)^\rho + (\alpha_h H^\mu + \gamma K^\mu)^{\frac{\rho}{\mu}}$。低技能工人 $i \in L$ 获得的工资收入是 $W_i = w_l l_i$，同理，中技能工人 $i \in M$ 获得的工资收入是 $W_i = w_m m_i$，高技能工人 $i \in H$ 获得的工资收入是 $W_i = w_h h_i$。

## 二 工资溢价及其变化

根据式（4.3）、（4.4）、（4.5）可得：

$$\omega_{hm} = \frac{w_h}{w_m} = \frac{\alpha_h T_m^{1-\rho} H^{\mu-1}}{\alpha_m T_h^{1-\frac{\rho}{\mu}}} \tag{4.7}$$

$$\omega_{lm} = \frac{w_l}{w_m} = \frac{\alpha_l T_m^{1-\rho}}{\alpha_m T_l^{1-\rho}} \tag{4.8}$$

在模型中，高技能劳动力与中技能劳动力的工资溢价 $\omega_{hm}$ 受常规型任务与抽象型任务之比的影响。由于技术进步和资本价格的下降，生产活动中常规型任务的投入将随之增长（ALM，2003），在式（4.7）中，当 $T_m^{1-\rho}/T_h^{1-\rho}$ 提高时，常规任务比例提高，将带动高/中技能劳动力工资溢价扩大。同样地，$T_m^{1-\rho}/T_l^{1-\rho}$ 提高也将推动低/中技能劳动力工资溢价扩大。可见，高、中、低技能劳动力的工资溢价并不是线性的增长，而是呈现两极化的。已有很多研究从技术进步的技能偏向性（聂荣，2015；钟世川，2015）、受教育程度（王小鲁和樊纲，2005；赵伟和李芬，2007）、对外贸易（哈里森，2005；李磊等，2011）等方面验证了技能工资溢价的扩大，并在技能二分法下认为工资溢价是随技能（受教育水平）单调变化的。通过式（4.7）和（4.8），笔者发现，在技术进步推动下，伴随着资本价格下降，常规任务投入增加，技能工资变化呈两极化趋势，高技能、低技能劳动力工资相对增长，而中技能劳动力工资相对降低。

从厂商的角度来看，常规任务需求的增加可以通过增加资本 $K$ 或增加中技能劳动力 $M$（或都增加）来实现。在技术进步的推动下，资本价格 $p_k$ 将不断下降，且资本 $K$ 与中技能劳动力 $M$ 是完全替代的，那么在执行常规任务过程中，厂商将不断增加资本 $K$ 的投入，而减少中技能劳动力 $M$。

$$\frac{\partial \omega_{hm}}{\partial K} = \frac{\alpha_h H^{\mu-1} \left[ \gamma\mu K^{\mu-1} \left( \frac{\rho}{\mu} - 1 \right) T_h^{\frac{\rho}{\mu}-2} T_m^{\rho-1} - \beta(\rho-1) T_k^{\rho-1} T_m^{\rho-2} \right]}{\alpha_m \left[ T_m^{\rho-1} \right]^2} \quad (4.9)$$

$$\frac{\partial \omega_{lm}}{\partial K} = -\frac{\alpha_l \beta (\rho-1) L^{\rho-1} T_m^{\rho-2}}{\alpha_m (T_m^{\rho-1})^2} \quad (4.10)$$

在式（4.9）中，$\left(\frac{\rho}{\mu}-1\right)<0$，$(\rho-1)<0$，$\mu<0$，其他变量为正，

最终，$\dfrac{\partial (w_h/w_m)}{\partial K}>0$，说明随着资本的增长，高/中技能劳动力的工资溢价$\omega_{hm}$将扩大。在式（4.10）中，$(\rho-1)<0$，其他变量为正，最终，$\dfrac{\partial (w_l/w_m)}{\partial K}>0$，说明同高/中技能劳动力的工资溢价$\omega_{hm}$一样，低/中技能劳动力的工资溢价$\omega_{lm}$也随资本投入的增加而扩大。由此可见，增加资本的投入，加剧了工资的极化。

简单总结如下：技术进步带来资本价格下降，带来生产中常规任务的增加。一方面，常规任务比例增长会拉大工资溢价，形成极化；另一方面，资本价格下降推动了高技术资本的广泛运用，也加剧了工资溢价，促成工资极化。

由此，本文得到命题1：技术进步带来资本价格下降和资本投入的增长，最终促成劳动力市场上的工资极化。

## 三 劳动力收入份额及其变化

由于同一技能水平的工人是无差别的，可以得到劳动力市场上同一技能水平工人的工资收入总额，分别是$w_h H$、$w_m M$、$w_L L$。设高、中、低技能工人的收入份额分别为$\theta_h$、$\theta_m$、$\theta_l$，具体如下：

$$\sum W = w_h H + w_m M + w_L L =$$
$$A^{1-\sigma} B^{\frac{\sigma}{\rho-1}} \sigma [\alpha_l L^\rho + \alpha_m (\alpha_m M^{\frac{-\rho}{1-\rho}} + \beta K M^{\frac{-1}{1-\rho}})^{\rho-1} + \alpha_h (\alpha_h H^\mu + \gamma K^\mu)^{\frac{\rho-1}{\mu}} H^\mu ]$$
(4.11)

$$\theta_h = \dfrac{w_h H}{\sum W} = \dfrac{\alpha_h (\alpha_h H^\mu + \gamma K^\mu)^{\frac{\rho}{\mu}-1} H^\mu}{\alpha_l L^\rho + \alpha_m (\alpha_m M^{\frac{-\rho}{1-\rho}} + \beta K M^{\frac{-1}{1-\rho}})^{\rho-1} + \alpha_h (\alpha_h H^\mu + \gamma K^\mu)^{\frac{\rho}{\mu}-1} H^\mu}$$
(4.12)

$$\theta_m = \frac{w_m M}{\sum W} = \frac{\alpha_m (\alpha_m M^{\frac{-\rho}{1-\rho}} + \beta K M^{\frac{-1}{1-\rho}})^{\rho-1}}{\alpha_l L^\rho + \alpha_m (\alpha_m M^{\frac{-\rho}{1-\rho}} + \beta K M^{\frac{-1}{1-\rho}})^{\rho-1} + \alpha_h (\alpha_h H^\mu + \gamma K^\mu)^{\frac{\rho}{\mu}-1} H^\mu}$$

(4.13)

$$\theta_L = \frac{w_l L}{\sum W} = \frac{\alpha_l L^\rho}{\alpha_l L^\rho + \alpha_m (\alpha_m M^{\frac{-\rho}{1-\rho}} + \beta K M^{\frac{-1}{1-\rho}})^{\rho-1} + \alpha_h (\alpha_h H^\mu + \gamma K^\mu)^{\frac{\rho}{\mu}-1} H^\mu}$$

(4.14)

考虑资本变动对收入份额的影响:

$$\frac{\partial}{\partial K}\left(\frac{\theta_h}{\theta_m}\right) = \frac{\partial}{\partial K}\left(\frac{w_h H}{w_m M}\right) =$$

$$\frac{\alpha_h H^\mu \left(\frac{\rho}{\mu}-1\right) T_h^{\frac{\rho}{\mu}-2} \gamma \mu K^{\mu-1} w_m M - w_h H \alpha_m (\rho-1)(\alpha_m M^{\frac{-\rho}{1-\rho}} + \beta K M^{\frac{-1}{1-\rho}})^{\rho-2} \beta M^{\frac{-1}{1-\rho}}}{[\alpha_m (\alpha_m M^{\frac{-\rho}{1-\rho}} + \beta K M^{\frac{-1}{1-\rho}})^{\rho-1}]^2}$$

(4.15)

式 (4.15) 中, $\left(\frac{\rho}{\mu}-1\right)<0$, $\mu<0$, $(\rho-1)<0$, 其他变量为正, 所以 $\frac{\partial}{\partial K}\left(\frac{\theta_h}{\theta_m}\right)>0$, 说明增加资本的投入, 使得高技能工人的收入相对中技能工人增长了。本文将资本对高、中技能工人收入差距拉大的影响进行分解处理, 发现这一影响来源于两个方面: 资本对工资溢价 $\omega_{hm}$ 的影响和对劳动力投入比例 $H/M$ 的影响, 见式 (4.16)。

$$\left(\frac{w_h H}{w_m M}\right)'_k = \left(\frac{w_h}{w_m}\right)'_k \frac{H}{M} + \frac{w_h}{w_m}\left(\frac{H}{M}\right)'_k \quad (4.16)$$

$$\left(\frac{H}{M}\right)'_k = \frac{H'_k M - H M'_k}{M^2} \quad (4.17)$$

根据生产函数中的设定, 资本与高技能劳动呈互补关系, 与中技能劳动呈替代关系, 那么随着技术进步和资本增加, 高技能劳动也应该增加，即$H_k'>0$，而中技能劳动将减少，即$M_k'<0$。代入式（4.17）后，最终得到$\left(\dfrac{H}{M}\right)_k'>0$，即高/中技能劳动力的相对投入随资本增长而上升，对高技能劳动力的相对需求提高。结合式（4.9）的结论可见，技术资本增加既拉大了高、中技能工人的工资溢价，还拉大了二者的投入比例，从两方面共同导致了高技能工人整体收入份额的增加。

$$\frac{\partial}{\partial K}\left(\frac{\theta_l}{\theta_m}\right) = \frac{\partial}{\partial K}\left(\frac{w_l L}{w_m M}\right) = \frac{-\alpha_l \alpha_m \beta(\rho-1) L^\rho M^{\frac{-1}{1-\rho}} (\alpha_m M^{\frac{-\rho}{1-\rho}} + \beta K M^{\frac{-1}{1-\rho}})^{\rho-2}}{[\alpha_m(\alpha_m M^{\frac{-\rho}{1-\rho}} + \beta K M^{\frac{-1}{1-\rho}})^{\rho-1}]^2} \quad (4.18)$$

式（4.18）中，$(\rho-1)<0$，其他变量为正，所以$\dfrac{\partial}{\partial K}\left(\dfrac{\theta_h}{\theta_m}\right)>0$，说明增加技术资本的投入，使得低技能工人的收入相对中技能工人增长了。参照前文，这里也将资本对低、中技能工人收入差距拉大的影响分解为两个部分：资本对工资溢价$\omega_{lm}$的影响和对劳动力投入比例$L/M$的影响，见式（4.19）。

$$\left(\frac{w_l L}{w_m M}\right)_k' = \left(\frac{w_l}{w_m}\right)_k' \frac{L}{M} + \frac{w_l}{w_m}\left(\frac{L}{M}\right)_k' \quad (4.19)$$

$$\left(\frac{L}{M}\right)_k' = \frac{L_k' M - L M_k'}{M^2} \quad (4.20)$$

判断$L_k'M - LM_k'$的正负，即判断$L_k'M$与$LM_k'$的大小，具体推导过程如下：

$$\frac{L_k'M}{LM_k'} = \frac{L_k'}{M_k'}\frac{M}{L} = \frac{\dfrac{dL}{dK}\dfrac{K}{L}}{\dfrac{dM}{dK}\dfrac{K}{M}} = \frac{e_{L,K}}{e_{M,K}} \quad (4.21)$$

这里，$e_{L,K}$和$e_{M,K}$分别表示低技能劳动力和中技能劳动力与资本的弹性。根据设定资本与中技能劳动替代，$e_{M,K}<0$。$\left(\frac{L}{M}\right)'_k$的判定结果如下：

$$\left(\frac{L}{M}\right)'_k \begin{cases} > 0, e_{L,K} > 0 > e_{M,K}, L'_k M > 0 > LM'_k \\ > 0, 0 > e_{L,K} > e_{M,K}, 0 > L'_k M > LM'_k \\ < 0, 0 > e_{M,K} > e_{L,K}, 0 > LM'_k > L'_k M \end{cases} \quad (4.22)$$

式（4.22）的结果表明，当资本与低技能劳动互补时，有$e_{L,K}>0>e_{M,K}$。这时与高技能的情况相似，随着技术进步和高技术资本投入的增加，低技能劳动力相对中技能是增长的。当资本与低技能劳动替代时，分两种情况：（1）资本对低技能劳动的替代比中技能劳动弱，即$0>e_{L,K}>e_{M,K}$，此时增加技术资本的投入，会导致低/中技能劳动力的投入比$L/M$上升，低技能劳动力的需求相对增长。（2）资本对低技能劳动的替代强于中技能劳动，即$0>e_{M,K}>e_{L,K}$，此时增加技术资本的投入，会导致低/中技能劳动力的投入比$L/M$下降，低技能劳动力的需求相对减少。

可见，只要技术资本与低技能劳动力之间的要素替代弹性$e_{L,K}$小于其与中技能劳动力之间的要素替代弹性$e_{M,K}$，低技能劳动力的就业份额就会相对中技能劳动力上升，导致劳动力市场上出现就业极化。反之，劳动力市场上的就业份额将呈现出高、中、低技能劳动力递减的技能升级结构。根据模型设定，技术进步带来的资本增长主要对中技能劳动形成较强替代，因此在技术进步影响下，中技能劳动力的就业份额在三类劳动力中相对下降，最终形成极化。

由此，本文提出命题2：技术进步带来资本价格下降，资本对中技能劳动力的替代效应导致中技能劳动力就业份额的相对下降，促进了劳动力市场上就业极化的发生。

## 第二节 劳动力流动与劳动力市场极化

### 一 劳动力空间均衡条件设定

由于地区间技术进步、产业差异的交叉影响,劳动力随真实工资的变化而在地区间流动,从而影响各地区的就业技能结构和工资结构。借鉴奥托尔、多恩(Autor and Dorn,2013)的空间均衡分析方法,假设存在 $J$ 个地区,每个地区都拥有大量的高、中、低技能劳动力,且存在大量的竞争厂商生产差异化的产品 $q_j$,其生产函数可以表示为:

$$Y_j = A_j^{1-\sigma_j} \left[ (\alpha_l L_j)^{\rho_j} + (\alpha_m M_j + \beta K_j)^{\rho_j} + (\alpha_h H_j^\mu + \gamma K_j^\mu)^{\frac{\rho_j}{\mu}} \right]^{\frac{\sigma_j}{\rho_j}} \quad (4.23)$$

其中,$\frac{\sigma_j}{\rho_j}$ 表示地区 $J$ 生产的产品中常规任务的密集度,$\frac{\sigma_j}{\rho_j}$ 值越大,意味着生产中对常规型任务的需求越大。为简化分析,假设每个地区的 $\frac{\sigma_j}{\rho_j}$ 是不同的,且存在一个地区满足 $\frac{\sigma_j}{\rho_{j\max}} = \max_j \frac{\sigma_j}{\rho_j}$ 和一个地区满足 $\frac{\sigma_j}{\rho_{j\min}} = \min_j \frac{\sigma_j}{\rho_j}$。产品在各个地区间可以自由贸易,假设贸易成本为零。考虑到高、中、低技能劳动力在地区间流动性的差异,笔者认为,高技能劳动力的流动性最强,在各地区间可以完全流动,中技能劳动力次之,低技能劳动力的流动性最弱。

参照迪克西特-斯蒂格利茨(Dixit-Stiglitz,1977)的效用函数,模型设定消费者的效用函数如下:

$$U(q_1,q_2,\cdots,q_j) = \left(\sum_j q_j^v\right)^{\frac{1}{v}} \tag{4.24}$$

其中，$v>0$，表明各地区生产的产品是替代的。效应最大化的一阶条件：

$$P_j(t) = \left[1 + \sum_{i\neq j}\left(\frac{q_{i\neq j}}{q_j}\right)^v\right]^{\frac{1-v}{v}} \tag{4.25}$$

$P_j(t)$ 表示地区 $j$ 的价格指数，当增加消费本地产品 $q_j$ 时，本地价格指数将下降，增加本地劳动力的福利。反之，增加对外地产品 $q_{j\neq j}$ 消费，将导致本地价格指数的上升，造成本地劳动力的福利损失。假定存在一个地区 $\bar{J}$，其产出水平在所有地区中最大（$Y_{\bar{J}}>Y_j$）。为简化分析，假定产出量等于消费量，可得：$q_{\bar{J}}>q_j$，那么，

$$\sum_{i\neq \bar{j}}\left(\frac{q_{i\neq \bar{j}}}{q_{\bar{j}}}\right) < \sum_{i\neq j}\left(\frac{q_{i\neq j}}{q_j}\right) \tag{4.26}$$

$$P_{\bar{j}}(t) < P_j(t) \tag{4.27}$$

此时，劳动力将从价格指数高的 $j$ 地区流向价格指数低的 $\bar{J}$ 地区，该地区同时也是产出水平最高的地区。对于能够在各区域间完全流动的劳动力，其实现空间均衡的条件是所有地区的同技能水平劳动力的真实工资收入相等，以高技能劳动力为例：

$$H_j(t) > 0, \text{且满足：} \frac{w_{h,j}(t)}{P_j(t)} = \frac{w_{h,j\max}(t)}{P_{j\max}(t)} \tag{4.28}$$

均衡条件表明，有两个因素对劳动力的迁移决策形成制约，一是工资 $w_{h,j}(t)$，二是价格指数 $P_j(t)$。地区 $j$ 的工资上涨将吸引其他地区的高技能劳动力流入 $j$ 地区，而地区 $j$ 的价格指数上涨将造成高技能劳动力从 $j$ 地区流出。也就是说，工人的真实工资在所有地

区相等能够平衡以上两个因素的作用,促成劳动力在地区间的均衡分布。

## 二 劳动力空间均衡的实现

在单个区域市场上,劳动力将在要素分配 $\{H_j(t), M_j(t), L_j(t), K_j(t)\}$ 和价格设定 $\{w_{h,j}(t), w_{m,j}(t), w_{l,j}(t), p_j(t)\}$ 下实现静态均衡。根据前文所述,$p_k(t)$ 不断下降带来技术资本增长,设定其增长率为:

$$\frac{\dot{K}_j(t)}{K_j(t)} = g_{K,j} > 0 \tag{4.29}$$

对于所有地区,存在正的资本增长率,且当 $p_k(t) \to 0$,资本的投入趋于无穷大:$\lim_{t \to \infty} K(t) = \infty$。在完成常规型任务的过程中,$M$ 和 $K$ 是替代的,而 $M$ 的投入是有上限的,所以常规型任务的完成实质上由 $K$ 决定,即 $\lim_{t \to \infty} \frac{T_m}{\beta K} = 1$。由此可得:$T_m \sim \beta K$。代入式(4.4),得到一个关于资本增长率的表达式:

$$\frac{\dot{w}_{m,j}}{w_{m,j}} = (1 - \sigma) g_{A,j} + \left(\frac{\sigma}{\rho} - 1\right) g_{B,j} + (\rho - 1) g_{K,j} \tag{4.30}$$

$$g_{K,j} = \frac{1}{\rho - 1} \frac{\dot{w}_{m,j}}{w_{m,j}} + \frac{1 - \sigma}{\rho - 1} g_{A,j} + \frac{1 - \frac{\sigma}{\rho}}{\rho - 1} g_{B,j} \tag{4.31}$$

如式(4.30)所示,技术进步率对资本增长率存在正效应,假定存在一个地区 $\bar{J}$,其技术进步率在所有地区中最大,即满足 $g_{A,\bar{J}} > g_{A,j}$,那么,一定有 $g_{K,\bar{J}} > g_{K,j}$。根据前文设定,资本 $K$ 与中技能劳动力 $M$ 替代,与高技能劳动力 $H$ 互补。此时地区 $\bar{J}$ 将替代更多的中技能劳动力，吸引更多的高技能劳动力，而从地区 $\bar{J}$ 挤出的中技能劳动力将流入技术进步率较低的地区。考虑到低技能劳动力的流动性弱，挤出的中技能劳动力也可能停留在地区 $\bar{J}$ 从事本该由低技能劳动力从事的工作。

从式（4.29）可以看出，当 $g_{A,\bar{j}}>g_{A,j}$ 时，有 $\dfrac{\dot{w}_{m,\bar{j}}}{w_{m,\bar{j}}}>\dfrac{\dot{w}_{m,j}}{w_{m,j}}$，且这一条件对于高、低技能劳动力的工资也同样适用，说明技术进步率越高的地区，各技能水平的工资率也增长越快，这意味着地区 $\bar{J}$ 对于所有地区的劳动力具有吸引力。由于地区 $\bar{J}$ 内部存在就业极化，将更多地吸引其他地区的高、低技能劳动力流入，在实现空间均衡时，各地区间实际工资相等，只存在名义工资差距。高、低技能水平的劳动力不断流动，将进一步促进地区 $\bar{J}$ 出现劳动力市场上的就业极化和工资极化。

通过构建空间均衡模型，本文得出命题 3：由于存在地区间真实工资差距，促进劳动力自由流动将导致劳动力更多地流入真实工资较高的地区，在此过程中技术进步率和名义工资增长率越高的地区越容易出现劳动力市场极化。

## 第三节 本章小结

本章借鉴了迈克尔斯等（Michaels et al., 2010），奥托尔、多恩（Autor and Dorn, 2013），Lehn（2015）的模型，并将劳动力技能从高—低二分法拓展到高—中—低三维度，通过构建数理模型，分析劳动力市场极化的形成机制。基于理论模型推导，本章提出 3 个理论命题。

命题1：技术进步带来资本价格下降和资本投入的增长，最终促成劳动力市场上的工资极化。

命题2：技术进步带来资本价格下降和资本投入的增长，资本对中技能劳动力的替代效应导致中技能劳动力就业份额的相对下降，促进了劳动力市场上就业极化的发生。

通过命题1和命题2，解释了技术进步通过影响资本价格、资本投入规模，导致劳动力市场工资极化和就业极化的发生。

命题3：由于存在地区间真实工资差距，促进劳动力自由流动将导致劳动力更多地流入真实工资较高的地区，在此过程中技术进步率和名义工资增长率越高的地区越容易出现劳动力市场极化。

借助空间均衡分析的思想，本章从劳动力流动的视角对劳动力市场极化的形成进行了进一步分析。理论模型表明，技术进步以及由此带来的资本投入增加是劳动力市场极化的重要前提，在本章的基础上，下文将对理论假设和3个命题进行实证检验。

# 第五章
# 技能偏向型技术进步与劳动力市场极化的实证研究

根据前文理论模型的推导，本文对劳动力市场结构的变迁进行了理论分析，并得出了三个命题。从本章开始，将利用中国现实数据对三个命题进行实证检验，并具体分析技能偏向型技术进步对中国劳动力市场极化产生的影响及范围。本章在不考虑劳动力流动性的情况下，基于对微观个体数据的整体和分省域的分析，分别考察技术进步下就业极化和工资极化的发生，即对命题1和命题2进行验证。

文献回顾和理论假设都指出，技术进步存在技能偏向，技能偏向型技术进步是影响技能需求、推动劳动力市场结构变迁的重要因素。因此，本章将首先对国内各省（区、市）的技术进步的技能偏向度进行测算，验证我国技术进步的技能偏向性。在此基础上，从第二节开始对技术进步如何影响劳动力市场上的工资和就业结构进行实证分析。

## 第一节 技术进步技能偏向度的测算

### 一 技术资本投入增长的典型事实

技术的发明创新以及技术的应用扩散，往往是以新型设备投资的方式来实现，通常新设备中蕴含了更高的技术，使其生产率显著高于原有设备。长期来看，技术进步的过程中与资本的耦合越来越明显，这将带来设备资本市场贬值进而导致设备资本价格下降（Morin，2014；董直庆和蔡啸，2013）。基于此逻辑，设备资本价格的变化可以反映技术进步的变化。

本文中模型成立的前提假设是技术进步带来技术资本价格下降，并带动企业增大技术资本的投入使用。为验证这一假设与中国现实经济状况相符，本文以中国1995~2015年固定资产投资中购置设备、工具、器具的价格指数变化及投资规模变化情况作为佐证。

伴随着技术进步，生产能力提高，长期资本价格会下降。如图5-1所示，国内设备工器具购置类的固定资产投资价格指数在1995~2016年大幅下降，最新数据显示，以1995年为基期，到2016年底，价格指数已降到80.17，下降近20个点。1996~2003年，下降速度尤其快，这与国内经济快速增长在时间上是较为吻合的。在此过程中，企业设备工器具购置类的固定资产投资总额逐年增长，到2015年投资额达到11.11万亿元，是1995年0.426万亿元的26倍。可见，本文假设技术资本价格下降，技术资本的投入增长是符合中国经济发展中的典型事实的。技术资本投入规模的快速增长将影响劳动力需求，且主要表现为对从事常规任务工作的中技能劳动力形成替代。

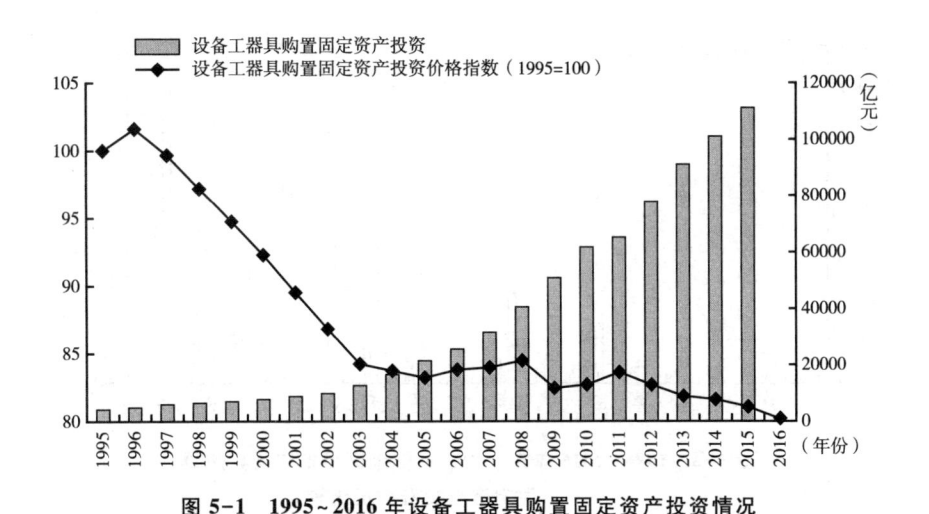

图5-1　1995~2016年设备工器具购置固定资产投资情况

说明：设备工具器具购置指报告期内购置或自制的，达到固定资产标准的设备、工具、器具的价值。新建单位及扩建单位的新建车间，按照设计或计划要求购置或自制的全部设备、工具、器具，不论是否达到固定资产标准均计入"设备工器具购置"中。

资料来源：EPS数据库。

这部分工作由于任务单一且重复程度高而较容易通过机器设备的自动化、智能化升级改造来替代。同时，技术资本投资规模的增长将对高技能劳动力形成新的需求，与之形成较强的互补关系。

图5-2中报告了东、中、西部地区设备工器具购置固定资产投资额的变化情况，比较发现，技术资本投入的增长过程中表现出了明显的地区差异。东部地区的总投资额达到55369亿元，是中部地区的1.63倍、西部地区的2.74倍。可以预见，地区间较大的投资差异必然将影响技术进步对于技能劳动力的需求，各地区技能偏向型技术进步对于劳动力市场极化的影响将存在差异，本文将在后文中展开具体分析。

## 二　技术进步技能偏向度的测算方法

由于技术进步的技能偏向水平较难衡量，在极化问题的相关研究

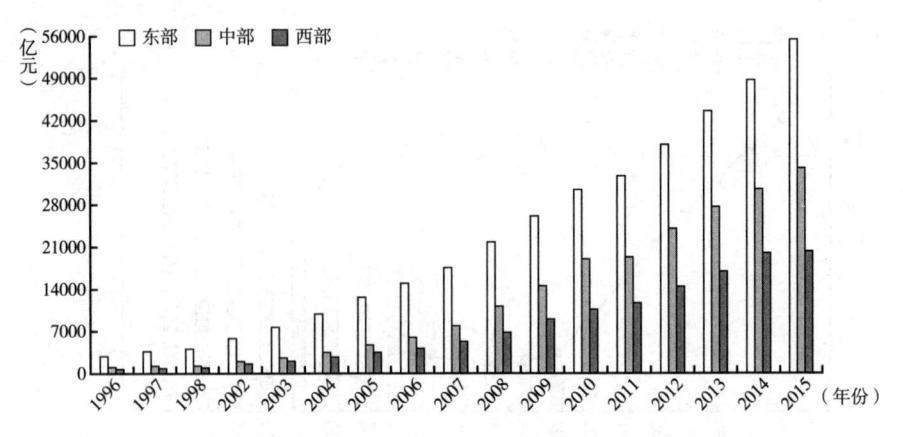

图 5-2　1996~2015 年东、中、西部地区设备工器具购置
固定资产投资情况比较

说明：因 1999~2001 年各省（区、市）数据缺失，故在图中未报告。
资料来源：EPS 数据库。

中常常利用计算机普及率（Autor and Dorn，2013）、信息技术资本占比（Michaels et al.，2010）、IT 资本价格指数（杨飞，2013）、全要素生产率（杨飞，2017）等指标作为代理变量。采用信息技术类指标作为代理变量的前提是认为信息技术进步与高技能劳动是高度互补的，而采用全要素生产率作为代理指标的前提是认为我国的技术进步也呈现出高技能偏向性（杨飞，2017）。

阿西莫格鲁（Acemoglu，2002）的研究表明，早期的技术进步是低技能偏向的，新技术的出现主要作用于提高低技能劳动力的就业和工资。但随着技术创新难度的提升，要求的知识含量不断提高，以信息技术为代表的新技术更多是对高技能劳动力产生需求，技术进步由低技能偏向转为高技能偏向。国内相关研究也通过理论和实证分析验证了中国技术进步的高技能偏向性。因此在本文的稳健性分析中，也将运用以上代理变量对估计结果进行稳健性检验。然而，考虑到技术进步是否存在技能偏向是本文研究的基础，且已有研究中，尚缺乏针对各地区技术进步技能偏向度的测算研究，本文将具体测算2003～2015年各省（区、市）的技术进步技能偏向度，并展开比较分析。

现有技术进步技能偏向度的测算方法主要有三种：第一种方法的核心思想是基于阿西莫格鲁（Acemoglu，2002）对技术进步偏向性的界定，通过比较技术进步对不同要素边际生产率的影响情况来判断技术进步的偏向性。将劳动力分为技能和非技能或高技能和低技能两类，当在技术进步下技能劳动力的边际生产率相对非技能劳动力增长时，认为技术进步是技能偏向型的，反之则是非技能偏向型的。董直庆（2014）、沈春苗（2016）等运用该方法对我国技术进步的技能偏向度进行了测算。该方法测算的关键是对要素替代弹性的设定，替代弹性参数的变化将对结果产生较大影响。董直庆（2014）通过设定多个替代弹性参数对我国2000年、2004年、2006年、2009年的技术进步的技能偏向度进行测算，且在测算中采用CHNS数据库提供的微观数据，一定程度上提高了估算值的准确度。估算结果显示，到2009年我国的技术进步已呈现技能偏向的特征。沈春苗（2016）参照阿西莫格鲁（Acemoglu，2002）的替代弹性取值，对我国制造业14个细分行业2001～2011年的技术进步技能偏向度进行了估算，但并未对估计结果进行具体分析。

第二种方法是间接估算方法。通过验证技术进步是否带来了技能溢价或技能需求结构变迁来间接判断技术进步是技能偏向型的。如宋冬林等（2010）用我国1978～2007年的面板数据检验后认为，我国自改革开放后就存在技能偏向型的技术进步。董直庆和蔡啸（2013）用技能和非技能劳动力的收入份额增长率之差衡量技术进步的技能偏向水平，并认为我国技术进步的技能偏向水平以年均10%的速度在增长。然而，这一方法在证明技术进步导致技能溢价的同时，并未进一步说明技术进步的技能偏向。

第三种方法是源于布里克等（Briec et al., 2006）对技术进步的进一步分解，其将全要素生产率（TFP）分解为投入偏向技术进步（IBTECH）、产出偏向技术进步和规模技术进步三个部分。在此基础上，通过 Malmquist-TFP 指数分解法来测算投入偏向技术进步。最后，通过比较各生产决策单元内的要素投入偏向技术进步和要素相对投入情况来界定技术进步的偏向性（王俊，2015）。这种方法不需要设定具体的生产函数形式，可以避免函数设定偏差导致的估计结果误差，但该方法只能判断生产决策单元内是否存在技能偏向型技术进步，却不能直接测算出技能偏向水平。

通过比较三种方法的优劣，本文采用第一种方法来测算技术进步的技能偏向度。在已有研究的基础上，本文将阿西莫格鲁（Acemoglu，2002）提出的计算公式进行了拓展，将技能偏向度分为高技能偏向度（$SBTC\_hm_{i,t}$）和低技能偏向度（$SBTC\_lm_{i,t}$）两类，具体计算公式见式（5.1）和式（5.2）。高技能偏向度用于衡量高、中技能劳动力边际生产率随技术进步的变化情况，若偏向度指数大于1，说明技术进步是偏向高技能的，反之则是偏向中技能的。同理，低技能偏向度表示技术进步下中、低技能劳动力的边际生产率的相对变化情况，若偏向度指数大于1，说明技术进步是偏向低技能的，反之则是偏向中技能的。

$$SBTC\_hm_{i,t} = \frac{A_{i,t}^h}{A_{i,t}^m} = \frac{(\omega\_hm_{i,t})^{\frac{\delta}{\delta-1}}}{(h_{i,t})^{\frac{1}{1-\delta}}} = (\omega\_hm_{i,t})^{\rho-1}(h_{i,t})^{\rho-1-1} \quad (5.1)$$

$$SBTC\_lm_{i,t} = \frac{A_{i,t}^l}{A_{i,t}^m} = \frac{(\omega\_lm_{i,t})^{\frac{\delta}{\delta-1}}}{(l_{i,t})^{\frac{1}{1-\delta}}} = (\omega\_lm_{i,t})^{\rho-1}(l_{i,t})^{\rho-1-1} \quad (5.2)$$

$$\omega\_hm_{i,t} = \frac{W_{i,t}^h}{W_{i,t}^m} \quad (5.3)$$

$$\omega\_lm_{i,t} = \frac{W_{i,t}^l}{W_{i,t}^m} \tag{5.4}$$

$$h_{i,t} = \frac{H_{i,t}}{M_{i,t}} \tag{5.5}$$

$$l_{i,t} = \frac{L_{i,t}}{M_{i,t}} \tag{5.6}$$

其中，$A_{i,t}^h$、$A_{i,t}^m$、$A_{i,t}^l$分别代表了高、中、低技能劳动力在第 $i$ 个生产决策单元、在 $t$ 时期的技术效率。式（5.1）中，分子部分 $\omega\_hm_{i,t}$ 表示高、中技能劳动力的相对工资水平，等于高技能劳动力的工资 $W_{i,t}^h$ 与中技能劳动力的工资 $W_{i,t}^m$ 之比。同理，式（5.2）中的分子 $\omega\_lm_{i,t}$ 代表了低、中技能劳动力的相对工资水平，等于低技能劳动力的工资 $W_{i,t}^l$ 与中技能劳动力的工资 $W_{i,t}^m$ 之比。式（5.1）中，分母部分 $h_{i,t}$ 表示高、中技能劳动力的相对投入，等于高技能劳动力投入数量 $H_{i,t}$ 与中技能劳动力的投入数量 $M_{i,t}$ 之比。同理，式（5.2）中的分母部分 $l_{i,t}$ 表示低、中技能劳动力的相对投入，等于低技能劳动力投入数量 $L_{i,t}$ 与中技能劳动力的投入数量 $M_{i,t}$ 之比。式中 $\delta = \frac{1}{1-\rho}$ 表示各技能水平劳动力之间的替代弹性。

在技能偏向度的计算中，高、中、低技能劳动力的相对供给和相对平均工资数据均来自 CGSS 的调查数据。根据劳动者从事职业的技能要求将劳动者分为三类技能水平，具体划分标准同前文所述，再将各技能水平劳动力数量按地区加总，得到各地区的各类劳动力投入数据。将劳动者的年工资收入进行分地区分技能水平的平均，得到各省（区、市）各技能水平的平均工资。在此基础上，分别计算高、中技能劳动力和低、中技能劳动力的相对工资和相对投入数量，再对替代弹性进行取值。借鉴阿西莫格鲁（Acemoglu，2002）、董直庆和蔡啸（2013、2014）和沈春苗（2016）的取值，本文分别计算了 $\delta=2.0$、$\delta=1.4$ 和 $\rho=0.947$ 三种取值下的各省（区、市）技术进步的高技能偏向度和低技能偏向度（数据见本章附表5-1和附表5-2）。从数据比较结果来看，按照 $\delta=2.0$ 或 $\delta=1.4$ 计算得到的数据存在异常值，且取值 $\rho=0.947$，经过了董直庆（2013、2014）的检验，可能更符合中国的真实情况，因此，本文以该取值下得到的计算结果为例，具体分析各省（区、市）的技能偏向水平。由于 CGSS 2003 年的调查中缺少西藏、青海、宁夏的数据，2015 年的调查中又缺少西藏、海南、新疆的数据，因此在比较 2003 年和 2015 年的变化中，省略了以上五个省区的数据，具体如图 5-3 和图 5-4 所示。CGSS 分别在 2003 年、2005 年、2006 年、2008 年、2010 年、2011 年、2012 年、2013 年、2015 年进行了 9 次综合调查，但 2005 年和 2006 年各省（区、市）受访者工作的职业代码数据缺失严重，影响了技能偏向度的测

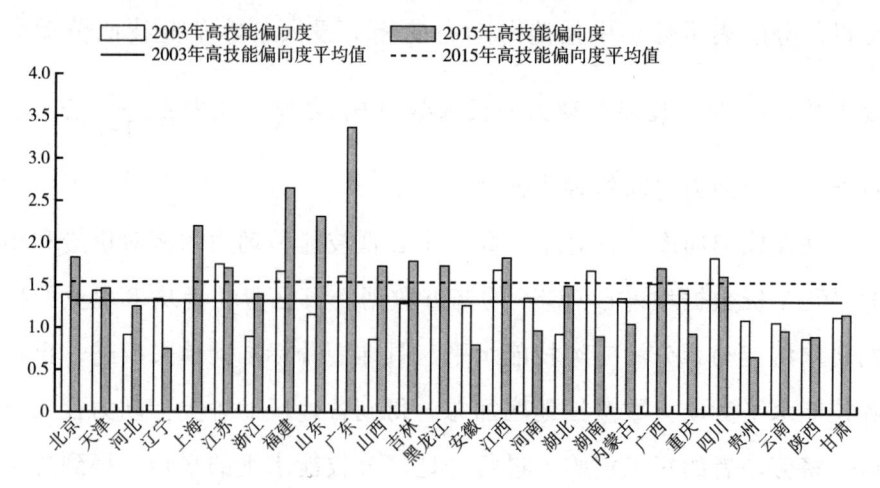

图 5-3　2003 年、2015 年各省（区、市）技术进步的高技能偏向度比较

资料来源：根据 CGSS 数据库（2003 年、2015 年）提供的数据计算得到。

算，因此本文计算了其他年份的技能偏向度，并在本章附录中进行报告，详见附表5-1到附表5-7。

在图5-3中，2003~2015年大部分省份的高技能偏向度在增长，平均值的变化也很明显，从2003年的1.3165增长到2015年的1.540，说明我国的技术进步是属于高技能偏向的，且长期来看，这一数值还将增长。从内部差异来看，中、西部地区的高技能偏向程度要弱于东部省份。

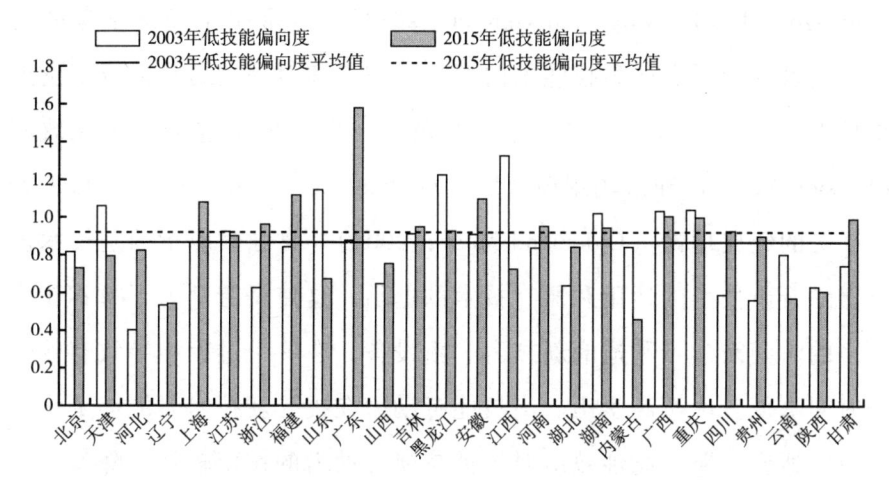

图5-4 2003年、2015年各省（区、市）技术进步的低技能偏向度比较

资料来源：根据CGSS数据库（2003年、2015年）提供的数据计算得到。

与高技能偏向度的情况不同，在图5-4中，各省（区、市）的低技能偏向度变化方向不同，2003年的低技能偏向度平均值是0.828，到2015年平均值上涨到0.950。可见，我国的技术进步在中、低技能中是偏向于中技能的，但对低技能的需求趋于增加。结合对高技能偏向度的测算和比较，笔者认为我国技术进步在整体上表现为高技能偏向性，且在长期内，高技能偏向水平将进一步提高。

## 第二节 技能偏向型技术进步与工资极化

### 一 模型设定

从20世纪七八十年代开始，发达国家的工资差距大幅提升，高学历、高技能劳动力的工资相对上涨（Katz and Murphy，1992；Acemoglu，1998；Autor and Handel，2013），这吸引了经济学家的关注。代表性的观点认为技能偏向型技术进步和对外贸易是造成工资差距扩大的主要原因，从技术进步的角度出发，技术进步的腐蚀效应（Erosion Effect）和市场规模效应（market size effect），成为解释工资不平等的经典理论（Galor and Moav，2002）。腐蚀效应指的是技术进步伴随着新技术的运用和原有技术的退出，这使得劳动力不得不花费更多的时间来学习和适应新技术、新设备，在这个过程中导致有效劳动时间降低。由于高学历、高技能劳动力在接受新技术时能够更快地学习、适应，所以腐蚀效应对于低技能劳动力的作用较强，降低了其工资水平。市场规模效应指的是在高技能劳动力的供给不断增加的过程中，技术创新、技术进步将得到促进和激发，而更多的技术创新带动了高技能劳动力的需求增加，从而带来其工资的上涨（Acemoglu，2002）。

在理论研究的基础上，已有文献运用各国数据来验证技术进步的技能偏向性对技能溢价、工资不平等的影响（Kroeger，2013；Mehta and Felipe，2013；Spitz-Oener and Alexandra，2006；Burstein et al.，2016；邹薇，2010；徐舒，2010；钟世川，2015 等）。然而，也有学者注意到技能偏向型技术进步并不是始终在扩大工资差距的。技能偏向型技术进步除了通过腐蚀效应和市场规模效应提高高技能劳动力工资、拉大技能溢价，也存在替代效应，抑制技能溢价的扩大。所谓替代效应，是指随着高技能劳动力的供给增加，低技能劳动力的供给相对减少并促进其工资增长。同时，高技能劳动力的供给增加，会导致其中部分"过剩"的高技能劳动力被挤出到低技能劳动力市场中，且只能获得较低的工资。与替代效应相似，阿西莫格鲁、奥托尔（Acemoglu and Autor，2010）认为技术进步中存在"吹风"效应，处于新技术"风口"的劳动力将受到最大影响，面临较大的替代风险，这部分劳动力将会被挤出劳动力市场或去从事更高或更低技能要求的工作，而最有可能的是从事更低技能的工作，从而带来工资的减少。如前文所述，在技术进步浪潮下，中技能劳动力正是处于"风口"，被替代的概率较高、从事低技能工作的可能性更大，所以在工作机会被挤出的过程中，将出现工资下降。国外研究者在对发达国家工资结构的实证分析中发现，技能偏向型技术进步下，劳动力市场上普遍出现了工资的极化（Oldenski，2014；Coelli and Borland，2016），国内相关研究更多讨论的是工资差距扩大的问题，关于工资极化的讨论还很少。

第四章中，通过数理模型推导得到命题1，即技术进步带来资本价格下降和资本投入的增长，会促成劳动力市场上的工资极化。通过对中国1995~2016年设备、工具、器具投资价格指数和投资规模的观察，我们发现，中国技术资本的价格和投资规模变化的典型事实是资本价格的下降和投资规模的扩大，这是命题成立的关键基础。同时，本章第一节通过测算技术进步的技能偏向度，验证了我国技术进步的高技能偏向特征。现通过构建计量模型，运用实证分析，进一步验证技术进步是否促成了中国劳动力市场上出现工资极化。

劳动力市场上影响工资收入的因素很多，既有个体微观特征，如受教育水平、工作经验等，也有宏观因素，如经济发展水平、产业结构等。借鉴张世伟和吕世斌（2013）、杨惠馨（2013）等构建的工资方程，本文构建的工资方程如下：

$$\ln wage_{iks} = \alpha_{ks} + \beta_k SBTC_s + \gamma X_i + \varepsilon_{iks} \tag{5.7}$$

$i$ 表示被调查个体；$k=1$，2，3 代表个体从事职业所属的技能水平，$k=1$ 表示该个体从事低技能职业，$k=2$ 表示该个体从事中技能职业，$k=3$ 表示该个体从事高技能职业；$s$ 表示个体所在地区；$SBTC$ 表示技能偏向型技术进步；$X_i$ 表示控制变量；$\varepsilon_{iks}$ 代表残差。

## 二 数据来源与变量说明

### （一）数据来源

本文使用中国综合社会调查（Chinese General Social Survey，CGSS）2003年、2008年、2010~2013年、2015年的调查数据展开分析。CGSS从个人和社会背景两个维度展开调查，通过系统、全面地收集我国居民个人社会人口属性、健康、生活方式、就业与社会保障、社会态度等方面的基本信息，能够较全面地反映人们的行为与思想模式和社会结构变迁。到目前为止，共进行了9次调查，时间跨度为2003~2015年，调查范围涉及全国31个省、自治区、直辖市（不含港澳台）的所有城市、农村家庭户。在对劳动力市场方面的调查中，从个体当前工作状态、雇佣关系、职业等方面进行考察，为理论研究提供了较完整、准确的个体就业相关数据，尤其是对个体职业的定义，采用了国际标准职业分类（ISCO88），有利于本文的研究结论与国外针对劳动力市场极化的相关研究进行直接比较。CGSS的调查以家庭户为单位展开，以受访者为基准，对其父母、配偶、子女的个人社会人口属性、就业基本情况也进行了调查。本文对样本进行了筛选，保留了当前从事非农职业、提供有效工资收入数据和职业代码的样本，由于 2005 年缺少受访者职业代码，故没有使用该年数据，最终得到 2003 年的样本量共计 2730 个，2008 年的样本量共计 2450 个，2010 年的样本量共计 7619 个，2011 年的样本量共计 3772 个，2012 年的样本量共计 7378 个，2013 年的样本量共计 7466 个，2015 年的样本量共计 3355 个。

除 CGSS 提供的个体数据外，本文估计模型中的宏观变量所需相关数据来源于 EPS 数据库，相应年份的《中国统计年鉴》以及相应年份各地区统计年鉴。

（二）变量说明

估计模型中相关变量的具体说明及数据处理方法，基本统计描述见表 5-1。

表 5-1　变量的统计性描述

| 2003 年变量 | 观察值 | 平均值 | 标准差 | 最小值 | 最大值 |
| --- | --- | --- | --- | --- | --- |
| 性别(sex,男性=1;女性=0) | 2730 | 0.567 | 0.496 | 0 | 1 |
| 年龄(lnage) | 2730 | 3.624 | 0.272 | 2.890 | 4.234 |
| 受教育水平(educ) | 2730 | 11.45 | 3.030 | 0 | 19 |
| 工作经验(lnworkyr) | 2702 | 2.720 | 0.774 | 0 | 3.970 |
| 技能水平(skll,低技能=1;中技能=2;高技能=3) | 2730 | 1.997 | 0.746 | 1 | 3 |
| 工资收入(lnwage) | 2637 | 9.146 | 0.828 | 4.248 | 12.610 |
| 户口(hukou,非农户口=1;农业户口=0) | 2730 | 0.942 | 0.233 | 0 | 1 |
| 高技能偏向度(SBTC_hm) | 2730 | 1.340 | 0.275 | 0.809 | 1.831 |
| 贸易开放度(trade) | 2730 | 0.421 | 0.450 | 0.067 | 1.511 |
| 地区经济增长水平(lngdp) | 2730 | 9.371 | 0.658 | 8.190 | 10.750 |
| 产业结构升级(indu) | 2730 | 0.397 | 0.069 | 0.315 | 0.616 |
| 劳动力就业的市场化程度(emp) | 2730 | 0.565 | 0.100 | 0.371 | 0.759 |

续表

| 2008年变量 | 观察值 | 平均值 | 标准差 | 最小值 | 最大值 |
|---|---|---|---|---|---|
| 性别(sex,男性=1;女性=0) | 2450 | 0.587 | 0.492 | 0 | 1 |
| 年龄(lnage) | 2450 | 3.582 | 0.285 | 2.890 | 4.234 |
| 受教育水平(educ) | 2450 | 11.110 | 3.429 | 0 | 19 |
| 工作经验(lnworkyr) | 2438 | 2.769 | 0.820 | 0 | 4.111 |
| 技能水平(skll,低技能=1;中技能=2;高技能=3) | 2450 | 1.938 | 0.850 | 1 | 3 |
| 工资收入(lnwage) | 2302 | 9.648 | 0.844 | 6.215 | 13.820 |
| 户口(hukou,非农户口=1;农业户口=0) | 2450 | 0.720 | 0.449 | 0 | 1 |
| 高技能偏向度($SBTC\_hm$) | 2450 | 1.764 | 0.733 | 1.042 | 4.817 |
| 贸易开放度(trade) | 2450 | 0.501 | 0.490 | 0.0770 | 1.549 |
| 地区经济增长水平(lngdp) | 2450 | 10.180 | 0.497 | 9.085 | 11.200 |
| 产业结构升级(indu) | 2450 | 38.590 | 8.337 | 28.600 | 73.200 |
| 劳动力就业的市场化程度(emp) | 2450 | 0.674 | 0.115 | 0.493 | 0.855 |

| 2010年变量 | 观察值 | 平均值 | 标准差 | 最小值 | 最大值 |
|---|---|---|---|---|---|
| 性别(sex,男性=1;女性=0) | 7619 | 0.621 | 0.485 | 0 | 1 |
| 年龄(lnage) | 7619 | 3.667 | 0.262 | 2.890 | 4.234 |
| 受教育水平(educ) | 7613 | 10.720 | 3.711 | 0 | 19 |
| 工作经验(lnworkyr) | 7587 | 3.005 | 0.657 | 0 | 4.143 |
| 技能水平(skll,低技能=1;中技能=2;高技能=3) | 7619 | 1.970 | 0.780 | 1 | 3 |
| 工资收入(lnwage) | 7397 | 9.768 | 0.939 | 2.079 | 15.610 |
| 户口(hukou,非农户口=1;农业户口=0) | 7614 | 0.605 | 0.489 | 0 | 1 |
| 高技能偏向度($SBTC\_hm$) | 7619 | 1.957 | 0.649 | 0.673 | 3.368 |
| 贸易开放度(trade) | 7619 | 0.384 | 0.384 | 0.0410 | 1.441 |
| 地区经济增长水平(lngdp) | 7619 | 10.410 | 0.464 | 9.482 | 11.240 |
| 产业结构升级(indu) | 7619 | 40.900 | 9.461 | 28.600 | 75.100 |
| 劳动力就业的市场化程度(emp) | 7619 | 0.706 | 0.103 | 0.475 | 0.869 |

| 2011年变量 | 观察值 | 平均值 | 标准差 | 最小值 | 最大值 |
|---|---|---|---|---|---|
| 性别(sex,男性=1;女性=0) | 3772 | 0.619 | 0.486 | 0 | 1 |
| 年龄(lnage) | 3772 | 3.680 | 0.269 | 2.890 | 4.407 |
| 受教育水平(educ) | 3772 | 10.590 | 3.529 | 0 | 19 |
| 工作经验(lnworkyr) | 3768 | 3.031 | 0.663 | 0 | 4.331 |
| 技能水平(skll,低技能=1;中技能=2;高技能=3) | 3772 | 1.937 | 0.785 | 1 | 3 |

续表

| 2011年变量 | 观察值 | 平均值 | 标准差 | 最小值 | 最大值 |
|---|---|---|---|---|---|
| 工资收入(lnwage) | 3673 | 9.784 | 0.900 | 5.704 | 13.82 |
| 户口(hukou,非农户口=1;农业户口=0) | 3772 | 0.547 | 0.498 | 0 | 1 |
| 高技能偏向度(SBTC_hm) | 3772 | 1.890 | 0.669 | 0.897 | 4.768 |
| 贸易开放度(trade) | 3772 | 0.302 | 0.294 | 0.029 | 1.457 |
| 地区经济增长水平(lngdp) | 3772 | 10.570 | 0.418 | 9.706 | 11.350 |
| 产业结构升级(indu) | 3772 | 41.110 | 12.430 | 29.700 | 76.100 |
| 劳动力就业的市场化程度(emp) | 3772 | 0.716 | 0.090 | 0.524 | 0.879 |

| 2012年变量 | 观察值 | 平均值 | 标准差 | 最小值 | 最大值 |
|---|---|---|---|---|---|
| 性别(sex,男性=1;女性=0) | 7378 | 0.613 | 0.487 | 0 | 1 |
| 年龄(lnage) | 7378 | 3.677 | 0.263 | 2.890 | 4.234 |
| 受教育水平(educ) | 7378 | 10.950 | 3.701 | 0 | 19 |
| 工作经验(lnworkyr) | 7376 | 2.732 | 0.838 | 0 | 4.127 |
| 技能水平(skll,低技能=1;中技能=2;高技能=3) | 7378 | 1.986 | 0.787 | 1 | 3 |
| 工资收入(lnwage) | 7378 | 10.030 | 0.879 | 5.298 | 13.820 |
| 户口(hukou,非农户口=1;农业户口=0) | 7378 | 0.600 | 0.490 | 0 | 1 |
| 高技能偏向度(SBTC_hm) | 7378 | 1.640 | 0.296 | 1.139 | 2.173 |
| 贸易开放度(trade) | 7378 | 0.384 | 0.378 | 0.027 | 1.358 |
| 地区经济增长水平(lngdp) | 7378 | 10.720 | 0.418 | 9.889 | 11.440 |
| 产业结构升级(indu) | 7378 | 42.930 | 10.840 | 30.940 | 76.460 |
| 劳动力就业的市场化程度(emp) | 7378 | 0.749 | 0.094 | 0.553 | 0.885 |

| 2013年变量 | 观察值 | 平均值 | 标准差 | 最小值 | 最大值 |
|---|---|---|---|---|---|
| 性别(sex,男性=1;女性=0) | 7466 | 0.621 | 0.485 | 0 | 1 |
| 年龄(lnage) | 7466 | 3.675 | 0.262 | 2.833 | 4.220 |
| 受教育水平(educ) | 7461 | 10.920 | 3.641 | 0 | 19 |
| 工作经验(lnworkyr) | 7449 | 3.004 | 0.664 | 0 | 4.127 |
| 技能水平(skll,低技能=1;中技能=2;高技能=3) | 7466 | 2.014 | 0.758 | 1 | 3 |
| 工资收入(lnwage) | 7466 | 10.200 | 0.822 | 5.991 | 13.820 |
| 户口(hukou,非农户口=1;农业户口=0) | 7455 | 0.559 | 0.497 | 0 | 1 |
| 高技能偏向度(SBTC_hm) | 7466 | 1.480 | 0.395 | 0.916 | 2.319 |
| 贸易开放度(trade) | 7466 | 0.358 | 0.341 | 0.025 | 1.271 |
| 地区经济增长水平(lngdp) | 7466 | 10.830 | 0.433 | 10.050 | 11.510 |
| 产业结构升级(indu) | 7466 | 0.443 | 0.117 | 0.320 | 0.769 |
| 劳动力就业的市场化程度(emp) | 7466 | 0.794 | 0.076 | 0.644 | 0.908 |

续表

| 2015年变量 | 观察值 | 平均值 | 标准差 | 最小值 | 最大值 |
|---|---|---|---|---|---|
| 性别(sex,男性=1;女性=0) | 3355 | 0.567 | 0.496 | 0 | 1 |
| 年龄(lnage) | 3355 | 3.660 | 0.292 | 2.890 | 4.443 |
| 受教育水平(educ) | 3355 | 10.990 | 3.655 | 0 | 16 |
| 工作经验(lnworkyr) | 3355 | 2.403 | 0.928 | 0 | 4.007 |
| 技能水平(skll,低技能=1;中技能=2;高技能=3) | 3355 | 1.898 | 0.816 | 1 | 3 |
| 工资收入(lnwage) | 3355 | 10.37 | 0.910 | 4.382 | 15.43 |
| 户口(hukou,非农户口=1;农业户口=0) | 3355 | 0.551 | 0.497 | 0 | 1 |
| 高技能偏向度(SBTC_hm) | 3355 | 1.828 | 1.120 | 0.669 | 5.368 |
| 贸易开放度(trade) | 3355 | 0.309 | 0.290 | 0.015 | 1.051 |
| 地区经济增长水平(lngdp) | 3355 | 10.93 | 0.405 | 10.17 | 11.59 |
| 产业结构升级(indu) | 3355 | 0.489 | 0.110 | 0.388 | 0.797 |
| 劳动力就业的市场化程度(emp) | 3355 | 0.820 | 0.083 | 0.610 | 0.917 |

被解释变量：lnwage 表示劳动力的工资变化情况，用个体的对数工资来衡量，数据来源于 CGSS 2003 年的调查获得的被调查者的全年职业收入。

核心解释变量：$SBTC_s$ 表示 s 地区的技术进步技能偏向度，测算结果显示，我国技术进步呈现出高技能偏向性，故采用上文计算得到的高技能偏向度 $SBTC\_hm$ 进行估计。三个弹性取值下得到的高技能偏向度数值的绝对值差异较大，但衡量得到的总体技术进步偏向趋势相同，且各地区的相对水平也较一致。因此，本文在模型估计中采用基于 $\rho=0.947$ 计算的高技能偏向度。

控制变量分为两类，第一类是微观变量，控制个体社会人口特征对个体工资的影响，包括性别、年龄、受教育水平、工作经验、户口类型等，数据均来源于 CGSS 2003 年调查。其中，受教育水平表示为："未受教育"=0、"小学"=6、"初中"=9、"高中、中专和技校"=12、"专科（成人教育）"＝14、"专科（全日制教育）"＝15、"本科"＝16、"研究生及以上"＝19（单位：年）。工作经验用工作年限表示，用年龄减去受教育年限再减去6（入学年龄）得到。

第二类是宏观变量，控制各省（区、市）宏观经济发展对个体工资的影响，具体包括以下几个。

1. 贸易开放度（$trade$）：如第二章中所述，贸易开放对于劳动力市场极化存在一定的影响，这一影响在不同经济体的不同发展阶段有不同的表现，且不一定显著。因此，本文将贸易开放作为控制变量纳入计量模型，采用贸易开放度指标来衡量贸易开放程度，用各地区的进出口贸易总额占地区生产总值的比重表示。数据来源于EPS数据库，其中进出口贸易总额以美元为计量单位，本文按《中国统计年鉴》公布的当年汇率中间价折算为人民币。

2. 地区经济增长水平（$\ln gdp$）：经济增长将会增加技能需求，从而影响各技能水平劳动者的工资和就业，本文用各地区人均GDP的对数值表示地区经济增长水平，以便控制经济增长对于劳动力市场结构的影响。

3. 产业结构升级（$indu$）：在产业结构的演进过程中，三次产业的结构从"一二三"逐渐向"三二一"转变。第三产业的快速发展对低技能劳动力形成了较大规模的就业需求，有利于其工资的增长。同时，产业结构升级有赖于技术创新，在技术进步的高技能偏向特征下，产业结构升级将增加对高技能劳动力的需求。信息技术产业发展为主要动力的工业化发展和新兴、高端服务业发展为主要模式的第三产业发展对技术和知识的需求也将推升对高技能劳动力的相对需求。总的来说，考虑到产业结构变迁对于不同技能水平劳动力的需求将发生变化，本文将产业结构变量也纳入分析，用第三产业占GDP的比重表示。

4. 劳动力就业的市场化程度（$emp$）：劳动力市场的开放，能够促进劳动力的流动和就业，对于中低技能劳动力的影响更加明显，本文用非国有单位就业人员占城镇总就业人员的比重表示劳动力市场的开放程度。

### 三 模型检验与结果分析

基于理论模型对于技术进步与工资极化的分析以及本章第二节对于我国技术进步技能偏向性的测算分析，本文首先对模型进行了多元线性回归，检验高技能偏向度对不同技能水平劳动力工资的影响。利用 2003 年、2008 年、2010~2013 年、2015 年共 7 年的截面数据，分别进行了回归估计，并进行比较。为避免横截面数据的异方差问题，本文中进行的是稳健回归。由于各年份控制变量的估计系数和显著性水平变化很小且考虑到篇幅限制，下文完整报告了 2015 年的估计结果，其他年份仅报告核心解释变量的估计系数（见表 5-2）。

表 5-2 技能偏向型技术进步对工资极化的影响——基准回归估计

| 类别 | 低技能 | 中技能 | 高技能 | 低技能 | 中技能 | 高技能 |
|---|---|---|---|---|---|---|
| 年份 | | 2003 | | | 2008 | |
| $SBTC\_hm$ | 0.120 | -0.156* | 0.408*** | 0.066** | 0.026 | 0.168*** |
| | (0.123) | (0.088) | (0.086) | (0.033) | (0.041) | (0.046) |
| Obs | 709 | 1176 | 743 | 895 | 631 | 770 |
| $R^2$ | 0.206 | 0.207 | 0.293 | 0.320 | 0.282 | 0.260 |
| 年份 | | 2010 | | | 2011 | |
| $SBTC\_hm$ | 0.090** | -0.081*** | 0.128*** | 0.040 | -0.059** | 0.215*** |
| | (0.038) | (0.029) | (0.045) | (0.038) | (0.030) | (0.053) |
| Obs | 2316 | 2906 | 2146 | 1251 | 1397 | 1023 |
| $R^2$ | 0.257 | 0.250 | 0.289 | 0.255 | 0.237 | 0.253 |

续表

| 类别 | 低技能 | 中技能 | 高技能 | 低技能 | 中技能 | 高技能 |
|---|---|---|---|---|---|---|
| 年份 | | 2012 | | | 2013 | |
| $SBTC\_hm$ | 0.034 | -0.006 | 0.272*** | 0.057*** | -0.062** | 0.191*** |
| | (0.067) | (0.056) | (0.068) | (0.040) | (0.031) | (0.042) |
| Obs | 2338 | 2804 | 2234 | 2088 | 3162 | 2188 |
| $R^2$ | 0.297 | 0.260 | 0.316 | 0.312 | 0.276 | 0.309 |

说明：表中的所有标准误都是异方差稳健标准误；"***"、"**"和"*"分别表示在1%、5%和10%显著性水平上显著。

基准回归结果显示，在2003年技能偏向型技术进步有利于工资极化的形成，但对低技能劳动力工资影响不显著。2008年对中技能组的估计系数为正，但显著小于高、低技能组的估计系数，同样表现为促进工资极化。2010年估计结果显示，技能偏向型技术进步显著提高了高、低技能劳动力的工资，同时对中技能劳动力工资的影响显著为负，整体上有利于工资极化形成。2011年估计结果与2003年相似，对低技能劳动力工资的影响为正但不显著。2012年估计结果只对高技能劳动力的工资影响显著，但三个系数的相对变化是显示技能偏向型技术进步，利于工资极化形成的。2013年估计结果显示，技能偏向型技术进步显著提高了低、高技能劳动力的工资且不利于中技能劳动力工资增长，有利于劳动力市场的极化。总体看来，利用各年截面数据的回归结果验证了命题1的存在，技能偏向型技术进步带来了低技能和高技能劳动力的工资上涨，同时对中技能劳动力的工资增长带来了不利影响，使得中技能劳动力工资相对下降，工资随技能增长将形成"U"形结构，也称为工资极化。

表 5-3　2015 年技能偏向型技术进步对工资极化的影响

| 类别 | 低技能 | 中技能 | 高技能 | 类别 | 低技能 | 中技能 | 高技能 |
| --- | --- | --- | --- | --- | --- | --- | --- |
| $sex$ | 0.374*** | 0.330*** | 0.315*** | $sbtc\_hm$ | 0.032 | -0.123*** | 0.054 |
|  | (0.042) | (0.0407) | (0.042) |  | (0.030) | (0.025) | (0.033) |
| $lnage$ | 10.390*** | 9.889*** | 9.522** | $trade$ | 0.267** | 0.191** | 0.543*** |
|  | (3.086) | (2.785) | (3.919) |  | (0.112) | (0.090) | (0.093) |
| $lnage^2$ | -1.461*** | -1.405*** | -1.308*** | $emp$ | 1.814*** | 0.402 | -0.344 |
|  | (0.384) | (0.363) | (0.503) |  | (0.528) | (0.436) | (0.594) |
| $educ$ | 0.037*** | 0.039*** | 0.041*** | $lngdp$ | 0.229*** | 0.198*** | 0.202*** |
|  | (0.011) | (0.011) | (0.013) |  | (0.079) | (0.062) | (0.069) |
| $lnworkyr$ | -0.200 | 0.114 | 0.342*** | $indu$ | 1.040*** | 0.530** | 0.707*** |
|  | (0.130) | (0.086) | (0.111) |  | (0.206) | (0.232) | (0.203) |
| $hukou$ | 0.075** | 0.096*** | 0.056 | Cons | -11.560** | -10.360** | -8.887 |
|  | (0.038) | (0.031) | (0.060) |  | (5.641) | (5.179) | (7.338) |
| Obs | 1241 | 1041 | 877 | $R^2$ | 0.278 | 0.228 | 0.302 |

说明：表中的所有标准误都是异方差稳健标准误；"***"、"**"和"*"分别表示在 1%、5% 和 10% 显著性水平上显著。

表 5-3 报告了 2015 年的完整估计结果，技能偏向型技术进步对技能工人工资的影响与前文估计结果一致，显著提高了低、高技能劳动力的工资，同时降低了中技能劳动力的工资。

控制变量中微观方面：性别（$sex$）对工资的影响显著为正，说明对于不同技能水平的劳动力，男性的工资显著高于女性，但这种差异随技能水平的提高而减弱。年龄（$lnage$）及其平方（$lnage^2$）对工资的影响显著，且呈倒"U"形结构，说明随着劳动者年龄增长，其工资呈先增长后下降的变化规律。教育（$educ$）带来了劳动者工资的显著增长，且技能水平越高的工人，其工资受教育的促进作用越大。工作经验（$lnworkyr$）只对高技能劳动力的工资产生显著促进作用，这与高技能劳动力的工作内容相关，经验丰富、有资历能够提高其收入，而中低技能工作更需要低年龄劳动力。是否为城镇户口（hukou）对于中低技能劳动力的影响显著为正，说明拥有城镇户口能够帮助劳动力获得更高的工资收入，而高技能劳动力并不受此影响。

宏观方面：贸易开放度（trade）的提高有利于工资的增加，且对于高、低技能劳动力的影响要大于中技能劳动力，也表现出促进工资极化的特征，这与克罗格（Kroeger，2013），奥托尔等（Autor et al.，2015）对美国劳动力市场极化的研究结论一致。劳动力就业的市场化程度（emp）显著促进了低技能劳动力的工资增长，对中技能劳动力的影响为正但不显著，这与本研究预期相符，劳动力市场上的制度分割主要对低技能、低人力资本积累的劳动力产生影响，劳动力就业的市场化程度提高，能够显著改善处于次级劳动力市场上的劳动者的就业状况、使其获得更多回报（李建民，2002）。地区经济增长水平（lngdp）、产业结构升级（indu）也都对工人工资产生显著的正效应，且对于中技能劳动力工资的作用要小于其他两类技能，说明随着经济增长和第三产业的发展，中技能劳动力在从事相关中技能水平的工作时能够得到的工资报酬将相对减少，工资极化在多因素影响下将越来越突出。

## 四 稳健性检验

截面数据在模型估计中容易出现异方差和多重共线性问题，为了提高模型估计的可信度，得到稳健的估计结果，本文将通过多种方式来解决可能存在的问题。

### （一）替代关键解释变量

首先利用替代弹性 $\delta = 2.0$ 时测算得到的技术进步技能偏向度指标对基准回归中的指标进行替代，以比较估计结果是否稳健。表5-4报告了各年利用替代变量得到的估计结果，估计系数整体小于基准回归得到的估计结果。在 2010 年和 2015 年，技能偏向型技术进步对中技能劳动力工资的影响显著为负，其他年份则不显著。除 2010 年和 2015 年外，其他年份的技能偏向型技术进步对高技能和低技能劳动力的工资表现出显著的促进作用。整体上，替代变量的估计结果与基准回归估计结果一致，技能偏向型技术进步对三类技能工人工资的影响体现为促进工资极化（见图 5-5）。

表 5-4 技能偏向型技术进步对工资极化的影响（$\delta=2.0$）

| 类别 | 低技能 | 中技能 | 高技能 | 低技能 | 中技能 | 高技能 |
|---|---|---|---|---|---|---|
| 年份 | \multicolumn{3}{c}{2003} | \multicolumn{3}{c}{2008} |
| sbtc_hm | 0.077** | 0.010 | 0.108*** | 0.007* | 0.002 | 0.017*** |
|  | (0.035) | (0.028) | (0.026) | (0.004) | (0.005) | (0.005) |
| Obs | 709 | 1176 | 743 | 895 | 631 | 770 |
| $R^2$ | 0.210 | 0.205 | 0.289 | 0.320 | 0.282 | 0.259 |
| 年份 | \multicolumn{3}{c}{2010} | \multicolumn{3}{c}{2011} |
| sbtc_hm | 0.017 | −0.039*** | 0.0131 | 0.0001 | −0.013 | 0.059*** |
|  | (0.015) | (0.011) | (0.016) | (0.011) | (0.009) | (0.011) |
| Obs | 2316 | 2906 | 2146 | 1251 | 1397 | 1023 |
| $R^2$ | 0.256 | 0.251 | 0.286 | 0.248 | 0.230 | 0.250 |
| 年份 | \multicolumn{3}{c}{2012} | \multicolumn{3}{c}{2013} |
| sbtc_hm | 0.024* | 0.006 | 0.038*** | 0.029* | −0.012 | 0.081*** |
|  | (0.014) | (0.013) | (0.012) | (0.016) | (0.013) | (0.016) |
| Obs | 2338 | 2804 | 2234 | 2088 | 3162 | 2188 |
| $R^2$ | 0.298 | 0.260 | 0.314 | 0.312 | 0.276 | 0.309 |
| 年份 | \multicolumn{3}{c}{2015} | | | |
| sbtc_hm | 0.012 | −0.009*** | 0.069 | | | |
|  | (0.006) | (0.013) | (0.006) | | | |
| Obs | 1241 | 1041 | 877 | | | |
| $R^2$ | 0.277 | 0.219 | 0.301 | | | |

说明：表中的所有标准误都是异方差稳健标准误；"***"、"**"和"*"分别表示在 1%、5% 和 10% 显著性水平上显著。

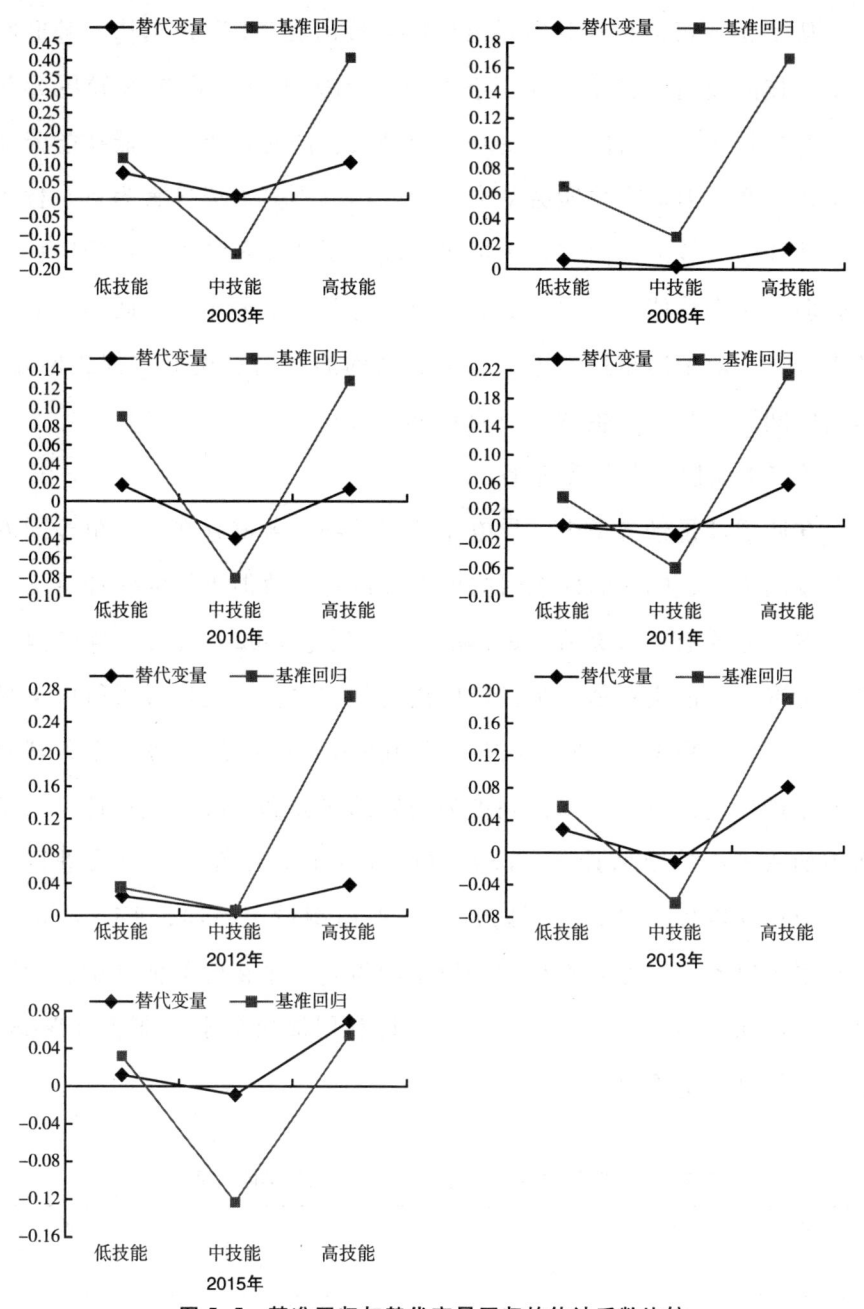

图 5-5 基准回归与替代变量回归的估计系数比较

资料来源：根据 CGSS 2003 年、2008 年、2010~2013 年、2015 年的估计结果得到。

从图 5-5 可以更直观地看出估计系数构成"U"形结构。基准回归中，技能偏向型技术进步对各技能劳动力工资的影响差异更为明显，对高技能劳动力的工资提升效应最大，同时也带动了低技能劳动力工资上涨，但对中技能劳动力工资的影响不显著或显著为负。替代变量估计中，技能偏向型技术进步对高、低技能劳动力工资的增长效应较弱，对中技能劳动力工资的负效应也基本上弱于基准回归。但总的来说，技能偏向型技术进步对工资结构的影响呈现了"促进两端、抑制中间"的特点，促成了工资结构的极化。

（二）加权最小二乘估计

在微观计量经济学中，异方差的误差项是普遍存在的，由于同方差假设的失效，OLS 的标准回归模型仅得到一致但无效的估计量。有效的解决方式有：一是在 stata 软件中，通过 robust 选项获得稳健估计的标准误，前文在估计中已经使用这种方法。二是通过可行广义最小二乘估计（FGLS），FGLS 相对于 OLS 稳健回归的优势在于，其对异方差进行建模后，可以得到更加精确的参数和边际效应估计。三是运用加权最小二乘估计（WLS）。FGLS 要求对异方差的形式进行设定，但往往难以实现，为了防止异方差模型设定错误，WLS 的优势就在于可以不对异方差模型进行设定而得到一个稳健的估计量。为了进一步消除样本的异方差问题，本文将利用加权最小二乘法（WLS）进行估计（见表 5-5）。

表 5-5 技能偏向型技术进步对工资极化的影响（WLS）

| 类别 | 低技能 | 中技能 | 高技能 | 低技能 | 中技能 | 高技能 |
|---|---|---|---|---|---|---|
| 年份 | | 2003 | | | 2008 | |
| $sbtc\_hm$ | 0.109 | -0.191** | 0.389*** | 0.072** | 0.025 | 0.171*** |
| | (0.126) | (0.086) | (0.087) | (0.035) | (0.040) | (0.035) |

续表

| 类别 | 低技能 | 中技能 | 高技能 | 低技能 | 中技能 | 高技能 |
|---|---|---|---|---|---|---|
| 年份 | | 2003 | | | 2008 | |
| Obs | 709 | 1176 | 743 | 895 | 631 | 770 |
| $R^2$ | 0.190 | 0.195 | 0.278 | 0.316 | 0.276 | 0.259 |
| 年份 | | 2010 | | | 2011 | |
| sbtc_hm | 0.085** | -0.082*** | 0.121*** | 0.042 | -0.061** | 0.211*** |
|  | (0.039) | (0.029) | (0.042) | (0.036) | (0.028) | (0.042) |
| Obs | 2316 | 2906 | 2146 | 1251 | 1397 | 1023 |
| $R^2$ | 0.260 | 0.252 | 0.291 | 0.253 | 0.236 | 0.252 |
| 年份 | | 2012 | | | 2013 | |
| sbtc_hm | 0.025 | 0.007 | 0.276*** | 0.148*** | -0.051* | 0.200*** |
|  | (0.068) | (0.055) | (0.068) | (0.042) | (0.031) | (0.041) |
| Obs | 2338 | 2804 | 2234 | 2088 | 3162 | 2188 |
| $R^2$ | 0.301 | 0.264 | 0.319 | 0.323 | 0.281 | 0.310 |
| 年份 | | 2015 | | | | |
| sbtc_hm | 0.031 | -0.119*** | 0.54 | | | |
|  | (0.030) | (0.025) | (0.030) | | | |
| Obs | 1241 | 1041 | 877 | | | |
| $R^2$ | 0.282 | 0.233 | 0.304 | | | |

说明："***"、"**"和"*"分别表示在1%、5%和10%显著性水平上显著。

将 WLS 的估计结果与前文回归结果比较发现，加权后得到的标准误普遍减小了，提高了估计的有效性，且系数的显著水平几乎没有改变。同时，两种估计方式得到的系数差异非常小（控制变量的估计系数也是如此，因此省略），可以认为基准回归估计的结果是稳健的。

判断模型是否存在多重共线性，可以通过方差膨胀因子（Variance Inflation Factor, VIF）来具体分析，VIF 越大，说明自变量之间存在多重共线性，一般 VIF 小于 5，认为自变量不存在多重共线性。据此，本文利用方差膨胀因子对自变量的多重共线性进行了诊断，发现除年龄变量（lnage）与年龄的平方变量（lnage²）存在严重共线性外，其他变量值的 VIF 均小于 5。为保障估计结果的稳健，本文在剔除年龄的平方变量（lnage²）后对方程进行了估计，结果并未对各解释变量的系数和显著性带来影响，且重新计算后的 VIF 均小于 5。考虑到已有大量研究证明年龄对于工资的影响一般是二次方形式的，故本文在后续研究中将保留方程中的年龄的平方项。

（三）分组回归分析

如第三章统计分析结果所呈现的，我国各地区劳动力市场的就业和工资结构差异显著，故本文将对样本进行分组回归。下文将样本按受访者所在省（区、市）分为东、中、西部三组，分别进行回归估计。控制变量的回归估计结果相似，将不再赘述。

由于样本量减少，分组估计的显著性水平在整体上要差于总体回归结果，具体参见表 5-6~表 5-8。对于在东部地区就业的劳动力，除 2010 年估计结果不显著外，其他年份的技能偏向型技术进步都显著促进了高技能劳动力工资相对增长。对低技能劳动力工资的影响显著性比整体样本估计的情况有所提高，且系数均为正，说明技能偏向型技术进步同样带动了低技能劳动力的工资增长。同时，技能偏向型技术进步对中技能劳动力的工资的影响在 2010 年后估计系数均为负，且系数均小于其他两类。所以，从东部地区各年的估计系数来看，技能偏向型技术进步对工资的影响依然呈现出了"促进两端、抑制中间"的特征，促成东部地区的劳动力市场上工资极化。

东部地区由于经济增长、技术进步都高于全国平均水平，代表了我国经济社会变迁的方向，东部地区出现的工资极化现象，在一定程度上揭示出劳动力市场极化的结构特征是经济社会发展到一定阶段的必然结果，正如在全球范围内发达国家更早地出现了这一现象一样。

### 表5-6 技能偏向型技术进步对工资极化的影响（东部地区）

| 类别 | 低技能 | 中技能 | 高技能 | 低技能 | 中技能 | 高技能 |
|---|---|---|---|---|---|---|
| 年份 | | 2003 | | | 2008 | |
| $sbtc\_hm$ | 0.120 | 0.061 | 0.152* | 0.022*** | 0.002 | 0.023*** |
|  | (0.115) | (0.082) | (0.081) | (0.007) | (0.008) | (0.006) |
| Obs | 327 | 591 | 328 | 387 | 290 | 408 |
| $R^2$ | 0.150 | 0.140 | 0.273 | 0.234 | 0.287 | 0.298 |
| 年份 | | 2010 | | | 2011 | |
| $sbtc\_hm$ | 0.029* | -0.053*** | 0.007 | 0.048 | -0.189*** | 0.082* |
|  | (0.017) | (0.014) | (0.019) | (0.053) | (0.040) | (0.044) |
| Obs | 977 | 1415 | 1129 | 1251 | 1397 | 1023 |
| $R^2$ | 0.290 | 0.284 | 0.272 | 0.254 | 0.236 | 0.259 |
| 年份 | | 2012 | | | 2013 | |
| $sbtc\_hm$ | 0.048*** | -0.030* | 0.088*** | 0.056** | -0.012 | 0.079*** |
|  | (0.017) | (0.018) | (0.023) | (0.022) | (0.017) | (0.019) |
| Obs | 1059 | 1375 | 1239 | 970 | 1599 | 1232 |
| $R^2$ | 0.296 | 0.291 | 0.325 | 0.337 | 0.313 | 0.319 |
| 年份 | | 2015 | | | | |
| $sbtc\_hm$ | 0.057* | -0.121*** | 0.001 | | | |
|  | (0.026) | (0.031) | (0.038) | | | |
| Obs | 535 | 591 | 497 | | | |
| $R^2$ | 0.293 | 0.275 | 0.273 | | | |

说明：表中的所有标准误都是异方差稳健标准误；"***"、"**"和"*"分别表示在1%、5%和10%显著性水平上显著。

### 表5-7 技能偏向型技术进步对工资极化的影响（中部地区）

| 类别 | 低技能 | 中技能 | 高技能 | 低技能 | 中技能 | 高技能 |
|---|---|---|---|---|---|---|
| 年份 | | 2003 | | | 2008 | |
| $sbtc\_hm$ | 0.160* | -0.084 | 0.301*** | 0.015** | 0.002 | 0.019** |
|  | (0.096) | (0.082) | (0.070) | (0.006) | (0.008) | (0.009) |
| Obs | 226 | 328 | 236 | 293 | 180 | 179 |
| $R^2$ | 0.322 | 0.296 | 0.352 | 0.264 | 0.231 | 0.244 |

续表

| 类别 | 低技能 | 中技能 | 高技能 | 低技能 | 中技能 | 高技能 |
|---|---|---|---|---|---|---|
| 年份 | | 2010 | | | 2011 | |
| $sbtc\_hm$ | 0.029 | -0.116 | 0.207* | 0.209*** | 0.106 | 0.110 |
| | (0.115) | (0.088) | (0.120) | (0.072) | (0.118) | (0.068) |
| Obs | 778 | 886 | 565 | 539 | 530 | 312 |
| $R^2$ | 0.192 | 0.181 | 0.151 | 0.215 | 0.220 | 0.135 |
| 年份 | | 2012 | | | 2013 | |
| $sbtc\_hm$ | 0.009 | 0.004 | 0.127 | 0.228 | 0.015 | 0.649*** |
| | (0.067) | (0.054) | (0.082) | (0.142) | (0.191) | (0.225) |
| Obs | 772 | 898 | 569 | 625 | 929 | 514 |
| $R^2$ | 0.177 | 0.140 | 0.118 | 0.154 | 0.159 | 0.118 |
| 年份 | | 2015 | | | | |
| $sbtc\_hm$ | 0.110 | 0.163 | 0.561*** | | | |
| | (0.165) | (0.15) | (0.183) | | | |
| Obs | 428 | 299 | 243 | | | |
| $R^2$ | 0.243 | 0.201 | 0.161 | | | |

说明：表中的所有标准误都是异方差稳健标准误；"***"、"**"和"*"分别表示在1%、5%和10%显著性水平上显著。

从表5-7、表5-8来看，中、西部地区的估计结果较为相似，整体的显著性水平大大降低了。在中部地区的估计中，技能偏向型技术进步在2003年和2008年表现出促进工资极化的回归结果，其他年份没有形成显著影响，但估计系数依然表现为"两头大、中间小"的特征。西部地区在2010年表现出促进了工资极化，其他年份的估计结果基本不显著。

表5-8 技能偏向型技术进步对工资极化的影响（西部地区）

| 类别 | 低技能 | 中技能 | 高技能 | 低技能 | 中技能 | 高技能 |
|---|---|---|---|---|---|---|
| 年份 | | 2003 | | | 2008 | |
| $sbtc\_hm$ | -0.059 | 0.083 | 0.139** | -0.019** | 0.016 | 0.013 |
| | (0.081) | (0.065) | (0.064) | (0.008) | (0.011) | (0.011) |

续表

| 类别 | 低技能 | 中技能 | 高技能 | 低技能 | 中技能 | 高技能 |
|---|---|---|---|---|---|---|
| 年份 | | 2003 | | | 2008 | |
| Obs | 156 | 257 | 179 | 215 | 161 | 183 |
| R-sq | 0.275 | 0.156 | 0.232 | 0.261 | 0.277 | 0.143 |
| 年份 | | 2010 | | | 2011 | |
| sbtc_hm | 0.146*** | −0.107*** | 0.065 | 0.011 | 0.004 | 0.057*** |
|  | (0.046) | (0.041) | (0.051) | (0.016) | (0.012) | (0.013) |
| Obs | 561 | 605 | 452 | 266 | 242 | 175 |
| R-sq | 0.207 | 0.232 | 0.168 | 0.282 | 0.213 | 0.176 |
| 年份 | | 2012 | | | 2013 | |
| sbtc_hm | −0.024 | −0.049 | 0.029 | −0.092** | −0.118*** | 0.0115 |
|  | (0.041) | (0.036) | (0.035) | (0.046) | (0.038) | (0.046) |
| Obs | 507 | 531 | 426 | 493 | 634 | 442 |
| R-sq | 0.226 | 0.184 | 0.203 | 0.181 | 0.267 | 0.219 |
| 年份 | | 2015 | | | | |
| sbtc_hm | −0.015 | −0.910*** | −0.185 | | | |
|  | (0.120) | (0.208) | (0.134) | | | |
| Obs | 278 | 151 | 137 | | | |
| R-sq | 0.234 | 0.267 | 0.330 | | | |

说明：表中的所有标准误都是异方差稳健标准误；"***"、"**"和"*"分别表示在1%、5%和10%显著性水平上显著。

综合来看，在中、西部地区劳动力市场上，技能偏向型技术进步对工资极化的影响并不明显，高技能劳动力的工资在技能偏向型技术进步的正向影响下将增长，而对于中、低技能劳动力工资的影响差异不够明显，中、西部地区的工资结构处于向极化过渡的过程中，中部的极化特征比西部更为明显。笔者认为，中、西部的估计结果与中、西部地区技术进步相对较慢、产业升级能力不足等因素息息相关。企业新技术、新设备的投入使用率较低，且大量企业依赖于使用低技能水平的劳动力，导致在技术进步过程中，机器设备的使用对低技能劳动力的替代强于中技能劳动力，使得低技能劳动力工资减少。此外，中、西部地区大量劳动力流向东部地区，特别是有一定技能水平的年轻劳动力，这加剧了中、西部地区内部中技能劳动力相对不足的状况。因此，在技能偏向型技术进步下，我们可以看到高技能劳动力工资显著提高，却很难准确判断出中、低技能劳动力的工资将如何变化。

综上所述，通过使用替代变量、改变估计方法和改变样本范围的方式，本文对基准回归估计进行了稳健性检验，并证明了命题1的存在。2003~2015年，运用7年的截面数据实证研究说明了技能偏向型技术进步促进了劳动力市场上工资极化的形成。与第三章特征分析的结果相呼应，在分组回归中，技能偏向型技术进步对工资极化的促进作用在东部地区表现显著，而在中、西部地区则不明显。

工资的本质是劳动要素的价格，受市场机制、制度、环境等的制约，有时并不能完全反映出劳动力市场上的需求结构变化。研究劳动力市场极化问题，更多是从需求侧来解释技术进步、贸易开放等因素如何在影响生产活动的过程中引致劳动力就业的变化。因此，在对工资极化研究的基础上，本文将进一步分析劳动力市场上技能偏向型技术进步对就业极化的影响。

## 第三节 技能偏向型技术进步与就业极化

### 一 模型设定与变量说明

劳动力市场极化的典型表现是劳动力就业份额的结构变化呈现出U形结构，低技能和高技能劳动力在此过程中就业份额相对增长，获得更多的就业机会,中技能劳动力的就业职位则在减少。本文通过理论模型推导得到命题2:技术进步带来资本价格下降,资本对中技能劳动力的替代效应导致中技能劳动力就业份额的相对下降,促进了劳动力市场上就业极化的发生。为了验证命题2,本文通过构建一个多元Logit模型来分析技术进步对劳动力在高、中、低技能职业中选择就业的影响情况,以此来刻画技术进步是否推动了劳动力市场的极化。参照多元Logit模型的基本表达式:

$$P_{ij} = prob(y_{ij} = j \mid x_i) = \frac{e^{\beta_j' \cdot x_i}}{\sum_{j=1}^{J} e^{\beta_j' \cdot x_i}} \quad (i = 1,\cdots,N; j = 1,\cdots,J) \quad (5.8)$$

其中,$y_{ij}$表示第$i$个劳动者选择了第$j$种技能类别的职业;$x_i$表示特定个体的解释变量,包括技术进步、受教育水平、工作经验等;模型设定保证了$0<P_{ij}<1$及$\sum_{j=1}^{J} P_{ij} = 1$。多元Logit模型的回归系数并不能直接解释自变量对因变量的影响程度,需要计算各选择的相对胜算比(rr)来判断自变量对个体最终选择的影响。

$$rr_{ak} = \frac{prob(y_{ij} = a \mid x_i)}{prob(y_{ij} = k \mid x_i)} = \frac{e^{\beta_a \cdot x_i}}{e^{\beta_k \cdot x_i}} \quad (5.9)$$

式(5.9)表示当有多个选择类别时,选择类别$a$相对于选择类别$k$的相对概率比。在此基础上,模型还可以得到一个$RRR$指数,用以反映相对胜算比随自变量$b$变化一个单位所带来的因变量选择$j=a$的概率的相对变化。

$$RRR_{ab} = \frac{\partial rr_{ak}}{\partial x_b} \quad (5.10)$$

在多元Logit模型中还常常通过计算选择发生概率的边际效应来刻画单个自变量对某一选择类别发生可能性的边际影响效果,用$ME$

表示。

$$ME_{ab} = \frac{\partial prob(y_j = a)}{\partial x_b} \quad (5.11)$$

式（5.11）表示自变量 $b$ 变化一个单位时，选择类别 $a$ 的概率将增加或减少多少。

为了更好地刻画高、低技能劳动力就业份额相对于中技能劳动力就业份额的变化，本文将选择中技能职业作为对照组，与其他两个选择进行对比，从而得到回归模型：

$$logit\left(\frac{P_k}{P_2}\right)_{iks} = \alpha_{jk} + \beta_k SBTC_s + \gamma X_i + \varepsilon_{iks} \quad (5.12)$$

$i$ 表示受访的劳动者，$k=1,2,3$ 分别代表个体从事低、中、高技能水平的职业。$s$ 表示个体所在地区，$SBTC$ 表示技能偏向型技术进步，$X$ 表示控制变量，$\varepsilon_{iks}$ 代表残差。控制变量包括性别、年龄、工作经验、受教育水平、户籍等社会人口特征变量和所在地区经济增长水平、贸易开放度、劳动力就业的市场化程度和产业结构升级等宏观经济变量。模型中参照组的参数 $\beta_2=0$，所以 $\beta_k$ 可以看作选择从事职业 $k$ 相对于从事中技能职业的一个参数，$\beta_k>0$ 意味着随着技能偏向型技术进步的增加，劳动力会更倾向于选择职业 $k=1$ 或 $k=3$，而不是中技能职业（$k=2$）。反之，$\beta_k<0$ 说明技能偏向型技术进步使劳动力更愿意选择从事中技能要求的职业。

## 二 基准回归结果分析

表5-9报告了2003年、2008年、2010~2013年、2015年估计后得到的回归系数 $\beta$、相对胜算比（$RRR$）和技能偏向型技术进步的边

际效应（ME）。实质上，$RRR=e^{\beta_k}$，因为参照组$\beta_2=0$，所以参照组的$RRR=1$。本文中，$RRR_k$代表技能偏向型技术进步增加一个单位将带来劳动力选择职业$k$的相对比值是选择中技能职业的$RRR_k$倍，$RRR_k>1$说明劳动力选择职业$k$的概率更大，反之，则更小。

在表5-9中，低技能组中的$RRR$即$RRR_1$，表示劳动力选择职业$k=1$的相对变动率，高技能组中的$RRR$即$RRR_3$，表示劳动力选择职业$k=3$的相对变动率。

表5-9 技能偏向型技术进步对就业极化的影响——基准回归估计

| 年份 | 低技能 $\beta$ | 低技能 RRR | 低技能 ME | 高技能 $\beta$ | 高技能 RRR | 高技能 ME | 中技能 ME |
|---|---|---|---|---|---|---|---|
| 2003 | 0.171*** (0.060) | 1.187*** (0.071) | 0.014 (0.011) | 0.339*** (0.061) | 1.403*** (0.086) | 0.047*** (0.010) | -0.061*** (0.013) |
| 2008 | 0.015* (0.009) | 1.015* (0.009) | 0.0001 (0.002) | 0.040*** (0.010) | 1.041*** (0.010) | 0.006*** (0.002) | -0.005*** (0.002) |
| 2010 | 0.076*** (0.026) | 1.027*** (0.002) | 0.022*** (0.005) | 0.060** (0.026) | 1.062** (0.028) | 0.017*** (0.005) | -0.040*** (0.005) |
| 2011 | 0.019 (0.018) | 1.019* (0.018) | 0.000 (0.004) | 0.058*** (0.020) | 1.06*** (0.021) | 0.008*** (0.003) | -0.008** (0.004) |
| 2012 | 0.046* (0.027) | 1.047* (0.028) | 0.004 (0.005) | 0.185*** (0.028) | 1.204*** (0.034) | 0.030*** (0.005) | -0.034*** (0.006) |
| 2013 | 0.041 (0.033) | 1.042 (0.034) | 0.002 (0.006) | 0.091*** (0.034) | 1.095*** (0.037) | 0.014** (0.006) | -0.016** (0.007) |
| 2015 | 0.151*** (0.057) | 1.163*** (0.067) | 0.029** (0.013) | 0.101 (0.065) | 1.106 (0.071) | 0.003 (0.009) | -0.032*** (0.012) |

说明："***"、"**"和"*"分别表示在1%、5%和10%显著性水平上显著。

首先，低技能相对中技能的回归系数都大于0，相对胜算比都大于1，说明技能偏向型技术进步每增长一个单位将导致劳动力在低技能职业和中技能职业中选择从事低技能职业的胜算比提高，劳动者将有更大概率进入低技能职业中，但低技能的回归结果在2013年不显著。其次，从高技能相对中技能的回归系数和胜算比可以看出，技能偏向型技术进步的提高，同样能够促进劳动力更多地选择从事高技能职业，且回归系数和胜算比在各年的估计中均显著。

最后，边际效应衡量了技能偏向型技术进步变化对劳动者选择从事某一类职业的边际影响。在多元logit模型中，多个选择类别的边际效应相加之和为零。也就是说，当技能偏向型技术进步对选择中技能职业的边际效应显著为负且绝对值最大时，说明劳动力受技能偏向型技术进步的影响将由中技能职业中转移到其他两类职业中，也即劳动力市场上出现就业极化。通过比较三类职业的边际效应估计结果，笔者发现：各年的估计结果均符合命题2的设定，技能偏向型技术进步水平的提高显著促进了劳动力选择从事高技能类的职业，高技能职业就业份额将会相对增长，而选择中技能职业的概率却显著降低。技能偏向型技术进步对选择低技能职业的边际影响为正，但只在2010年和2015年估计显著，其他年份的估计结果不显著。

综合来看，伴随着技能偏向型技术进步水平的提高，劳动力将更多地进入高技能职业，更少选择从事中技能职业或从这类职业中被挤出。被挤出的具备中技能水平的劳动力可以通过技能培训、继续教育等途径提升自身的技能水平，以便能够进入高技能职业中。中技能劳动力也可以从事技能要求更低的职业，进入低技能职业类别中。这一过程验证了命题2所述，技能偏向型技术进步下劳动力市场上将出现就业极化。

如表5-10所示，2015年控制变量的估计结果显示：男性从事中技能职业的概率要高于从事低技能、高技能职业的概率。事实上，中技能职业集中于生产制造及相关工作，从业人员中男性比例远高于女性。随着年龄增长，劳动力选择从事低技能职业的概率是显著提高的，这与现实中中老年劳动者更多选择从事低端服务业的事实相符。年龄对于选择高技能职业的影响不显著，对选择中技能职业的影响呈倒"U"形关系，表明青壮年劳动力从事中技能职业的概率更高。受教育水平对个人职业选择的影响十分显著，且表现为受教育年限每增加1年，个体选择高技能职业的概率是选择中技能职业的1.37倍，选择中技能职业的概率是选择低技能职业的1.035倍。结合性别、年龄和学历水平的影响，笔者发现男性中低学历的青壮年劳动力是中技能职业的主要劳动供给，在就业极化过程中将首先受到冲击，就业机会减少，相对工资降低，面临失业风险。这一研究结论与巴吉奇—森（Bagchi-Sen，1995）、安赫尔等（Anghel et al.，2014）、科埃利、伯兰德（Coeli and Borland，2016）等学者的研究结论基本一致，年轻男性集中于中技能密集型职业，这些职业具有常规性任务密集的特点，因此在就业极化中所受冲击最大。

表 5-10　技能偏向型技术进步对就业极化的影响（2015 年）

| 类别 | 低技能 β | 低技能 RRR | 低技能 ME | 高技能 β | 高技能 RRR | 高技能 ME | 中技能 ME |
|---|---|---|---|---|---|---|---|
| sex | -1.513*** (0.063) | 0.220*** (0.014) | -0.252*** (0.011) | -0.723*** (0.067) | 0.485*** (0.032) | -0.031*** (0.011) | 0.283*** (0.013) |
| lnage | -12.82*** (3.752) | 0.000*** (0.000) | -2.246*** (0.715) | -4.518 (4.253) | 0.011 (0.046) | 0.042 (0.767) | 2.203*** (0.804) |
| lnage² | 1.726*** (0.474) | 5.619*** (2.663) | 0.298*** (0.090) | 0.673 (0.543) | 1.961 (1.065) | 0.007 (0.098) | -0.304*** (0.102) |
| educ | -0.034** (0.015) | 0.966** (0.015) | -0.029*** (0.003) | 0.315*** (0.018) | 1.370*** (0.024) | 0.062*** (0.003) | -0.033*** (0.003) |
| lnworkyr | 0.554** (0.227) | 1.741** (0.396) | 0.098** (0.043) | 0.187 (0.201) | 1.205 (0.242) | -0.003 (0.037) | -0.094** (0.043) |
| hukou | -0.078 (0.070) | 0.925 (0.065) | -0.036*** (0.013) | 0.291*** (0.076) | 1.338 (0.102) | 0.061*** (0.014) | -0.025* (0.015) |

续表

| 类别 | 低技能 β | 低技能 RRR | 低技能 ME | 高技能 β | 高技能 RRR | 高技能 ME | 中技能 ME |
|---|---|---|---|---|---|---|---|
| trade | −0.324** (0.160) | 0.723** (0.116) | −0.080*** (0.030) | 0.225 (0.141) | 1.253 (0.177) | 0.065*** (0.025) | 0.015 (0.031) |
| emp | −2.548*** (0.708) | 0.078*** (0.055) | −0.541*** (0.133) | 0.455 (0.748) | 1.577 (1.180) | 0.265** (0.133) | 0.276 (0.149) |
| lngdp | 0.294** (0.137) | 1.342** (0.184) | 0.114*** (0.026) | −0.786*** (0.138) | 0.456*** (0.063) | −0.170*** (0.024) | 0.056 (0.028) |
| indu | 0.775* (0.450) | 2.171* (0.977) | 0.105 (0.083) | 0.708 (0.451) | 2.030 (0.915) | 0.080 (0.079) | −0.185 (0.094) |

说明："***"、"**"和"*"分别表示在1%、5%和10%显著性水平上显著。

工作经验带来的影响与年龄相似，工作经验增加提高了从事低技能职业的概率而不利于选择中技能职业。户籍状况的估计结果表明，拥有城镇户口的劳动力更有可能从事高技能的职业，这一定程度上反映了劳动力市场上存在户籍制度带来的分割。姚先国等（2009）在对浙江省人口就业的分析中同样验证了这一问题，其研究发现户籍制度是浙江劳动力市场上出现职业隔离的重要原因，导致农业户口的劳动力在白领职业获得上处于弱势地位。结合本文来看，拥有城镇户口的劳动力获得高技能职业的概率是从事中技能职业的1.338倍，是从事低技能职业的1.446倍。

贸易开放度提高和劳动力就业的市场化程度提高都显著降低了个体选择从事低技能职业的概率，但对于选择中、高技能职业的影响不显著，这说明贸易开放对于就业极化的影响不明确，这一结论与古斯等（Goos et al., 2009）、阿西莫格鲁和奥托尔（Acemoglu and Autor, 2010）的发现相一致，其在研究中指出贸易开放对于劳动力市场极化的影响是正面但不显著的。经济增长显著提高了个体选择从事低技能和中技能职业的概率。笔者认为这是因为低技能、服务类的岗位需求随经济增长、消费需求和层次的提高而扩大，从而带动了这类职业的就业增长，同时，我国经济增长过程中制造业的发展也带动了对工人的需求。产业结构升级，第三产业的发展创造了更多的高技能或低技能职业，从而也提高了个体从事低技能和高技能职业的概率。

## 三 稳健性检验

### （一）替换核心解释变量

参照多姆斯、刘易斯（Doms and Lewis, 2006），博德里等（Beaudry et al., 2013），奥托尔、多恩（Autor and Dorn, 2013）用各地区的电脑普及率来测算技术资本的利用程度。在我们的概念模型中，技术资本价格下跌导致劳动力市场极化，其背后机理是技术进步会对执行常规型工作任务的劳动力形成替代作用。随着技术资本价格下跌，中技能劳动力就业份额较高的地区会不断利用技术资本替代这部分劳动力，而技术资本投入的增长与人均计算机拥有量高度相关，且代表了技术进步的偏向。因此，本文用每万人计算机拥有量的增长量作为技能偏向型技术进步的替代变量。

表5-11报告了利用人均计算机拥有量得到的回归估计结果，与基准回归估计结果非常相似，只是整体估计系数偏大一点，显著性水平有所下降。可见，人均计算机拥有水平的提高，将推动劳动力更多选择从事互补性、创新性更强的低技能或高技能职业，而以完成常规任务为主的中技能职业将更容易被取代，从而导致劳动力市场上就业极化的出现。

表 5-11 技能偏向型技术进步对就业极化的影响（$\Delta PC_s$）

| 年份 | 低技能 β | 低技能 RRR | 低技能 ME | 高技能 β | 高技能 RRR | 高技能 ME | 中技能 ME |
|---|---|---|---|---|---|---|---|
| 2003 | 0.467** (0.192) | 1.596** (0.306) | 0.064* (0.011) | 0.503** (0.202) | 1.653** (0.334) | 0.057* (0.010) | -0.121*** (0.013) |
| 2008 | 0.087 (0.079) | 1.091 (0.086) | 0.013 (0.016) | 0.299*** (0.089) | 1.348*** (0.119) | 0.049*** (0.015) | -0.061** (0.016) |
| 2010 | 0.282*** (0.066) | 1.055*** (0.050) | 0.060*** (0.014) | 0.011 (0.072) | 1.009 (0.071) | 0.021* (0.012) | -0.080*** (0.029) |
| 2011 | 0.064 (0.063) | 1.066 (0.067) | 0.002 (0.013) | 0.213*** (0.076) | 1.238*** (0.094) | 0.031** (0.012) | -0.033** (0.014) |
| 2012 | 0.215* (0.124) | 1.239* (0.153) | 0.014 (0.026) | 0.426*** (0.141) | 1.532*** (0.217) | 0.060** (0.024) | -0.074*** (0.027) |
| 2013 | 0.094 (0.086) | 1.099 (0.094) | 0.015 (0.016) | 0.054 (0.088) | 1.055 (0.093) | 0.004 (0.016) | -0.019 (0.018) |
| 2015 | 0.202* (0.102) | 1.191* (0.126) | 0.028 (0.016) | 0.251* (0.223) | 1.306** (0.155) | 0.037** (0.015) | -0.065** (0.020) |

说明："\*\*\*"、"\*\*"和"\*"分别表示在1%、5%和10%显著性水平上显著。

## （二）分组回归分析

与前文针对工资极化的分析相似，本文也将通过对样本分组来比较我国东、中、西部地区在就业极化上的差异，同时对前文估计结果的稳健性进行检验。首先，东部地区2003年对各组的估计结果均不显著，且对高技能的估计系数为负，相对胜算比小于1，说明在2003年技能偏向型技术进步对就业的影响还不够显著。其他年份的估计结果与全国的基本一致，技能偏向型技术进步提高劳动者进入低技能和高技能职业的概率，同时显著降低了从事中技能职业的概率，促进了东部地区劳动力市场上就业极化的形成（见表5-12）。

表 5-12 技能偏向型技术进步对就业极化的影响（东部地区）

| 年份 | 低技能 β | 低技能 RRR | 低技能 ME | 高技能 β | 高技能 RRR | 高技能 ME | 中技能 ME |
|---|---|---|---|---|---|---|---|
| 2003 | 0.003<br>(0.205) | 1.007<br>(0.205) | 0.003<br>(0.039) | -0.111<br>(0.228) | 0.895<br>(0.204) | -0.017<br>(0.034) | -0.012<br>(0.043) |
| 2008 | 0.025*<br>(0.015) | 1.025*<br>(0.016) | 0.001<br>(0.003) | 0.039**<br>(0.016) | 1.039**<br>(0.170) | 0.005*<br>(0.003) | -0.006**<br>(0.003) |
| 2010 | 0.091***<br>(0.032) | 1.013***<br>(0.029) | 0.019***<br>(0.006) | 0.058*<br>(0.032) | 1.060*<br>(0.034) | 0.023***<br>(0.006) | -0.004<br>(0.007) |
| 2011 | 0.019<br>(0.018) | 1.019<br>(0.018) | 0.0002<br>(0.013) | 0.058***<br>(0.020) | 1.06***<br>(0.021) | 0.008***<br>(0.012) | -0.008**<br>(0.004) |
| 2012 | 0.046*<br>(0.022) | 1.047*<br>(0.015) | 0.006<br>(0.008) | 0.178***<br>(0.040) | 1.195***<br>(0.048) | 0.032***<br>(0.008) | -0.037***<br>(0.008) |
| 2013 | 0.101**<br>(0.051) | 1.107**<br>(0.094) | 0.015*<br>(0.016) | 0.054<br>(0.048) | 1.056*<br>(0.093) | 0.004<br>(0.009) | -0.019*<br>(0.01) |
| 2015 | 0.210***<br>(0.072) | 1.233***<br>(0.088) | 0.036**<br>(0.015) | 0.151**<br>(0.080) | 1.163**<br>(0.093) | 0.010<br>(0.013) | -0.046***<br>(0.015) |

说明："***"、"**"和"*"分别表示在1%、5%和10%显著性水平上显著。

其次，如表 5-13 所示，从中部地区的样本估计结果来看，技能偏向型技术进步在 2011 年对低技能劳动力产生了显著的负效应，技术进步导致劳动力选择中技能职业的概率上升，这与全国样本估计结果不同。笔者认为这与中部地区崛起、积极引入制造业企业投资设厂有很大关系，工业企业的生产对中部地区产生了大量的劳动力需求且主要集中于从事生产、装配工作的中技能工人。

整体上，中部地区的估计结果显著性水平下降了，但综合相对胜算比、估计系数值和边际效应来看，技能偏向型技术进步对劳动力进入中技能职业形成了较显著的负效应，同时带动劳动力进入低技能或高技能职业。在中部地区，技能偏向型技术进步依然表现为促进就业极化的发生。

表 5-13　技能偏向型技术进步对就业极化的影响（中部地区）

| 年份 | 低技能 β | 低技能 RRR | 低技能 ME | 高技能 β | 高技能 RRR | 高技能 ME | 中技能 ME |
|---|---|---|---|---|---|---|---|
| 2003 | 0.370** (0.171) | 1.447** (0.248) | 0.058* (0.034) | 0.283 (0.182) | 1.327 (0.241) | 0.025 (0.031) | -0.082** (0.036) |
| 2008 | 0.038** (0.015) | 1.039** (0.016) | 0.004 (0.003) | 0.055*** (0.020) | 1.056*** (0.021) | 0.005* (0.003) | -0.009*** (0.003) |
| 2010 | 0.791*** (0.225) | 2.206*** (0.496) | 0.140*** (0.048) | 0.548** (0.242) | 1.729** (0.418) | 0.030 (0.038) | -0.17*** (0.047) |
| 2011 | 0.025 (0.146) | 1.025* (0.149) | -0.056* (0.033) | 0.358* (0.192) | 1.430* (0.275) | 0.030* (0.022) | 0.026 (0.033) |
| 2012 | 0.253** (0.126) | 1.288* (0.162) | 0.033 (0.026) | 0.397* (0.171) | 1.488* (0.254) | 0.041* (0.024) | -0.074*** (0.028) |
| 2013 | 0.360 (0.416) | 1.433 (0.597) | 0.050 (0.083) | 0.022 (0.474) | 1.022 (0.380) | -0.019 (0.074) | -0.031 (0.090) |
| 2015 | 0.210 (0.338) | 1.190 (0.274) | 0.012 (0.076) | 0.167 (0.403) | 1.182 (0.477) | 0.014 (0.051) | -0.026 (0.071) |

说明："***"、"**"和"*"分别表示在1%、5%和10%显著性水平上显著。

最后，西部地区的估计结果与东、中部和全国样本的估计结果相比，最大的区别是技能偏向型技术进步对个体选择低技能职业的影响除2013年外均不显著。这说明西部地区在技术进步过程中，劳动力在流入高技能职业、流出中技能职业的同时并没有显著地增加在低技能职业中的就业。同时，技能偏向型技术进步对选择高技能职业的影响为正，但显著性水平有所降低。技能偏向型技术进步依然对选择中技能职业产生负效应，也只在2008年、2012年、2013年显著。

综合来看，技能偏向型技术进步的估计系数基本表现出促进个体选择高技能或低技能职业、抑制选择中技能职业的特征，但这种影响在低技能职业上表现不显著。这说明在西部地区技能偏向型技术进步对于劳动力市场极化的影响还不及东、中部地区，这与西部地区技术进步的高技能偏向水平较低有很大关系。

通过分样本回归后可以看出，虽然存在部分样本在个别年份的估计结果与总体不一致的情况，但整体上呈现的关系是：在技能偏向型技术进步下，劳动力选择从事低技能或高技能职业的概率相对于选择中技能职业是更高的，劳动力选择从事中技能职业的概率正在下降。由此可见，伴随着技术进步向高技能偏向水平的提高，劳动力将更多地从中技能职业中被挤出到其他两类职业中，劳动力市场上的就业极化正在发生。

表 5-14 技能偏向型技术进步对就业极化的影响（西部地区）

| 年份 | 低技能 β | 低技能 RRR | 低技能 ME | 高技能 β | 高技能 RRR | 高技能 ME | 中技能 ME |
|---|---|---|---|---|---|---|---|
| 2003 | 0.173 (0.378) | 1.189 (0.449) | 0.002 (0.011) | 0.554 (0.392) | 1.740 (0.682) | 0.089 (0.067) | -0.090 (0.079) |
| 2008 | 0.034 (0.026) | 1.035 (0.027) | 0.001 (0.005) | 0.081*** (0.027) | 1.085*** (0.029) | 0.012*** (0.004) | -0.013** (0.005) |
| 2010 | 0.071 (0.085) | 1.091 (0.070) | 0.022 (0.016) | 0.095 (0.077) | 1.074 (0.092) | 0.028* (0.016) | -0.005 (0.016) |
| 2011 | -0.095 (0.105) | 0.910 (0.095) | -0.039 (0.015) | 0.197* (0.118) | 1.218* (0.144) | 0.040** (0.018) | -0.001 (0.022) |
| 2012 | 0.021 (0.076) | 1.021 (0.078) | 0.006 (0.016) | 0.136* (0.083) | 1.145* (0.095) | 0.021* (0.013) | -0.027 (0.016) |
| 2013 | 0.184** (0.091) | 1.202** (0.109) | 0.021 (0.018) | 0.240** (0.094) | 1.271** (0.120) | 0.031* (0.016) | -0.051*** (0.019) |
| 2015 | 0.197 (0.369) | 1.281 (0.303) | 0.020 (0.091) | 0.285 (0.411) | 1.329 (0.546) | 0.051 (0.091) | -0.071 (0.073) |

说明："***"、"**"和"*"分别表示在1%、5%和10%显著性水平上显著。

## 第四节 本章小结

本章在理论模型的基础上，通过构建计量回归模型对命题1和命题2进行了实证检验，核心是对技能偏向型技术进步是否导致劳动力市场极化这一问题进行分析。

本章首先通过分析1995~2016年设备工器具固定资产投资规模和价格指数变动证实了理论模型的前提假设：技术进步带来了技术资本价格的不断下降，并带动企业增加技术资本的投入使用。其次，根据阿西莫格鲁（Acemoglu，2002）对技术进步偏向性的界定，通过设定高、中、低技能劳动力之间的要素替代弹性，本章计算得到我国2003~2015年各省（区、市）技术进步的技能偏向水平，证实了我国现阶段技术进步是高技能偏向型的。

在理论假设得以验证的基础上，本章从工资极化和就业极化两个方面分别进行实证分析，以证明命题1和命题2的存在。本文的创新点之一是从微观视角来分析技能偏向型技术进步对个体劳动者工资和就业的影响，证明其与劳动力市场极化的关系，因此选用CGSS 2003年、2008年、2010~2013年、2015年的截面数据展开分析。

本章运用多元线性回归分析，考察技能偏向型技术进步对工资极化的影响，并通过加权回归分析、替代关键解释变量、分组分析以及膨胀因子检验等方式进行了稳健性分析。最终发现：第一，整体上，技术进步高技能偏向水平的提高能够促进劳动力市场上工资极化的形成，命题1得以验证。第二，由于地区间技术进步水平的差异，分组回归的估计结果存在差异，东部地区的估计结果显著，再次验证了技能偏向型技术进步对工资极化的影响。中西部地区受到技术进步相对较慢、产业升级能力不足的影响,其工资结构处于向极化过渡的过程中,技能偏向型技术进步对于中、低技能劳动力工资的影响差异不够明显。第三,通过对控制变量的分析发现,与克罗格(Kroeger,2013)、奥托尔等(Autor et al.,2015)对美国劳动力市场极化的研究结论一致,贸易开放水平的提高对工资极化的形成具有显著影响。第四,产业结构升级在促进工资水平提高的同时,对中技能劳动力工资的影响要小于其他两类技能,也加剧了工资的极化。

本章构建了一个多元 Logit 模型,估计在技能偏向型技术进步的影响下,个体劳动者从事高、中、低技能职业的相对概率。以中技能职业为参照组,比较高技能、低技能职业的相对系数、相对胜算比和边际效应,并通过替换关键解释变量、分组回归进行稳健性检验。最终,本章得到如下结论:第一,技术进步的技能偏向水平提高将使劳动者选择从事高技能和低技能职业的概率提高,使得劳动力市场上出现就业极化。第二,综合个体特征的分析发现,劳动力市场上存在职业性别隔离和年龄隔离,这导致男性中低学历的青壮年劳动力成为中技能职业的主要劳动供给,在就业极化过程中将首先受到冲击,面临失业风险。第三,贸易开放虽有利于工资的极化,但其对于就业极化的影响不显著,这说明贸易开放对劳动力市场极化的影响还有待进一步分析,国外相关研究也并未得出一致的结论。第四,产业结构升级不但促进了工资的极化,也对就业极化产生了正效应。江永红(2016)、郝楠(2017)利用宏观数据的实证分析也证明了产业结构升级对劳动力市场极化的正向影响。第五,通过分组回归发现,技能偏向型技术进步对就业极化的影响存在地区差异,东部地区表现显著,中部地区次之,西部地区技术进步对就业极化的影响还未显现。

综上所述,本章通过实证分析验证了技能偏向型技术进步对劳动力市场极化的影响,并发现对工资极化的影响要强于就业极化。工资是影响劳动力进入或退出一类职业或地区的重要因素,地区间真实工资差距的存在加剧了劳动力的流动,影响各地区的劳动力供给。在此基础上,本文从改变劳动力供给的角度,在第六章考察当劳动力发生流动时,劳动力市场上的极化趋势将如何改变。

# 附 录

附表 5-1　2003 年各省(区、市)技术进步的高、低技能偏向度

| 区域 | $SBTC\_hm$ ($\delta=1.4$) | $SBTC\_lm$ ($\delta=1.4$) | $SBTC\_hm$ ($\delta=2.0$) | $SBTC\_lm$ ($\delta=2.0$) | $SBTC\_hm$ ($\rho=0.947$) | $SBTC\_lm$ ($\rho=0.947$) |
|---|---|---|---|---|---|---|
| 北京 | 1.174 | 0.103 | 1.300 | 0.366 | 1.386 | 0.816 |
| 天津 | 0.303 | 0.243 | 0.787 | 0.600 | 1.436 | 1.059 |
| 河北 | 0.265 | 0.014 | 0.567 | 0.110 | 0.916 | 0.403 |
| 辽宁 | 0.887 | 0.092 | 1.142 | 0.270 | 1.339 | 0.534 |
| 上海 | 0.543 | 0.135 | 0.938 | 0.423 | 1.322 | 0.868 |
| 江苏 | 1.196 | 0.202 | 1.510 | 0.513 | 1.750 | 0.924 |
| 浙江 | 0.368 | 0.112 | 0.636 | 0.322 | 0.897 | 0.626 |
| 福建 | 3.882 | 0.170 | 2.310 | 0.454 | 1.666 | 0.842 |
| 山东 | 0.092 | 0.442 | 0.436 | 0.793 | 1.159 | 1.146 |
| 广东 | 1.603 | 2.282 | 1.607 | 1.802 | 1.610 | 0.876 |
| 海南 | 1.756 | 0.001 | 1.091 | 0.031 | 0.809 | 0.296 |
| 东部平均 | 1.097 | 0.345 | 1.120 | 0.517 | 1.299 | 0.763 |
| 山西 | 0.087 | 0.033 | 0.357 | 0.206 | 0.866 | 0.648 |
| 吉林 | 0.158 | 0.248 | 0.574 | 0.552 | 1.292 | 0.912 |
| 黑龙江 | 0.377 | 1.303 | 0.812 | 1.255 | 1.318 | 1.226 |
| 安徽 | 0.916 | 0.556 | 1.118 | 0.752 | 1.268 | 0.910 |
| 江西 | 8.643 | 4.419 | 3.172 | 2.112 | 1.688 | 1.327 |
| 河南 | 0.775 | 0.112 | 1.093 | 0.385 | 1.356 | 0.838 |
| 湖北 | 0.397 | 0.094 | 0.671 | 0.305 | 0.933 | 0.639 |
| 湖南 | 8.527 | 0.574 | 3.147 | 0.817 | 1.681 | 1.021 |

续表

| 区域 | SBTC_hm ($\delta=1.4$) | SBTC_lm ($\delta=1.4$) | SBTC_hm ($\delta=2.0$) | SBTC_lm ($\delta=2.0$) | SBTC_hm ($\rho=0.947$) | SBTC_lm ($\rho=0.947$) |
|---|---|---|---|---|---|---|
| 中部平均 | 2.485 | 0.917 | 1.368 | 0.798 | 1.300 | 0.940 |
| 内蒙古 | 1.334 | 0.206 | 1.347 | 0.489 | 1.355 | 0.842 |
| 广西 | 0.934 | 0.710 | 1.263 | 0.893 | 1.527 | 1.033 |
| 重庆 | 20.589 | 1.620 | 4.043 | 1.233 | 1.452 | 1.039 |
| 四川 | 12.449 | 0.151 | 3.839 | 0.348 | 1.831 | 0.588 |
| 贵州 | 0.079 | 0.010 | 0.397 | 0.120 | 1.097 | 0.561 |
| 云南 | 0.913 | 0.181 | 1.005 | 0.451 | 1.068 | 0.801 |
| 陕西 | 0.098 | 0.036 | 0.377 | 0.208 | 0.883 | 0.630 |
| 甘肃 | 0.343 | 0.013 | 0.715 | 0.157 | 1.134 | 0.743 |
| 新疆 | 0.672 | 0.043 | 1.013 | 0.258 | 1.311 | 0.795 |
| 西部平均 | 4.592 | 0.366 | 1.623 | 0.487 | 1.293 | 0.780 |

说明：青海省、西藏自治区、宁夏回族自治区数据缺失。

附表5-2 2008年各省（区、市）技术进步的高、低技能偏向度

| 区域 | SBTC_hm ($\delta=1.4$) | SBTC_lm ($\delta=1.4$) | SBTC_hm ($\delta=2.0$) | SBTC_lm ($\delta=2.0$) | SBTC_hm ($\rho=0.947$) | SBTC_lm ($\rho=0.947$) |
|---|---|---|---|---|---|---|
| 北京 | 19.838 | 4.803 | 4.043 | 1.900 | 1.486 | 1.060 |
| 天津 | 26.285 | 0.411 | 5.905 | 0.693 | 2.307 | 0.962 |
| 河北 | 7.199 | 1.203 | 2.695 | 1.111 | 1.452 | 1.057 |
| 辽宁 | 9.447 | 5.246 | 3.033 | 2.042 | 1.484 | 1.128 |
| 上海 | 28.706 | 1.091 | 4.912 | 0.912 | 1.617 | 0.814 |
| 江苏 | 7.409 | 1.517 | 3.062 | 1.237 | 1.756 | 1.088 |
| 浙江 | 734.076 | 22.447 | 29.310 | 4.320 | 3.862 | 1.531 |
| 福建 | 61.525 | 3.429 | 7.197 | 1.910 | 1.865 | 1.321 |
| 山东 | 3.874 | 0.496 | 2.418 | 0.738 | 1.798 | 0.946 |
| 广东 | 12.957 | 8.827 | 3.773 | 2.474 | 1.736 | 1.111 |
| 东部平均 | 91.132 | 4.947 | 6.635 | 1.734 | 1.936 | 1.102 |
| 山西 | 117.494 | 106.312 | 10.288 | 9.716 | 2.222 | 2.156 |
| 吉林 | 24.444 | 5.591 | 4.321 | 1.756 | 1.452 | 0.847 |

续表

| 区域 | SBTC_hm ($\delta=1.4$) | SBTC_lm ($\delta=1.4$) | SBTC_hm ($\delta=2.0$) | SBTC_lm ($\delta=2.0$) | SBTC_hm ($\rho=0.947$) | SBTC_lm ($\rho=0.947$) |
|---|---|---|---|---|---|---|
| 黑龙江 | 1.355 | 1.296 | 1.280 | 0.843 | 1.236 | 0.643 |
| 安徽 | 0.185 | 1.214 | 0.535 | 1.040 | 1.043 | 0.944 |
| 江西 | 489.725 | 1.071 | 28.710 | 0.773 | 4.817 | 0.629 |
| 河南 | 0.735 | 0.162 | 1.021 | 0.358 | 1.255 | 0.590 |
| 湖北 | 6.327 | 1.793 | 2.427 | 1.057 | 1.328 | 0.758 |
| 湖南 | 1.980 | 36.879 | 1.626 | 4.206 | 1.436 | 1.073 |
| 中部平均 | 80.281 | 19.290 | 6.276 | 2.469 | 1.848 | 0.955 |
| 内蒙古 | 0.929 | 0.183 | 1.149 | 0.397 | 1.314 | 0.646 |
| 广西 | 0.329 | 29.138 | 0.734 | 4.611 | 1.217 | 1.445 |
| 重庆 | 22.057 | 7.144 | 5.453 | 1.946 | 2.263 | 0.859 |
| 四川 | 8.250 | 5.768 | 3.494 | 1.676 | 2.035 | 0.770 |
| 贵州 | 1.244 | 0.488 | 1.348 | 0.683 | 1.418 | 0.845 |
| 云南 | 2.096 | 74.474 | 1.727 | 7.611 | 1.528 | 1.812 |
| 陕西 | 10.280 | 0.134 | 3.485 | 0.377 | 1.764 | 0.724 |
| 甘肃 | 4.108 | 0.028 | 2.074 | 0.257 | 1.349 | 1.043 |
| 宁夏 | 631.452 | 2.153 | 22.476 | 0.997 | 2.755 | 0.614 |
| 新疆 | 22.838 | 2.381 | 4.486 | 1.642 | 1.611 | 1.299 |
| 西部平均 | 70.358 | 12.189 | 4.643 | 2.020 | 1.725 | 1.006 |

说明：海南省、西藏自治区、青海省数据缺失。

### 附表5-3　2010年各省（区、市）技术进步的高、低技能偏向度

| 区域 | SBTC_hm ($\delta=1.4$) | SBTC_lm ($\delta=1.4$) | SBTC_hm ($\delta=2.0$) | SBTC_lm ($\delta=2.0$) | SBTC_hm ($\rho=0.947$) | SBTC_lm ($\rho=0.947$) |
|---|---|---|---|---|---|---|
| 北京 | 12.547 | 0.506 | 3.796 | 0.721 | 1.789 | 0.901 |
| 天津 | 4.530 | 0.099 | 2.438 | 0.318 | 1.651 | 0.661 |
| 河北 | 0.118 | 0.029 | 0.447 | 0.170 | 1.033 | 0.512 |
| 辽宁 | 4.680 | 0.654 | 2.550 | 0.741 | 1.740 | 0.801 |
| 上海 | 84.996 | 0.065 | 10.543 | 0.237 | 2.835 | 0.534 |
| 江苏 | 19.762 | 0.155 | 6.671 | 0.450 | 3.368 | 0.881 |

续表

| 区域 | SBTC_hm ($\delta=1.4$) | SBTC_lm ($\delta=1.4$) | SBTC_hm ($\delta=2.0$) | SBTC_lm ($\delta=2.0$) | SBTC_hm ($\rho=0.947$) | SBTC_lm ($\rho=0.947$) |
|---|---|---|---|---|---|---|
| 浙江 | 7.374 | 0.611 | 4.138 | 0.892 | 2.876 | 1.131 |
| 福建 | 6.855 | 0.212 | 3.099 | 0.493 | 1.880 | 0.837 |
| 山东 | 9.297 | 0.189 | 4.433 | 0.530 | 2.782 | 1.014 |
| 广东 | 19.990 | 0.705 | 5.521 | 0.807 | 2.457 | 0.879 |
| 海南 | 5.607 | 0.229 | 3.187 | 0.444 | 2.233 | 0.673 |
| 东部平均 | 15.978 | 0.314 | 4.257 | 0.527 | 2.240 | 0.802 |
| 山西 | 0.759 | 0.453 | 1.019 | 0.810 | 1.225 | 1.167 |
| 吉林 | 0.913 | 0.350 | 1.334 | 0.539 | 1.695 | 0.707 |
| 黑龙江 | 1.013 | 0.577 | 1.267 | 0.680 | 1.458 | 0.754 |
| 安徽 | 0.803 | 0.101 | 1.216 | 0.326 | 1.579 | 0.680 |
| 江西 | 0.993 | 0.220 | 1.069 | 0.420 | 1.120 | 0.633 |
| 河南 | 2.312 | 0.301 | 1.816 | 0.525 | 1.560 | 0.745 |
| 湖北 | 1.835 | 0.387 | 1.956 | 0.605 | 2.035 | 0.801 |
| 湖南 | 6.282 | 0.229 | 2.871 | 0.427 | 1.754 | 0.632 |
| 中部平均 | 1.864 | 0.327 | 1.568 | 0.541 | 1.553 | 0.765 |
| 内蒙古 | 2.824 | 2.657 | 1.944 | 1.956 | 1.537 | 1.613 |
| 广西 | 0.780 | 0.171 | 1.042 | 0.354 | 1.250 | 0.560 |
| 重庆 | 0.013 | 0.260 | 0.174 | 0.364 | 0.910 | 0.449 |
| 四川 | 3.894 | 0.544 | 2.596 | 0.757 | 2.011 | 0.933 |
| 贵州 | 11.262 | 0.213 | 4.008 | 0.421 | 2.092 | 0.646 |
| 云南 | 2.577 | 2.011 | 2.043 | 1.413 | 1.766 | 1.131 |
| 西藏 | 24.051 | 12.880 | 4.721 | 2.945 | 1.694 | 1.164 |
| 陕西 | 0.131 | 0.008 | 0.358 | 0.077 | 0.673 | 0.330 |
| 甘肃 | 2.858 | 0.108 | 1.786 | 0.296 | 1.329 | 0.558 |
| 青海 | 0.830 | 2.008 | 1.236 | 1.674 | 1.587 | 1.492 |
| 宁夏 | 2.605 | 0.515 | 1.797 | 0.661 | 1.423 | 0.772 |
| 新疆 | 5.862 | 0.412 | 2.670 | 0.611 | 1.627 | 0.784 |
| 西部平均 | 4.807 | 1.815 | 2.031 | 0.961 | 1.492 | 0.869 |

附表 5-4　2011 年各省（区、市）技术进步的高、低技能偏向度

| 区域 | SBTC_hm ($\delta=1.4$) | SBTC_lm ($\delta=1.4$) | SBTC_hm ($\delta=2.0$) | SBTC_lm ($\delta=2.0$) | SBTC_hm ($\rho=0.947$) | SBTC_lm ($\rho=0.947$) |
| --- | --- | --- | --- | --- | --- | --- |
| 北京 | 68.413 | 0.673 | 9.131 | 0.841 | 2.571 | 0.967 |
| 天津 | 13.789 | 0.027 | 5.162 | 0.152 | 2.782 | 0.457 |
| 河北 | 0.103 | 0.027 | 0.389 | 0.187 | 0.897 | 0.632 |
| 辽宁 | 7.577 | 2.354 | 3.181 | 1.569 | 1.842 | 1.216 |
| 上海 | 34.782 | 0.518 | 5.540 | 0.834 | 1.743 | 1.124 |
| 江苏 | 9.264 | 0.928 | 3.356 | 0.992 | 1.771 | 1.034 |
| 浙江 | 1.602 | 0.045 | 1.647 | 0.209 | 1.676 | 0.547 |
| 福建 | 11.773 | 0.555 | 4.092 | 0.874 | 2.104 | 1.162 |
| 山东 | 2.663 | 0.528 | 2.314 | 0.850 | 2.119 | 1.148 |
| 广东 | 13.644 | 2.567 | 4.714 | 1.424 | 2.415 | 0.982 |
| 东部平均 | 16.361 | 0.822 | 3.953 | 0.793 | 1.992 | 0.927 |
| 山西 | 6.080 | 0.169 | 2.707 | 0.396 | 1.626 | 0.677 |
| 吉林 | 1.477 | 0.749 | 1.500 | 0.799 | 1.515 | 0.833 |
| 黑龙江 | 0.739 | 0.793 | 1.154 | 0.760 | 1.527 | 0.741 |
| 安徽 | 0.492 | 0.366 | 1.068 | 0.625 | 1.739 | 0.875 |
| 江西 | 1.857 | 6.013 | 1.638 | 2.359 | 1.514 | 1.310 |
| 河南 | 0.808 | 0.229 | 1.216 | 0.514 | 1.572 | 0.857 |
| 湖北 | 0.377 | 0.578 | 0.799 | 0.725 | 1.282 | 0.836 |
| 湖南 | 4.460 | 1.190 | 2.162 | 1.043 | 1.371 | 0.960 |
| 中部平均 | 2.036 | 1.261 | 1.530 | 0.903 | 1.518 | 0.886 |
| 广西 | 2.605 | 1.628 | 1.955 | 1.122 | 1.632 | 0.888 |
| 重庆 | 0.579 | 0.316 | 1.047 | 0.462 | 1.520 | 0.588 |
| 四川 | 177.178 | 0.710 | 19.267 | 0.991 | 4.769 | 1.222 |
| 贵州 | 0.452 | 0.089 | 0.855 | 0.293 | 1.277 | 0.622 |
| 云南 | 26.928 | 0.150 | 6.935 | 0.350 | 2.953 | 0.598 |
| 陕西 | 11.675 | 0.234 | 5.777 | 0.416 | 3.710 | 0.597 |
| 甘肃 | 8.514 | 1.282 | 2.937 | 0.964 | 1.503 | 0.805 |
| 青海 | 5.595 | 1.271 | 3.039 | 1.133 | 2.069 | 1.054 |
| 西部平均 | 29.191 | 0.710 | 5.226 | 0.716 | 2.429 | 0.797 |

说明：海南省、内蒙古自治区、西藏自治区、宁夏回族自治区、新疆维吾尔自治区数据缺失。

附表 5-5　2012 年各省（区、市）技术进步的高、低技能偏向度

| 区域 | SBTC_hm ($\delta=1.4$) | SBTC_lm ($\delta=1.4$) | SBTC_hm ($\delta=2.0$) | SBTC_lm ($\delta=2.0$) | SBTC_hm ($\rho=0.947$) | SBTC_lm ($\rho=0.947$) |
|---|---|---|---|---|---|---|
| 北京 | 12.277 | 0.760 | 3.793 | 0.921 | 1.811 | 1.039 |
| 天津 | 4.659 | 0.106 | 2.358 | 0.357 | 1.536 | 0.765 |
| 河北 | 0.200 | 0.418 | 0.583 | 0.814 | 1.142 | 1.239 |
| 辽宁 | 3.624 | 0.291 | 2.180 | 0.561 | 1.583 | 0.849 |
| 上海 | 56.551 | 1.486 | 7.508 | 1.350 | 2.107 | 1.271 |
| 江苏 | 1.843 | 0.271 | 1.678 | 0.561 | 1.582 | 0.888 |
| 浙江 | 7.900 | 0.798 | 3.298 | 0.905 | 1.903 | 0.980 |
| 福建 | 2.322 | 0.599 | 1.912 | 0.818 | 1.692 | 0.995 |
| 山东 | 1.127 | 0.748 | 1.371 | 0.904 | 1.551 | 1.019 |
| 广东 | 2.350 | 0.351 | 1.867 | 0.619 | 1.615 | 0.885 |
| 东部平均 | 9.285 | 0.583 | 2.655 | 0.781 | 1.652 | 0.993 |
| 山西 | 2.288 | 0.155 | 1.591 | 0.426 | 1.265 | 0.805 |
| 吉林 | 0.980 | 0.789 | 1.223 | 0.858 | 1.406 | 0.904 |
| 黑龙江 | 0.655 | 0.388 | 1.049 | 0.544 | 1.410 | 0.673 |
| 安徽 | 0.124 | 0.329 | 0.532 | 0.688 | 1.326 | 1.096 |
| 江西 | 1.987 | 0.266 | 1.962 | 0.489 | 1.946 | 0.717 |
| 河南 | 1.867 | 0.457 | 1.567 | 0.701 | 1.403 | 0.918 |
| 湖北 | 0.805 | 0.667 | 1.160 | 0.830 | 1.461 | 0.952 |
| 湖南 | 3.180 | 0.754 | 1.961 | 0.876 | 1.447 | 0.964 |
| 中部平均 | 1.486 | 0.475 | 1.380 | 0.676 | 1.458 | 0.878 |
| 内蒙古 | 4.736 | 1.076 | 2.018 | 0.865 | 1.180 | 0.754 |
| 广西 | 3.019 | 0.600 | 2.419 | 0.706 | 2.104 | 0.783 |
| 重庆 | 0.525 | 0.052 | 1.168 | 0.224 | 1.931 | 0.561 |
| 四川 | 0.791 | 0.718 | 0.990 | 0.706 | 1.139 | 0.699 |
| 贵州 | 15.234 | 0.317 | 4.610 | 0.477 | 2.173 | 0.617 |
| 云南 | 3.115 | 0.541 | 2.320 | 0.799 | 1.928 | 1.021 |
| 陕西 | 1.036 | 0.123 | 1.140 | 0.371 | 1.211 | 0.743 |
| 甘肃 | 29.896 | 0.152 | 5.858 | 0.355 | 2.100 | 0.605 |
| 青海 | 4.341 | 0.256 | 2.700 | 0.528 | 2.002 | 0.833 |
| 宁夏 | 0.575 | 0.450 | 0.896 | 0.750 | 1.185 | 1.033 |
| 新疆 | 42.815 | 1.393 | 6.574 | 1.031 | 2.022 | 0.853 |
| 西部平均 | 9.644 | 0.516 | 2.790 | 0.619 | 1.725 | 0.773 |

说明：海南省、西藏自治区数据缺失。

附表 5-6  2013 年各省（区、市）技术进步的高、低技能偏向度

| 区域 | SBTC_hm ($\delta=1.4$) | SBTC_lm ($\delta=1.4$) | SBTC_hm ($\delta=2.0$) | SBTC_lm ($\delta=2.0$) | SBTC_hm ($\rho=0.947$) | SBTC_lm ($\rho=0.947$) |
|---|---|---|---|---|---|---|
| 北京 | 16.141 | 2.895 | 3.999 | 1.464 | 1.662 | 0.953 |
| 天津 | 1.020 | 0.749 | 1.036 | 0.817 | 1.046 | 0.863 |
| 河北 | 0.185 | 0.049 | 0.657 | 0.266 | 1.457 | 0.775 |
| 辽宁 | 5.238 | 0.533 | 2.731 | 0.647 | 1.813 | 0.732 |
| 上海 | 19.994 | 0.625 | 4.429 | 0.776 | 1.716 | 0.890 |
| 江苏 | 4.324 | 0.267 | 2.950 | 0.564 | 2.319 | 0.903 |
| 浙江 | 8.251 | 0.172 | 3.697 | 0.462 | 2.231 | 0.862 |
| 福建 | 3.929 | 0.870 | 2.186 | 1.216 | 1.511 | 0.882 |
| 山东 | 0.423 | 0.267 | 0.827 | 0.499 | 1.260 | 0.740 |
| 广东 | 0.816 | 0.087 | 0.876 | 0.278 | 1.551 | 0.576 |
| 东部平均 | 6.032 | 0.651 | 2.339 | 0.699 | 1.657 | 0.818 |
| 山西 | 3.093 | 0.373 | 1.998 | 0.596 | 1.517 | 0.801 |
| 吉林 | 0.424 | 0.151 | 0.852 | 0.351 | 1.321 | 0.597 |
| 黑龙江 | 1.460 | 0.135 | 1.404 | 0.301 | 1.370 | 0.499 |
| 安徽 | 0.365 | 0.204 | 0.863 | 0.455 | 1.484 | 0.753 |
| 江西 | 0.171 | 0.220 | 0.516 | 0.508 | 1.032 | 0.859 |
| 河南 | 1.005 | 0.180 | 1.149 | 0.430 | 1.251 | 0.744 |
| 湖北 | 0.090 | 0.049 | 0.400 | 0.237 | 1.025 | 0.637 |
| 湖南 | 1.280 | 0.412 | 1.218 | 0.679 | 1.181 | 0.931 |
| 中部平均 | 0.986 | 0.216 | 1.050 | 0.445 | 1.273 | 0.728 |
| 内蒙古 | 1.334 | 0.206 | 1.347 | 0.489 | 1.355 | 0.842 |
| 广西 | 1.315 | 0.849 | 1.401 | 0.876 | 1.458 | 0.894 |
| 重庆 | 0.017 | 0.068 | 0.199 | 0.265 | 0.933 | 0.622 |
| 四川 | 0.901 | 2.547 | 1.289 | 1.603 | 1.616 | 0.803 |
| 贵州 | 3.601 | 0.048 | 1.785 | 0.221 | 1.356 | 0.573 |
| 云南 | 14.434 | 3.006 | 4.371 | 1.636 | 1.398 | 0.831 |
| 陕西 | 0.529 | 0.200 | 0.859 | 0.443 | 1.167 | 0.730 |
| 甘肃 | 5.810 | 0.638 | 2.000 | 0.695 | 1.023 | 0.733 |
| 青海 | 1.298 | 0.183 | 1.161 | 0.411 | 1.082 | 0.686 |
| 宁夏 | 15.277 | 1.266 | 3.991 | 1.040 | 1.715 | 0.919 |
| 西部平均 | 4.452 | 0.901 | 1.840 | 0.768 | 1.310 | 0.763 |

说明：海南省、西藏自治区、新疆维吾尔自治区数据缺失。

附表 5-7  2015 年各省（区、市）技术进步的高、低技能偏向度

| 区域 | SBTC_hm ($\delta=1.4$) | SBTC_lm ($\delta=1.4$) | SBTC_hm ($\delta=2.0$) | SBTC_lm ($\delta=2.0$) | SBTC_hm ($\rho=0.947$) | SBTC_lm ($\rho=0.947$) |
| --- | --- | --- | --- | --- | --- | --- |
| 北京 | 29.8110 | 0.3412 | 5.3724 | 0.5443 | 1.8273 | 0.7303 |
| 天津 | 3.2728 | 0.1824 | 1.9951 | 0.4500 | 1.4611 | 0.7943 |
| 河北 | 0.3848 | 0.1266 | 0.7936 | 0.3998 | 1.2515 | 0.8243 |
| 辽宁 | 0.2120 | 0.2119 | 0.4605 | 0.3773 | 0.7503 | 0.5425 |
| 上海 | 24.1493 | 0.4253 | 5.5499 | 0.7530 | 2.1998 | 1.0788 |
| 江苏 | 1.8230 | 0.3562 | 1.7485 | 0.6292 | 1.7032 | 0.9002 |
| 浙江 | 1.7977 | 0.7236 | 1.5407 | 0.8619 | 1.3981 | 0.9622 |
| 福建 | 56.1718 | 3.4635 | 10.4959 | 1.7295 | 3.6522 | 1.1172 |
| 山东 | 4.7157 | 0.1850 | 3.0499 | 0.4087 | 2.3184 | 0.6730 |
| 广东 | 289.9600 | 7.2183 | 25.0621 | 2.8408 | 5.3682 | 1.5796 |
| 东部平均 | 41.230 | 1.323 | 5.607 | 0.900 | 2.193 | 0.920 |
| 山西 | 5.7606 | 0.5991 | 2.7539 | 0.6901 | 1.7308 | 0.7543 |
| 吉林 | 5.5254 | 1.4691 | 2.7666 | 1.1235 | 1.7901 | 0.9490 |
| 黑龙江 | 4.7341 | 2.4398 | 2.5573 | 1.3471 | 1.7356 | 0.9269 |
| 安徽 | 0.0840 | 3.6674 | 0.3363 | 2.2051 | 0.8048 | 1.6010 |
| 江西 | 1.6234 | 0.2760 | 1.7478 | 0.4996 | 1.8309 | 0.7258 |
| 河南 | 0.9781 | 2.3769 | 0.9752 | 1.3559 | 0.9734 | 0.9524 |
| 湖北 | 1.3748 | 2.2989 | 1.4509 | 1.2419 | 1.5009 | 0.8429 |
| 湖南 | 0.5925 | 2.3409 | 0.7688 | 1.3409 | 0.9058 | 0.9443 |
| 中部平均 | 2.584 | 1.934 | 1.670 | 1.226 | 1.409 | 0.962 |
| 内蒙古 | 0.4649 | 0.0299 | 0.7680 | 0.1601 | 1.0534 | 0.4602 |
| 广西 | 1.1149 | 1.9138 | 1.4501 | 1.2889 | 1.7110 | 1.0050 |
| 重庆 | 0.3582 | 4.9421 | 0.6480 | 1.8514 | 0.9411 | 0.9981 |
| 四川 | 1.2504 | 5.3005 | 1.4617 | 1.8162 | 1.6126 | 0.9256 |
| 贵州 | 0.3461 | 2.6956 | 0.5185 | 1.3726 | 0.6687 | 0.8976 |
| 云南 | 0.7861 | 1.2221 | 0.8960 | 0.7655 | 0.9728 | 0.5703 |
| 陕西 | 2.1123 | 1.6260 | 1.2574 | 0.8870 | 0.9072 | 0.6057 |
| 甘肃 | 89.3511 | 136.5800 | 8.3084 | 11.9775 | 1.8634 | 2.5891 |
| 青海 | 1.9890 | 10.1445 | 1.6017 | 3.0864 | 1.3976 | 1.4596 |
| 宁夏 | 0.2018 | 0.0013 | 0.5155 | 0.0254 | 0.9301 | 0.1619 |
| 西部平均 | 9.797 | 16.446 | 1.743 | 0.768 | 1.293 | 0.967 |

说明：海南省、西藏自治区、新疆维吾尔自治区数据缺失。

# 第六章
# 劳动力流动与劳动力市场极化的实证研究

《中国流动人口发展报告2017》指出，到2016年末中国流动人口已达2.45亿人①，占全国人口的17.72%，换言之，中国平均每六个人中就有一个处在流动状态。劳动年龄流动人口是流动人口的主力军，劳动力在区域市场上的流动，将对就业和工资产生显著影响。人口的再配置意味着各项资源、要素的流动，在此过程中不仅对流入地、流出地的市场带来影响，更是劳动力改变个人境遇、发挥自身优势的重要因素。

人口迁移的推拉理论指出迁入地与迁出地的工资差别是影响人口迁移的首要因素，通过迁移获得更多的就业机会、更高的工资收入是各技能水平劳动力流入一个地区的主要目的。因此，经济发达、基础设施完善的城市是劳动力流入的主要目的地。目前，我国改革开放已40多年，国内流动人口规模不断扩大，其中东部地区经济发达的大中型城市吸引了大量劳动力流入，包括各个技能水平的劳动者。然

---

① 国家卫计委.中国流动人口总量连续两年下降.http://www.xinhuanet.com/politics/2017-11/10/c_1121936052.html.

而，我们看到，各技能水平劳动力在城市中的就业机会和工资水平存在明显差异，这本质上是由各技能水平劳动力面临的局部劳动力市场上的劳动力供需状况所决定的。一方面，流入地的劳动力市场将影响新进入市场劳动力的就业和工资；另一方面，劳动力的流动也将对流入地、流出地的劳动力市场产生冲击。

基于第三章对我国劳动力市场的统计分析和上一章的研究结果，在不考虑劳动力流动的情况下，基本上全国范围内已经出现了劳动力市场的极化。高技能和低技能的劳动力在这一过程中得到了更多的就业机会且获得了更高的工资，而中技能劳动力的就业份额正在减少。第四章中，将劳动力流动因素纳入空间一般均衡模型后分析发现，在技术进步和技术资本投入增加的影响下，高经济增长的地区具有更高的名义工资率，将吸纳更多的劳动力流入，且由于这些地区本身劳动力市场上的极化趋势，对于高、低技能劳动力的需求更多。在劳动力流动性增强的情况下，高、低技能劳动力的流入相对增加，将进一步带动高经济增长地区的高、低技能劳动力的就业和工资增长，推进这些地区的劳动力市场极化。

延续上一章的思路，本章将通过实证分析，从工资极化和就业极化两个方面共同验证劳动力流动对劳动力市场极化的促进作用，证明命题3的存在。

## 第一节 劳动力流动与工资极化

### 一 模型设定

劳动力的自由流动是达到人力资本回报最大化的有效途径。目前研究普遍认为通过劳动力流动能够有效增加劳动者的收入（赵伟和李芬 2007；陆铭，2016）。然而受劳动者学历、职业、家庭情况等个体特征的影响以及经济结构调整、制度环境变迁等因素的作用，劳动者的流动选择及由此带来的收入效应差异巨大。目前代表性的研究是从劳动者的受教育水平出发，考察不同学历水平的劳动者在流动过程中获得的收入效应，并得出了较一致的结论，认为越是高学历的劳动者越能通过迁移获得高收入（高虹，2014；李中建和袁璐璐，2017）。也就是说，劳动力流动对收入的影响是线性的。然而，梁文泉和陆铭（2015）发现高技能劳动力与低技能劳动力的就业存在互补关系，高技能劳动力在大城市中的就业和工资上涨会带动低技能劳动力的工资和就业上涨，导致中技能劳动力的就业和工资相对下降，劳动力收入并未随学历或技能呈线性变化，而是呈现"U"形变化趋势。在一个城市不断吸纳劳动力流入的过程中，这种互补作用将得到发挥，否则会维持学历与收入的线性增长关系。此结论从宏观层面间接佐证了本文的命题3，在此基础上，本章从劳动力流动的范围和规模出发，从微观层面考察在加强劳动力流动性的过程中不同技能水平劳动力的工资和就业变动趋势。

借鉴相关研究，本章构建了一个工资方程来衡量个体在流动范围变化过程中的工资变化：

$$\ln wage_{iks} = \alpha_{ks} + \beta_k LD_i + \gamma X_i + \varepsilon_{iks} \tag{6.1}$$

$i$ 表示被调查个体，$k=1, 2, 3$ 代表个体从事职业所属的技能水平，$k=1$ 表示该个体从事低技能职业，$k=2$ 表示该个体从事中技能职业，$k=3$ 表示该个体从事高技能职业，$s$ 表示个体所在地区，$LD_i$ 表示劳动力的流动程度，$X_i$ 表示控制变量，$\varepsilon_{iks}$ 代表残差。

## 二 数据来源与变量说明

### （一）数据来源

本章使用了 2013~2015 年的全国流动人口动态监测数据（Migrants Population Dynamic Monitoring Survey Data）。该数据是国家卫生计生委自 2009 年起每年组织开展的大规模全国性流动人口抽样调查数据，是目前关于全国流动人口调查最具代表性和权威性的数据。本章所用数据均来自全国范围内的综合调查，调查内容包括流动人口及家庭成员人口基本信息、流动范围和趋向、就业和社会保障、收支和居住、基本公共卫生服务、婚育和计划生育服务管理、子女流动和教育、心理文化等。抽样采用分层、多阶段、与规模成比例的 PPS 抽样方法，样本点覆盖了全国 31 个省（区、市）和新疆生产建设兵团中流动人口较为集中的流入地。抽样对象是在调查前一个月及以前来本地居住、非本区（县、市）户口且调查当年 5 月年龄在 15~59 岁的流入人口，2013 年样本量达 198795 人，2014 年达 200937 人，2015 年达 200600 人。由于本文研究劳动者的工资变动，且根据劳动者的职业类型和受教育水平来界定其技能水平，因此在数据清理中删除了工资、职业类别和受教育水平变量缺失的数据，最终 2013 年获得有效数据 150987 条，2014 年有效数据 155686 条，2015 年有效数据 169338 条。

估计模型中所用微观个体特征数据均来自全国流动人口动态监测数据，其他宏观变量所需数据来源于 EPS 数据库、中经网数据库以及相应年份的《中国统计年鉴》。

### （二）指标选取和变量说明

估计模型中相关变量的具体说明及数据处理方法，基本统计描述见表6-1。被解释变量$lnwage_{iks}$表示劳动力的工资变化情况,用个体的对数工资来衡量,利用全国流动人口动态监测数据提供的个体每月工资收入计算得到。核心解释变量$LD_i$表示劳动力的流动性水平,用个体本次的流动范围来衡量。全国流动人口动态监测数据将个体流动范围分为市内跨县流动、省内跨市流动、跨省流动三种类型,本文将其分别赋值1~3,数值越大表示本次流动范围越广,流动距离越长,流动性越强。在2013~2015年的调查中,跨省流动是劳动力流动的主要选择,三年间选择跨省流动的劳动者占比超过51%。从表6-1也可以看出,劳动力流动范围的均值在2.3以上,但有所下降。根据段成荣等(2017)对我国人口流动形势的分析,跨省流动尤其是流向东南沿海特大型城市的趋势不会改变,但内陆省会城市的吸纳能力不断提升,省内跨市流动的比例正在大幅增长。

本文的控制变量包括两类,第一类是微观变量,控制个体社会人口特征对其工资变动的影响,包括性别、年龄、受教育水平、工作经验、户口类型等。第二类是宏观变量,控制各省(区、市)宏观经济发展对个体工资的影响,包括贸易开放度、地区经济增长水平、产业结构升级、劳动力就业的市场化程度。除劳动力技能水平和技能偏向型技术进步,其他数据的处理方式已在第五章中具体说明,此处不复述。

第五章中已经验证技能偏向型技术进步对劳动力市场极化的显著影响,本章中将其作为控制变量纳入模型。根据前文分析,机器设备类固定资产投资规模的扩大以及技术资本价格的下降会加快对常规任务密集的中技能职业的替代,因此,本章用机器设备类固定资产投资规模作为技能偏向型技术进步的代理变量。

### 表6-1 变量的统计性描述

| 2013年变量 | 观察值 | 平均值 | 标准差 | 最小值 | 最大值 |
|---|---|---|---|---|---|
| 性别($sex$,男性=1;女性=0) | 150987 | 0.591 | 0.492 | 0 | 1 |
| 年龄($age$) | 150987 | 33.190 | 9.078 | 15 | 59 |
| 受教育水平($educ$) | 150987 | 9.921 | 2.737 | 0 | 19 |
| 工作经验($workyr$) | 150987 | 4.402 | 4.502 | 0 | 43 |
| 技能水平($skill$,低技能=1;中技能=2;高技能=3) | 150987 | 1.482 | 0.666 | 1 | 3 |
| 户口($hukou$,非农户口=1;农业户口=0) | 150987 | 0.151 | 0.358 | 0 | 1 |
| 工资收入($wage$) | 150987 | 39000 | 27000 | 5760 | 460000 |
| 本次流动范围($LD_i$) | 150987 | 2.328 | 0.777 | 1 | 3 |
| 固定资产投资规模($lninvest$) | 150987 | 7.853 | 0.903 | 5.617 | 9.360 |
| 贸易开放度($trade$) | 150987 | 0.382 | 0.366 | 0.025 | 1.271 |
| 地区经济增长水平($lngdp$) | 150987 | 10.8 | 0.397 | 10.050 | 11.510 |
| 产业结构升级($indu$) | 150987 | 0.431 | 0.098 | 0.320 | 0.769 |
| 劳动力就业的市场化程度($emp$) | 150987 | 0.783 | 0.124 | 0.194 | 0.908 |
| **2014年变量** | **观察值** | **平均值** | **标准差** | **最小值** | **最大值** |
| 性别($sex$,男性=1;女性=0) | 155686 | 0.623 | 0.485 | 0 | 1 |
| 年龄($age$) | 155686 | 33.440 | 9.076 | 15 | 59 |
| 受教育水平($educ$) | 155686 | 10.140 | 2.879 | 0 | 19 |
| 工作经验($workyr$) | 155686 | 17.300 | 10.320 | 0 | 53 |
| 技能水平($skill$,低技能=1;中技能=2;高技能=3) | 155686 | 1.502 | 0.696 | 1 | 3 |
| 户口($hukou$,非农户口=1;农业户口=0) | 155686 | 0.163 | 0.369 | 0 | 1 |
| 工资收入($wage$) | 155686 | 45000 | 67000 | 24 | 1500000 |
| 本次流动范围($LD_i$) | 155686 | 2.321 | 0.773 | 1 | 3 |
| 固定资产投资规模($lninvest$) | 155686 | 7.897 | 0.910 | 5.637 | 9.422 |
| 贸易开放度($trade$) | 155686 | 0.365 | 0.332 | 0.017 | 1.180 |
| 地区经济增长水平($lngdp$) | 155686 | 10.870 | 0.395 | 10.180 | 11.560 |
| 产业结构升级($indu$) | 155686 | 0.457 | 0.095 | 0.354 | 0.779 |
| 劳动力就业的市场化程度($emp$) | 155686 | 0.791 | 0.127 | 0.172 | 0.911 |
| **2015年变量** | **观察值** | **平均值** | **标准差** | **最小值** | **最大值** |
| 性别($sex$,男性=1;女性=0) | 169338 | 0.582 | 0.493 | 0 | 1 |
| 年龄($age$) | 169338 | 34.890 | 9.657 | 15 | 95 |
| 受教育水平($educ$) | 169338 | 10.030 | 2.945 | 0 | 19 |
| 工作经验($workyr$) | 169338 | 18.860 | 10.990 | 0 | 83 |

续表

| 2015年变量 | 观察值 | 平均值 | 标准差 | 最小值 | 最大值 |
|---|---|---|---|---|---|
| 技能水平($skill$,低技能=1;中技能=2;高技能=3) | 169338 | 1.487 | 0.690 | 1 | 3 |
| 户口($hukou$,非农户口=1;农业户口=0) | 169338 | 0.160 | 0.367 | 0 | 1 |
| 工资收入($wage$) | 169338 | 49000 | 59000 | 12 | 18000000 |
| 本次流动范围($LD_i$) | 169338 | 2.318 | 0.775 | 1 | 3 |
| 固定资产投资规模($lninvest$) | 169338 | 7.928 | 1.039 | 4.495 | 9.566 |
| 贸易开放度($trade$) | 169338 | 0.311 | 0.299 | 0.015 | 1.051 |
| 地区经济增长水平($lngdp$) | 169338 | 10.880 | 0.401 | 10.170 | 11.590 |
| 产业结构升级($indu$) | 169338 | 0.478 | 0.089 | 0.388 | 0.797 |
| 劳动力就业的市场化程度($emp$) | 169338 | 0.814 | 0.088 | 0.610 | 0.917 |

需要特别说明的是，全国流动人口动态监测数据中将劳动者从事的职业根据《中华人民共和国职业分类大典》（1999）分为八类，且并未提供劳动者从事职业的ISCO88代码。为了承接前文分析，本文根据ISCO88职业技能水平与ISCED国际标准受教育水平对照表（见表3-4），将流动人口的职业进行了技能分组。对于职业类别为"无固定职业"和"其他"的劳动者，根据受教育水平进行分类，以作为补充，具体对照见表6-2。

表6-2 职业技能水平分组对照

| 技能水平 | 职业类别分组 |  |
|---|---|---|
| 高技能 | 1 | 国家机关、党群组织、企事业单位负责人 |
| 高技能 | 2 | 专业技术人员 |
| 高技能 | 3 | 公务员、办事人员和有关人员 |
| | 4 | 商业、服务业人员 |
| 高技能 | | 其中:4.1 经商且学历水平为大专及以上 |
| 低技能 | | 4.2 商贩;4.3 餐饮;4.4 家政;4.5 保洁 |
| 低技能 | | 4.6 保安;4.7 装修;4.8 其他商业、服务业人员 |
| 中技能 | 6 | 生产制造及有关人员 |

续表

| 技能水平 | 职业类别分组 |
|---|---|
|  | 7　无固定职业 |
| 高技能 | 其中:学历水平为大专及以上 |
| 中技能 | 　　　学历水平为初中或高中(或高中同等水平) |
| 低技能 | 　　　学历水平为初中以下 |
|  | 8　其他 |
| 高技能 | 其中:学历水平为大专及以上 |
| 中技能 | 　　　学历水平为初中或高中(或高中同等水平) |
| 低技能 | 　　　学历水平为初中以下 |

资料来源:笔者自制。

## 三　基准回归结果分析

全国流动人口动态监测数据是当年的截面数据,本文分别利用2013~2015年数据进行了多元线性回归分析,检验劳动力流动对不同技能水平劳动力工资的影响。为避免横截面数据的异方差问题,本文中进行的是稳健回归,并报告了稳健标准误。从三年的估计结果可以看出(见表6-3、表6-4),劳动力通过加强流动能够有效带动工资增长,且对于高技能劳动力的工资促进作用最强,低技能劳动力次之,中技能劳动力则最弱,即劳动力流动显著促进了劳动力市场的工资极化。

表 6-3　劳动力流动对工资极化的影响——基准回归

| 年份 | 2013 | | | 2014 | | |
|---|---|---|---|---|---|---|
| 类别 | 低技能 | 中技能 | 高技能 | 低技能 | 中技能 | 高技能 |
| LD | 0.063*** | 0.052*** | 0.081*** | 0.067*** | 0.050*** | 0.073*** |
|  | (0.009) | (0.013) | (0.022) | (0.002) | (0.003) | (0.006) |

续表

| 年份 | 2013 | | | 2014 | | |
|---|---|---|---|---|---|---|
| 类别 | 低技能 | 中技能 | 高技能 | 低技能 | 中技能 | 高技能 |
| Obs | 85813 | 37130 | 13699 | 95020 | 41529 | 17841 |
| $R^2$ | 0.129 | 0.157 | 0.253 | 0.121 | 0.126 | 0.257 |

说明：表中的所有标准误是异方差稳健标准误；"***"、"**"和"*"分别表示在1%、5%和10%显著性水平上显著。

表 6-4 劳动力流动对工资极化的影响（2015 年）

| 类别 | 低技能 | 中技能 | 高技能 | 类别 | 低技能 | 中技能 | 高技能 |
|---|---|---|---|---|---|---|---|
| $sex$ | 0.226*** (0.003) | 0.261*** (0.004) | 0.236*** (0.008) | $LD$ | 0.068*** (0.002) | 0.049*** (0.003) | 0.086*** (0.005) |
| $\ln age$ | 6.549*** (0.190) | 3.525*** (0.215) | 4.089*** (0.495) | $trade$ | 0.060*** (0.010) | -0.066*** (0.010) | 0.065*** (0.017) |
| $\ln age^2$ | -0.963*** (0.025) | -0.513*** (0.028) | -0.590*** (0.067) | $emp$ | 0.902*** (0.032) | 0.314*** (0.041) | 0.701*** (0.068) |
| $educ$ | 0.031*** (0.001) | 0.023*** (0.001) | 0.050*** (0.002) | $\ln gdp$ | 0.048*** (0.008) | 0.042*** (0.010) | 0.043** (0.018) |
| $\ln workyr$ | 0.128*** (0.010) | 0.066*** (0.012) | 0.157*** (0.016) | $indu$ | 0.155*** (0.031) | 0.273*** (0.043) | 0.702*** (0.061) |
| $hukou$ | 0.059*** (0.005) | 0.046*** (0.007) | 0.051*** (0.008) | Cons | -1.318*** (0.339) | 3.157*** (0.383) | 1.184 (0.880) |
| $\ln invest$ | -0.045*** (0.002) | -0.099*** (0.003) | -0.027*** (0.005) | Obs | 105428 | 44164 | 18870 |
| | | | | $R^2$ | 0.131 | 0.141 | 0.279 |

说明：表中的所有标准误是异方差稳健标准误；"***"、"**"和"*"分别表示在1%、5%和10%显著性水平上显著。

由于各年控制变量的估计结果相似，故在此只分析最近的2015年估计结果。如表6-4所示，控制变量中性别（$sex$）对工资的影响显著为正，说明对于不同技能水平的流动人口，男性的工资显著高于女性且在中技能职业中尤其明显。李实（2006）在研究性别工资差异时也发现了从事制造业和运输业的女性工资仅占男性工资的63%，是所有职业类别中性别工资差异最大的。从事制造业和运输业的职业在本文中被归入中技能职业类别,因此本文研究结论与其基本一致。年龄（lnage）及其平方（$lnage^2$）、受教育水平、工作经验、户口都对工资产生了显著的促进作用,在此不再详述。

估计结果显示,机器设备类固定资产投资规模（lninvest）的扩大不利于各技能水平劳动力工资的增长,尤其对于从事中技能职业的劳动力产生了较强的替代,这与第五章研究结论一致,技能偏向型技术进步促进了工资极化。贸易开放度的提高在促进高、低技能劳动力的工资增长的同时显著降低了中技能劳动力的工资,促进了流动人口劳动力市场的工资极化。劳动力就业的市场化程度（emp）、地区经济增长水平（lngdp）和产业结构升级（indu）都显著促进了工资水平的提高,具体不再详述。

## 四 稳健性检验

### （一）多元处理效应模型

考虑到流动范围的选择可能是内生的,一些不可观测特征会影响劳动者的流动范围选择和收入的变动,导致 OLS 估计结果有偏。为处理流动范围选择偏差问题,本文将运用多元处理效应模型（Multinomial Treatment Effect Model）来解决模型的内生性问题。

1. 模型设定和变量选取

多元处理效应模型与马达拉（Maddala,1983）提出的处理效应模型的区别是处理变量由二值选择变量变为多项选择变量,其核心思想没有改变。模型包括两个部分:

$$\text{基础回归方程:} \ lnwage_{iks} = \beta_k X_i + \gamma LD_i + \varepsilon_{iks} \tag{6.2}$$

其中 $LD_i$ 是模型中的处理变量，表示个体的流动范围取值，包括跨省流动、省内跨市流动和市内跨县流动三种，并赋值为 3、2、1。$X_i$ 表示其他直接影响个体工资变动的控制变量，包括性别、年龄、受教育水平、工作经验、户口类型、贸易开放度、地区经济增长水平、产业结构升级和劳动力就业的市场化程度等变量。

处理(treatment equation) 方程：$LD_i^* = \alpha_k Z_i + + \mu_{iks}$ (6.3)

$$\Pr(LD_i^* = 2 or 3 \mid Z_i) = \frac{\exp(\alpha_k Z_i)}{1 + \sum_j \exp(\alpha_k Z_i)}$$

模型中将选择市内跨县流动（$LD_i^* = 1$）的样本作为参照组，$\Pr(LD_i^* = 2 or 3 \mid Z_i)$ 表示在 $Z_i$ 的影响下，个体选择跨省流动或省内跨市流动的预测值。$Z_i$ 表示影响个体做出流动范围选择的变量，可以与 $X_i$ 重叠，但至少要有一个变量不在 $X_i$ 中。本文设定 $Z_i$ 除了已有控制变量，还增加了婚姻状况、民族、子女数量、本地每月总支出和是否参加本地城镇养老保险等直接影响劳动者流动范围选择的变量。已有控制变量的统计分析就不再赘述，在此只列出新增加变量的基本统计量，见表 6-5。

表 6-5 变量的统计性描述

| 2013 年 | 观察值 | 平均值 | 标准差 | 最小值 | 最大值 |
| --- | --- | --- | --- | --- | --- |
| 婚姻状况(marry,有配偶=1;无配偶=0) | 150987 | 0.753 | 0.431 | 0 | 1 |
| 民族(mzu,汉族=1;其他=0) | 150987 | 0.947 | 0.223 | 0 | 1 |
| 子女数量(child) | 150987 | 1.372 | 0.707 | 0 | 7 |
| 本地每月总支出(expend) | 150987 | 2505 | 1717 | 300 | 25000 |
| 参保情况(baox,参加=1;未参加=0) | 150987 | 0.233 | 0.515 | 0 | 3 |
| 2014 年 | 观察值 | 平均值 | 标准差 | 最小值 | 最大值 |
| 婚姻状况(marry,有配偶=1;无配偶=0) | 155686 | 0.764 | 0.425 | 0 | 1 |

续表

| 2014 年 | 观察值 | 平均值 | 标准差 | 最小值 | 最大值 |
|---|---|---|---|---|---|
| 民族（$mzu$，汉族=1；其他=0） | 155686 | 0.946 | 0.226 | 0 | 1 |
| 子女数量（$child$） | 155686 | 1.361 | 0.706 | 0 | 5 |
| 本地每月总支出（$expend$） | 155686 | 2847 | 2670 | 20 | 370000 |
| 参保情况（$baox$，参加=1；未参加=0） | 155686 | 0.262 | 0.440 | 0 | 1 |
| 2015 年 | 观察值 | 平均值 | 标准差 | 最小值 | 最大值 |
| 婚姻状况（$marry$，有配偶=1；无配偶=0） | 169338 | 0.783 | 0.412 | 0 | 1 |
| 民族（$mzu$，汉族=1；其他=0） | 169338 | 0.930 | 0.255 | 0 | 1 |
| 子女数量（$child$） | 169338 | 1.383 | 0.719 | 0 | 9 |
| 本地每月总支出（$expend$） | 169338 | 3207 | 2573 | 50 | 400000 |
| 参保情况（$baox$，参加=1；未参加=0） | 169338 | 0.182 | 0.386 | 0 | 1 |

遵循赫克曼（Heckman，1979）样本选择模型的传统，多元处理效应模型采用两步法进行估计。第一步利用多项 Logit 估计处理方程，得到处理变量 $LD_i$ 的预测值；第二步将 $LD_i$ 的预测值和其他控制变量代入基础回归方程，进行多元线性回归，得到最终估计系数，衡量劳动力流动范围对于其工资的影响效应。两步法计算方便，但是第一步估计误差将被代入第二步中，为提高估计效果，在第一步中本文首先通过逐步回归对 $Z_i$ 变量的选取进行了筛选，以保证处理效应模型设定的合理性，具体选取变量见本章附表 6-1。

2. 实证结果分析

由于多元处理效应模型要进行两步估计，报告结果较多，为保持正文的连贯性，这里只列出了核心变量的估计结果，详细结果参照本章附表 6-1、附表 6-2。多元处理效应模型的估计系数整体大于基准回归估计系数，但很好地保持了"高-低-高"的结构，说明在考虑内生性的情况下，劳动力选择更远、更大范围的流动能够显著地提高其工资收入，尤其对于高、低技能劳动力的工资促进作用显著强于中技能劳动力。表6-6中，变量"跨市"（shi）的估计系数表示相对于市内跨县，不同技能水平劳动力省内跨市流动能够对工资产生促进效应。变量"跨省流动"（sheng）表示相对于市内跨县流动，跨省流动扩大流动范围对工资带来的影响。相对于OLS回归，多元处理效应能够将跨省流动和省内跨市流动的工资促进效应进行区分。比较发现，在2013年和2015年跨市的促进作用在三种技能水平工人上都大于跨省，这也间接解释了劳动力正逐步由跨省流动转向省内跨市流动。Lambda值表示处理效应模型中风险函数的估计值，Lambda显著说明拒绝原假设，跨省流动、省内跨市流动均与市内跨县流动存在显著差异，处理效应模型设定合理。

表6-6 多元处理效应模型估计结果比较

| 年份 | 变量 | 低技能 | 中技能 | 高技能 |
| --- | --- | --- | --- | --- |
| 2013 | 跨市(shi) | 0.169*** | 0.094*** | 0.132*** |
|  |  | (0.012) | (0.014) | (0.029) |
|  | 跨省(sheng) | 0.118*** | 0.080*** | 0.095*** |
|  |  | (0.015) | (0.013) | (0.040) |
|  | lambda_shi | -0.141*** | -0.050*** | -0.074** |
|  |  | (0.012) | (0.013) | (0.030) |
|  | lambda_sheng | 0.029* | 0.034*** | 0.090*** |
|  |  | (0.016) | (0.013) | (0.026) |
|  | obs | 68929 | 29316 | 9890 |
| 2014 | 跨市(shi) | 0.085*** | 0.067*** | 0.132*** |
|  |  | (0.018) | (0.013) | (0.017) |
|  | 跨省(sheng) | 0.163*** | 0.069*** | 0.116*** |
|  |  | (0.017) | (0.011) | (0.015) |
|  | lambda_shi | -0.044** | -0.030*** | -0.057*** |
|  |  | (0.021) | (0.011) | (0.016) |
|  | lambda_sheng | -0.033* | 0.051*** | 0.044*** |
|  |  | (0.019) | (0.008) | (0.013) |
|  | obs | 76320 | 32651 | 17841 |

续表

| 年份 | 变量 | 低技能 | 中技能 | 高技能 |
| --- | --- | --- | --- | --- |
| 2015 | 跨市(shi) | 0.134*** | 0.059*** | 0.210*** |
|  |  | (0.014) | (0.011) | (0.023) |
|  | 跨省(sheng) | 0.106*** | 0.047*** | 0.146*** |
|  |  | (0.014) | (0.012) | (0.030) |
|  | lambda_shi | −0.103*** | −0.024*** | −0.123*** |
|  |  | (0.016) | (0.008) | (0.021) |
|  | lambda_sheng | 0.033** | 0.058*** | 0.055* |
|  |  | (0.015) | (0.010) | (0.029) |
|  | obs | 78958 | 34065 | 13315 |

说明：表中的所有标准误都是稳健标准误；每个观测值采取了20次模拟刻画；"***"、"**"和"*"分别表示在1%、5%和10%显著性水平上显著。

## （二）替换核心解释变量

为检验估计结果是否稳健，这里将用个体现居住的地级市的常住人口规模（ln$pop$）作为替代变量表示劳动力的流动。常住人口由本地人口和外来人口两部分构成，流动人口的迁入带来了常住人口规模的扩大。比较当前国内城市的人口规模及其增长可以非常清晰地看出，特大城市吸纳了大量的人口流入，如北京、上海、深圳、广州都是我国人口流入的主要目的地。以北京为例，在2006年，北京的常住人口中户籍人口占了76%，非本地户籍人口有383.4万人。而到2015年末北京全市常住人口达2170.5万人，其中非本地户籍人口达到825.3万人，占比38%，且十年间这一比例逐年升高[①]。可见，一个城市常住人口的增加意味着该地区劳动力流动程度的提高。

---

① 根据EPS数据库提供的数据计算得到。

165

表 6-7 劳动力流动对工资极化的影响（城市常住人口规模）

| 年份 | 2013 | | | 2014 | | |
|---|---|---|---|---|---|---|
| 类别 | 低技能 | 中技能 | 高技能 | 低技能 | 中技能 | 高技能 |
| ln$pop$ | 0.009*** | 0.007*** | 0.001*** | 0.004* | 0.002*** | 0.007*** |
| | (0.002) | (0.002) | (0.005) | (0.002) | (0.002) | (0.004) |
| Obs | 85813 | 37130 | 13699 | 95020 | 41529 | 17841 |
| $R^2$ | 0.123 | 0.152 | 0.243 | 0.114 | 0.121 | 0.249 |

| 年份 | 2015 | | |
|---|---|---|---|
| 类别 | 低技能 | 中技能 | 高技能 |
| ln$pop$ | 0.068*** | 0.049*** | 0.086*** |
| | (0.002) | (0.003) | (0.005) |
| Obs | 105428 | 44164 | 18870 |
| $R^2$ | 0.131 | 0.141 | 0.279 |

说明：表中的所有标准误都是异方差稳健标准误；"***"、"**"和"*"分别表示在1%、5%和10%显著性水平上显著。

通过替代变量回归分析得到的估计系数整体小于基准回归结果，但对各技能劳动力工资的影响保持了"高-低-高"的结构。随着城市常住人口规模扩展，劳动力流动性增强对劳动力市场工资极化形成显著的积极影响。

（三）分组回归分析

考虑到劳动力所在地区的发展差异将会影响劳动力流动对于工资结构的影响效应，本部分将根据劳动力现居住城市和省份对样本进行分组回归，以期更加全面深刻地分析劳动力流动对工资极化的影响。

1. 按城市分组估计

全国流动人口动态监测数据的样本覆盖了全国（除港澳台地区）31个省（区、市），在剔除无效数据后，2013年包括275个地

第六章
劳动力流动与劳动力市场极化的实证研究

级市，2014年包括276个地级市，2015年包括280个地级市，这些城市在经济发展、资源禀赋上均存在较大差异。2014年11月，国务院发布的《关于调整城市规模划分标准的通知》中按城市常住人口规模将城市划分为超大城市、特大城市等五类。借鉴2014年标准，并考虑到城市行政区域等级对于其基础设施投入、经济发展条件等方面有重大影响，本文最终根据城市的行政区域等级和常住人口规模两个因素将城市划分为三类：第一类特大城市，包括北上广深等14个常住人口达到500万以上的省直辖市；第二类大城市，包括石家庄、济南等19个省会城市[①]；第三类中小城市，包括调查中涉及的其他地级市。

从分组回归结果来看，首先各年的估计结果具有一个共性，即劳动力流动范围的扩大都促进了各技能水平劳动力的工资增长，且对于高、低技能劳动力的影响大于对中技能劳动力的影响，整体呈现促进工资极化的态势。比较三类城市的系数大小可见不同城市间的差异，在特大城市组，劳动力流动对于工资的促进作用显然要小于大城市组和中小城市组。笔者认为这与特大城市流动人口落户困难、劳动力市场上竞争更加激烈有关。近年来，流动人口的返乡正是本文估计结果的现实反映。很多劳动者在特大城市难以获得市民身份，人力资本优势难以发挥，而中西部省会城市的落户政策相对宽松，大量企业迁入带动了当地劳动力需求增长和工资水平的提高，北京、上海等特大城市的周边城市也因承接特大城市的功能疏解而获得发展机遇。因此，

---

① 特大城市包括：北京、上海、天津、重庆、成都、西安、沈阳、哈尔滨、南京、杭州、武汉、广州、汕头、深圳；大城市包括：石家庄、福州、济南、海口、太原、长春、合肥、南昌、郑州、长沙、呼和浩特、南宁、贵阳、昆明、兰州、西宁、银川、乌鲁木齐、拉萨。

我们看到 2015 年全国流动人口规模首次出现了下降且省内跨市流动的规模和比例不断增长。①

表 6-8　劳动力流动对工资极化的影响——分城市估计

| 年份 | 2013 | | | 2014 | | |
|---|---|---|---|---|---|---|
| 特大城市 | 低技能 | 中技能 | 高技能 | 低技能 | 中技能 | 高技能 |
| LD | 0.037*** | 0.029*** | 0.040*** | 0.038*** | 0.027*** | 0.048*** |
|  | (0.008) | (0.013) | (0.022) | (0.006) | (0.008) | (0.014) |
| Obs | 19739 | 7441 | 3882 | 25767 | 9643 | 6199 |
| $R^2$ | 0.172 | 0.186 | 0.342 | 0.144 | 0.147 | 0.320 |
| 大城市 | 低技能 | 中技能 | 高技能 | 低技能 | 中技能 | 高技能 |
| LD | 0.056*** | 0.053*** | 0.070*** | 0.068*** | 0.048*** | 0.063*** |
|  | (0.005) | (0.009) | (0.014) | (0.005) | (0.009) | (0.013) |
| Obs | 20335 | 4537 | 2426 | 22049 | 4727 | 3167 |
| $R^2$ | 0.123 | 0.160 | 0.118 | 0.109 | 0.133 | 0.103 |
| 中小城市 | 低技能 | 中技能 | 高技能 | 低技能 | 中技能 | 高技能 |
| LD | 0.063*** | 0.042*** | 0.092*** | 0.068*** | 0.053*** | 0.086*** |
|  | (0.003) | (0.004) | (0.007) | (0.003) | (0.004) | (0.007) |
| Obs | 45739 | 25152 | 7391 | 47204 | 27159 | 8475 |
| $R^2$ | 0.115 | 0.156 | 0.185 | 0.110 | 0.120 | 0.163 |
| 年份 | 2015 | | | | | |
| 特大城市 | 低技能 | 中技能 | 高技能 | | | |
| LD | 0.043*** | 0.002*** | 0.041*** | | | |
|  | (0.006) | (0.009) | (0.014) | | | |
| Obs | 24870 | 8934 | 6140 | | | |
| $R^2$ | 0.168 | 0.162 | 0.332 | | | |
| 大城市 | 低技能 | 中技能 | 高技能 | | | |
| LD | 0.071*** | 0.057*** | 0.111*** | | | |
|  | (0.005) | (0.009) | (0.013) | | | |

---

① 中国流动人口发展报告 2017. 我国流动人口规模为 2.45 亿人，总量连续两年下降．[EB/OL]．http：//shs.ndrc.gov.cn/shfzdt/201711/t20171130_868929.html．

续表

| 年份 | 2015 | | | | | |
|---|---|---|---|---|---|---|
| 大城市 | 低技能 | 中技能 | 高技能 | | | |
| Obs | 23010 | 5774 | 3478 | | | |
| $R^2$ | 0.125 | 0.112 | 0.173 | | | |
| 中小城市 | 低技能 | 中技能 | 高技能 | | | |
| LD | 0.068*** | 0.058*** | 0.092*** | | | |
| | (0.003) | (0.004) | (0.007) | | | |
| Obs | 57548 | 29456 | 9252 | | | |
| $R^2$ | 0.118 | 0.140 | 0.192 | | | |

说明：表中的所有标准误都是异方差稳健标准误；"***"、"**"和"*"分别表示在1%、5%和10%显著性水平上显著。

## 2. 按地区分组估计

我国五普、六普的数据显示，东部地区的流动人口约占全国流动人口规模的2/3。国家统计局发布的《2016年全国农民工监测调查报告》指出，流入东部地区的农民工达15960万人，占总量的56.65%，比2015年减少了48万人，中西部地区则增加了472万人。由此可见，我国流动人口分布存在显著的地区差异，虽然近两年中西部地区的流入规模增长迅速，吸纳能力不断增强，但流动人口分布的区域差异依然明显，东部地区依然是流动人口主要的流入区域。

表6-9 劳动力流动范围对工资极化的影响——分地区估计

| 年份 | 2013 | | | 2014 | | |
|---|---|---|---|---|---|---|
| 东部 | 低技能 | 中技能 | 高技能 | 低技能 | 中技能 | 高技能 |
| LD | 0.046*** | 0.045*** | 0.085*** | 0.044*** | 0.040*** | 0.073*** |
| | (0.005) | (0.004) | (0.010) | (0.005) | (0.005) | (0.010) |
| Obs | 36496 | 25077 | 7603 | 39655 | 27928 | 9644 |
| $R^2$ | 0.151 | 0.162 | 0.271 | 0.128 | 0.138 | 0.285 |

续表

| 年份 | 2013 | | | 2014 | | |
|---|---|---|---|---|---|---|
| 中部 | 低技能 | 中技能 | 高技能 | 低技能 | 中技能 | 高技能 |
| LD | 0.058*** | 0.042*** | 0.097*** | 0.062*** | 0.047*** | 0.074*** |
|  | (0.005) | (0.008) | (0.013) | (0.004) | (0.008) | (0.012) |
| Obs | 23741 | 4806 | 2522 | 28211 | 5722 | 3451 |
| $R^2$ | 0.107 | 0.158 | 0.124 | 0.107 | 0.110 | 0.106 |
| 西部 | 低技能 | 中技能 | 高技能 | 低技能 | 中技能 | 高技能 |
| LD | 0.074*** | 0.059*** | 0.071*** | 0.072*** | 0.057*** | 0.074*** |
|  | (0.004) | (0.006) | (0.009) | (0.004) | (0.006) | (0.009) |
| Obs | 25576 | 7247 | 3574 | 27154 | 7879 | 4746 |
| $R^2$ | 0.103 | 0.185 | 0.152 | 0.106 | 0.130 | 0.130 |

| 年份 | 2015 | | |
|---|---|---|---|
| 东部 | 低技能 | 中技能 | 高技能 |
| LD | 0.035*** | 0.023*** | 0.080*** |
|  | (0.004) | (0.005) | (0.009) |
| Obs | 42547 | 29089 | 10310 |
| $R^2$ | 0.153 | 0.161 | 0.301 |
| 中部 | 低技能 | 中技能 | 高技能 |
| LD | 0.056*** | 0.054*** | 0.100*** |
|  | (0.004) | (0.008) | (0.012) |
| Obs | 26307 | 5451 | 3379 |
| $R^2$ | 0.129 | 0.150 | 0.178 |
| 西部 | 低技能 | 中技能 | 高技能 |
| LD | 0.080*** | 0.055*** | 0.071*** |
|  | (0.004) | (0.006) | (0.009) |
| Obs | 36574 | 9624 | 5181 |
| $R^2$ | 0.113 | 0.119 | 0.154 |

说明：表中的所有标准误都是异方差稳健标准误；"***"、"**"和"*"分别表示在1%、5%和10%显著性水平上显著。

估计结果表明，通过扩大流动范围，高技能劳动力获得了最大的工资正效应，低技能次之，中技能所受带动作用最小。流动范围的扩大在各地区都带动了流动人口的工资极化,但这种影响也存在区域差异。横向比较各组估计系数发现,低技能劳动力在西部地区增强流动能够获得更高的工资增长效应,在东部则最低,这也解释了为什么近几年人口回流以及就近流动规模的增长。此外,中技能劳动力的工资效应较低技能、高技能劳动力的弱,在东部地区表现得尤为明显,且在2015年最突出,即劳动力市场的工资极化在东部地区最为明显。这进一步验证了命题3的说法。东部地区在技术水平、资本积累等方面均优于中西部地区,也更快通过技能偏向型技术进步来替代中技能劳动力,导致东部地区的劳动力市场上工资极化强于中西部地区,在此基础上,劳动力的流动将进一步强化东部地区对于高、低技能劳动力的相对需求同时弱化对中技能劳动力的需求并加剧其工资的相对下降。

## 第二节 劳动力流动与就业极化

### 一 模型设定与变量说明

在第一节中借助实证分析,我们验证了劳动力流动与工资结构向极化趋势发展的促进作用,工资与就业是劳动力市场上的一体两面,本小节将从就业量变动的角度来分析劳动力流动与就业极化的关系。参照第五章构建的计量模型,本节同样构建一个多元 Logit 模型对劳动力流动是否影响了就业极化进行估计分析。

$$logit\left(\frac{P_k}{P_2}\right)_{iks} = \alpha_{jk} + \beta_k LD_s + \gamma X_i + \varepsilon_{iks} \tag{6.4}$$

劳动者在高技能（$k=3$）、中技能（$k=2$）和低技能（$k=1$）三类职业中选择一类进入，模型中将中技能职业选择作为参照组，且设定系数$\beta_2=0$，相对胜算比$RRR=1$，通过比较$\beta_k$的符号和$RRR$是否大于1来判定其他两个选择的相对概率。

基于第一节的分析，我们发现近两年劳动力流动性的增强不仅体现在流动范围扩大上，受个体因素的影响很多劳动者选择就近流动，由跨省流动变为省内跨市流动，但这并不意味着劳动力市场流动性的减弱。同时，个体劳动力流动范围、目的地的选择受个体特征的强烈影响，自选择问题将导致估计结果有偏，这两点一定程度上使得用劳动力流动范围来衡量劳动力的流动性存在一定局限。基于此，本节中用劳动力现居住地的城市常住人口来衡量劳动力的流动性。城市常住人口的增长主要来自非户籍人口的流入，这不仅是个体选择的宏观体现，也是地方劳动力市场开放、政府推动劳动力流动的体现。

## 二 基准回归结果分析

表6-10只报告了核心解释变量：城市人口规模的估计系数值（$\beta$）、相对胜算比（$RRR$）和边际效应（$ME$），其他控制变量的估计结果见附表6-3。比较发现，2013~2015年劳动者进入低技能、高技能职业的相对概率要高于中技能职业，说明连续三年都出现了就业极化，表明劳动力流动性增强能够显著促进劳动力市场就业极化的发生。同时还发现，劳动力流动对于选择高技能职业的边际效应是显著为负的，这反映的问题是，在不断促进劳动力流动的过程中，对流动人口选择高技能职业的影响是负的。笔者认为这是由于区域劳动力市场上存在一定的进入壁垒，尤其是专业技术这类高技能职业招聘过程中的户籍等门槛明显增加了流入人口选择高技能职

业的成本。姚先国（2009）在研究职业隔离时发现省外和省内劳动力在白领职业的获得上存在地域分割。从前文中数据统计描述可以看到，样本流动人口大多是跨省或省内跨市流动，在获得高技能职业时存在劣势。地域分割将导致部分流动人口从高技能职业中退出，进入中技能职业，降低其工资水平，并在就业极化中增加其失业风险。然而，总体上劳动力从事中技能职业的概率是最低的，边际效应显著为负且绝对值大于高技能的边际效应。

表6-10　劳动力流动对就业极化的影响——基准回归

| 年份 | 低技能 β | 低技能 RRR | 低技能 ME | 高技能 β | 高技能 RRR | 高技能 ME | 中技能 ME |
|---|---|---|---|---|---|---|---|
| 2013 | 0.264*** (0.008) | 1.303*** (0.010) | 0.055*** (0.002) | 0.062*** (0.014) | 1.064*** (0.015) | -0.007*** (0.001) | -0.049*** (0.002) |
| 2014 | 0.313*** (0.008) | 1.368*** (0.011) | 0.066*** (0.002) | 0.079*** (0.013) | 1.082*** (0.014) | -0.009*** (0.001) | -0.057*** (0.002) |
| 2015 | 0.227*** (0.007) | 1.255*** (0.009) | 0.044*** (0.001) | 0.143*** (0.012) | 1.154*** (0.014) | -0.001* (0.001) | -0.043*** (0.001) |

说明："***"、"**"和"*"分别表示在1%、5%和10%显著性水平上显著。

结合前文，当劳动力市场出现工资极化时，劳动力更趋向于从事低技能或高技能职业，同时伴随着技术资本对中技能职业的替代、需求的减少，新流入劳动力更容易在低技能或高技能职业中获得工作机会，两种力量共同促进了工资的极化。

表6-11报告了2015年控制变量的估计结果，由于本章采用流动人口动态监测数据进行分析，所以得到的结论主要针对流动人口中的劳动力，与前文中利用CGSS得到的结论存在一定差异。

表 6-11　2015 年劳动力流动对就业极化的影响

| 类别 | 低技能 β | 低技能 RRR | 低技能 ME | 高技能 β | 高技能 RRR | 高技能 ME | 中技能 ME |
|---|---|---|---|---|---|---|---|
| sex | -0.646*** | 0.524*** | -0.133*** | -0.192*** | 0.825*** | 0.016*** | 0.117*** |
|  | (0.013) | (0.007) | (0.003) | (0.021) | (0.018) | (0.001) | (0.002) |
| lnage | -0.432 | 0.649 | -0.498*** | 2.559*** | 14.770*** | 0.577*** | -0.079 |
|  | (0.702) | (0.455) | (0.142) | (1.375) | (3.170) | (0.075) | (0.134) |
| lnage² | 0.134 | 1.143 | 0.082*** | -1.256*** | 0.285*** | -0.079*** | -0.003 |
|  | (0.092) | (0.105) | (0.019) | (0.184) | (0.052) | (0.01) | (0.018) |
| educ | 0.048*** | 1.049*** | -0.010*** | 0.488*** | 1.629*** | 0.027*** | -0.016*** |
|  | (0.004) | (0.004) | (0.001) | (0.007) | (0.011) | (0.000) | (0.001) |
| lnworkyr | -0.051 | 0.950 | -0.002 | -0.205*** | 0.815*** | -0.010*** | 0.012* |
|  | (0.039) | (0.037) | (0.007) | (0.054) | (0.044) | (0.003) | (0.007) |
| hukou | 0.172*** | 1.188*** | 0.016*** | 0.505*** | 1.657*** | 0.022*** | -0.039*** |
|  | (0.02) | (0.024) | (0.004) | (0.027) | (0.044) | (0.001) | (0.004) |
| trade | 0.006 | 1.006 | 0.000 | 0.026* | 1.154* | 0.001 | -0.001 |
|  | (0.009) | (0.009) | (0.002) | (0.015) | (0.014) | (0.001) | (0.002) |
| lninvest | 0.334*** | 1.064*** | 0.007 | 0.510*** | 1.226*** | 0.026*** | -0.244*** |
|  | (0.031) | (0.008) | (0.006) | (0.048) | (0.015) | (0.003) | (0.006) |
| emp | -0.780*** | 0.459*** | -0.116*** | -1.293*** | 0.600*** | -0.043*** | 0.159*** |
|  | (0.132) | (0.060) | (0.026) | (0.21) | (0.029) | (0.011) | (0.025) |
| lngdp | -1.076*** | 0.341*** | -0.207*** | -0.683*** | 0.274*** | 0.005** | 0.201*** |
|  | (0.029) | (0.010) | (0.006) | (0.05) | (0.058) | (0.003) | (0.006) |
| indu | 2.982*** | 19.729*** | 0.533*** | 2.825*** | 0.505*** | 0.039*** | -0.573*** |
|  | (0.131) | (2.590) | (0.025) | (0.197) | (0.025) | (0.010) | (0.025) |

说明:"***"、"**"和"*"分别表示在 1%、5% 和 10% 显著性水平上显著。

分析微观类控制变量发现：男性从事中技能职业的概率要高于从事低技能、高技能职业的概率。随着年龄增长，劳动力选择从事低技能职业的概率是显著提高的，这与上一章得到的结论相似，可见，不管是否流动人口，随着年龄增长，劳动力更多地流向了低技能的服务型职业中。年龄对流动人口选择高技能职业的影响呈倒

"U"形关系，相比 CGSS 的估计结果，我们发现流动人口获得高技能的职业要比非流动人口困难，尤其是中老年劳动者。年龄对于选择中技能职业的影响为负但不显著，事实上我们看到流动人口集中于从事生产制造、建筑等相关工作，且年龄跨度很大。受教育水平的提高有利于流动人口选择从事低技能或高技能的职业，而不利于其选择从事中技能的职业。结合性别、年龄和受教育水平三个变量的估计结果，笔者发现流动人口中低学历水平的青壮年男性是中技能职业的主要劳动力来源，在就业极化发生时，中技能职业的减少将冲击这一群体的就业。

工作经验的估计结果与年龄相似，对于流动人口，工作经验增加意味着年龄增长并不利于其进入高技能职业，但有利于其从事中技能的工作。是否为城镇户口对职业选择形成了显著影响，表明职业获得中存在城乡户籍制度分割，城—城流动人口相对于乡—城流动人口，其选择从事低技能或高技能职业的概率更高。这表明城乡户籍制度分割的存在增加了乡-城流动人口进入中技能职业的相对概率，增加了其在就业极化过程中的失业风险。

宏观类控制变量的分析发现：贸易开放促进了流动人口的就业极化，但这种影响不显著，这一结论与古斯等（Goos et al., 2009）、阿西莫格鲁和奥托尔（Acemoglu and Autor, 2010）的发现相一致，其在研究中指出贸易开放对于劳动力市场极化的影响是正面但不显著的。机器设备类固定资产投资的增加表明技能偏向型技术进步显著促进了流动人口的就业极化，对中技能职业表现出替代效应，对高技能职业表现为互补效应。这一结果与前文一致，说明技能偏向型技术进步对于就业极化的影响在流动人口群体同样适用。经济增长和劳动力市场的开放更多地促进了流动人口进入中技能职业。第三产业的发展极大地提高了流动人口从事低技能职业的概率，这符合近些年第三产业尤其是服务业对农民工就业的吸纳能力不断增强的典型事实。

## 三　稳健性检验

### （一）分组回归分析

与前文相仿，这里同样根据劳动力现居住城市和省份进行分组回归，以便于和工资极化的结果进行比较分析。

#### 1. 按城市分组估计

在城市化进程中，人口的流动性不断增强，不同规模的城市表现出不同的人口聚集特征。人口的流动意味着劳动力资源的流动，改变了区域市场上的劳动力供给，导致劳动力市场结构存在区域差异，如艾克豪特等（Eeckhout et al., 2014）对美国的研究发现，美国的大城市中聚集了更多的高技能和低技能劳动力，而中技能的劳动力所占比例则较低。国内相关研究中，王世平等（2015）发现大城市及其中心区域具有更高比例的高技能劳动力，而低技能劳动力聚集在中小城市或大城市边缘。结合前文分析，笔者认为特大城市、大城市更容易呈现就业极化。

从表6-12可以看到，2013年的估计结果显示，通过增强劳动力流动，个体选择低技能工作的相对概率显著提高了，在大城市，个体选择从事低技能职业的概率是选择中技能职业的1.88倍。选择高技能工作的概率则存在组间差异，在特大城市和大城市的流动人口选择高技能职业的相对概率提高了，但不显著。从边际效应的比较来看，流动性增强不利于个体进入高技能或中技能职业，但对中技能职业的影响更大，所以整体上在特大城市和大城市还是呈现劳动力流动促进就业极化的趋势。然而，在中小城市的流动人口选择高技能职业的概率要略低于选择中技能职业的概率，流动性增强导致劳动力更大概率选择从事低技能职业。笔者认为这与中小城市对高、中技能劳动力需求不足有很大关系。

比较三种技能职业的估计系数和相对胜算比，可以看出2014年、2015年不论是在特大城市还是大城市或中小城市，劳动力选择高技能职业和低技能职业的相对概率都显著高于中技能职业。中技能的边际效应在各年各城市组都为负且绝对值大于高技能的边际效应，说明2014年、2015年在三类城市都表现出流动性增强促进就业极化的特征。最终，通过分城市估计验证了整体样本的估计结果是稳健的。

表6-12 劳动力流动对就业极化的影响——分城市估计

| 年份 | 类别 | 低技能 β | 低技能 RRR | 低技能 ME | 高技能 β | 高技能 RRR | 高技能 ME | 中技能 ME |
|---|---|---|---|---|---|---|---|---|
| 2013 | 特大城市 | 0.388*** (0.069) | 1.475*** (0.102) | 0.079*** (0.013) | 0.033 (0.113) | 1.033 (0.117) | -0.015** (0.006) | -0.064*** (0.012) |
| 2013 | 大城市 | 0.631*** (0.083) | 1.880*** (0.156) | 0.096*** (0.011) | 0.138 (0.132) | 1.149 (0.152) | -0.017*** (0.005) | -0.079*** (0.011) |
| 2013 | 中小城市 | 0.031*** (0.010) | 1.031*** (0.010) | 0.010*** (0.002) | -0.080*** (0.017) | 0.923*** (0.016) | -0.005*** (0.001) | -0.005*** (0.002) |
| 2014 | 特大城市 | 0.303*** (0.059) | 1.353*** (0.080) | 0.062*** (0.011) | 0.036 (0.098) | 1.037*** (0.010) | -0.014** (0.006) | -0.048*** (0.010) |
| 2014 | 大城市 | 0.364*** (0.082) | 1.439*** (0.117) | 0.074*** (0.007) | 0.035 (0.127) | 1.070** (0.089) | -0.022*** (0.011) | -0.052*** (0.011) |
| 2014 | 中小城市 | 0.038** (0.016) | 1.039** (0.017) | 0.014*** (0.004) | 0.117*** (0.026) | 1.089*** (0.023) | -0.005 (0.003) | -0.008*** (0.001) |
| 2015 | 特大城市 | 0.077 (0.053) | 1.193 (0.049) | 0.016** (0.010) | 0.237*** (0.082) | 1.179*** (0.065) | -0.014** (0.006) | -0.002* (0.009) |
| 2015 | 大城市 | 0.761*** (0.075) | 2.140*** (0.161) | 0.121*** (0.011) | 0.302*** (0.114) | 1.353*** (0.154) | -0.006*** (0.005) | -0.104*** (0.011) |
| 2015 | 中小城市 | 0.069*** (0.016) | 1.093*** (0.015) | 0.013*** (0.003) | 0.078*** (0.027) | 1.081*** (0.029) | 0.006*** (0.001) | -0.019*** (0.003) |

说明："***"、"**"和"*"分别表示在1%、5%和10%显著性水平上显著。

通过比较三类城市的估计结果可以看出，大城市中劳动力流动对于就业极化的影响最为明显，选择高技能和低技能职业的相对胜算比整体高于特大城市和中小城市。本文中大城市组是常住人口规模小于500万人的省级城市，在省内跨市流动逐渐增强的过程中，这类城市将成为人口流入的主要目的地，对省内劳动力产生极大吸引力。可以预见，随着大城市流动人口的增加，劳动力市场的就业极化将更加明显。

2. 按地区分组估计

表6-13报告了分地区回归估计结果，除2013年东部地区和2015年中部地区高技能职业的估计系数和相对胜算比不显著，其他估计结果均显著。结果显示，劳动力的流动显著增加了劳动者选择从事高技能或低技能职业的相对概率，而对从事中技能职业产生了显著的负效应，这一结果验证了基准回归的稳健性，证明了命题3的存在。

表6-13 劳动力流动性对就业极化的影响——分地区估计

| 年份 | 地区 | 低技能 β | 低技能 RRR | 低技能 ME | 高技能 β | 高技能 RRR | 高技能 ME | 中技能 ME |
|---|---|---|---|---|---|---|---|---|
| 2013 | 东部 | 0.464*** (0.014) | 1.590*** (0.023) | 0.114*** (0.003) | 0.009 (0.025) | 1.002 (0.025) | -0.017*** (0.001) | -0.097*** (0.003) |
| 2013 | 中部 | 0.139*** (0.021) | 1.149*** (0.024) | 0.016*** (0.003) | 0.144*** (0.035) | 1.155*** (0.041) | 0.001 (0.001) | -0.017*** (0.003) |
| 2013 | 西部 | 0.220*** (0.018) | 1.247*** (0.022) | 0.036*** (0.003) | 0.116*** (0.029) | 1.123*** (0.033) | -0.003*** (0.001) | -0.033*** (0.003) |
| 2014 | 东部 | 0.550*** (0.013) | 1.733*** (0.022) | 0.130*** (0.003) | 0.119*** (0.022) | 1.126*** (0.025) | -0.015*** (0.001) | -0.115*** (0.003) |
| 2014 | 中部 | 0.131*** (0.019) | 1.140*** (0.022) | 0.018*** (0.003) | 0.082*** (0.031) | 1.085*** (0.033) | -0.001 (0.001) | -0.017*** (0.002) |
| 2014 | 西部 | 0.297** (0.017) | 1.346*** (0.023) | 0.053*** (0.003) | 0.085*** (0.026) | 1.089*** (0.028) | -0.009*** (0.001) | -0.044*** (0.003) |

续表

| 年份 | 地区 | 低技能 β | 低技能 RRR | 低技能 ME | 高技能 β | 高技能 RRR | 高技能 ME | 中技能 ME |
|---|---|---|---|---|---|---|---|---|
| 2015 | 东部 | 0.403*** (0.014) | 1.496*** (0.021) | 0.089*** (0.003) | 0.222*** (0.024) | 1.248*** (0.029) | −0.002 (0.002) | −0.087*** (0.003) |
| 2015 | 中部 | 0.088*** (0.020) | 1.092*** (0.022) | 0.015*** (0.003) | 0.014 (0.032) | 1.006 (0.032) | −0.004*** (0.001) | −0.011*** (0.003) |
| 2015 | 西部 | 0.216*** (0.016) | 1.241*** (0.020) | 0.036*** (0.003) | 0.091*** (0.026) | 1.095*** (0.029) | −0.004*** (0.001) | −0.032*** (0.002) |

说明："***"、"**"和"*"分别表示在1%、5%和10%显著性水平上显著。

东部地区对于流动人口从事低技能职业的促进效应高于中、西部地区，对从事中技能职业的抑制效应也最为明显，整体上就业极化的表现更突出。总体上，东、中、西部地区的估计结果差异较小，均出现了就业极化，这与利用CGSS数据得到的估计结果不同，说明劳动力流动性增强对于就业极化的影响不存在明显的地区差异，且流动人口面对的劳动力市场上就业极化更为明显。

（二）替换核心解释变量

考虑到近两年流动人口向省内迁移的新趋势，发展较快的大型城市、中西部省会城市正在逐渐成为流动人口流入的主要目的地，而利用城市常住人口规模的绝对值不能很好地反映这一变化趋势。本文以2003年为基期，用2013~2015年的常住人口增长率来体现各城市流动人口的变动趋势，借此反映各城市劳动力的流动情况。本文通过2015年常住人口增长率排名发现：内蒙古自治区包头市，黑龙江省齐齐哈尔市、佳木斯市、鹤岗市、鸡西市、双鸭山市，吉林省通化市，湖北省随州市、荆州市，青海省西宁市，宁夏回族自治区固原市等中西部中小城市2015年的常住人口较2003年下降规模在全国地级市中排在前列,人口的流出反映了当地劳动力市场的流动性较差。而江苏省连云港市,浙江省绍兴市,江西省赣州市,广东省潮州市、肇庆市,河北省保定市等城市的常住人口规模在2003~2015年快速增长,这些地区常住人口的总体规模不大,但近年来流动人口迁入或迁回规模扩大反映出当地劳动力市场的流动性正在逐步增强。特大城市,如上海市常住人口增长7.63%、北京市常住人口增长24.65%、天津市常住人口增长35.34%、广州市常住人口增长45.21%、重庆市常住人口增长110.78%,其中上海市人口规模趋于稳定,重庆市经历快速增长阶段后近两年涨幅下降,其他几个特大城市的增长率均处于全国平均水平附近。

表6-14 劳动力流动对就业极化的影响(城市人口规模增长率)

| 年份 | 低技能 $\beta$ | 低技能 RRR | 低技能 ME | 高技能 $\beta$ | 高技能 RRR | 高技能 ME | 中技能 ME |
|---|---|---|---|---|---|---|---|
| 2013 | 0.085*** (0.018) | 1.088*** (0.019) | 0.017*** (0.004) | 0.045 (0.032) | 1.047 (0.033) | -0.001 (0.002) | -0.016*** (0.003) |
| 2014 | 0.059*** (0.015) | 1.061*** (0.016) | 0.014*** (0.003) | 0.032 (0.026) | 1.038 (0.025) | -0.004 (0.000) | -0.010*** (0.000) |
| 2015 | 0.005 (0.013) | 1.005 (0.013) | 0.002 (0.003) | 0.068*** (0.015) | 1.071*** (0.023) | 0.004** (0.001) | -0.006* (0.002) |

说明:"***"、"**"和"*"分别表示在1%、5%和10%显著性水平上显著。

回归估计的结果显示,常住人口增长,劳动力流动性的增强在2013年、2014年的估计中显著增加了流动人口从事低技能职业的概率,同时也显著降低其进入中技能职业的概率,对从事高技能职业的影响不显著。而2015年的估计结果有些不同,流动性增强对从事高技能职业的影响显著为正,对选择中技能职业的影响依然是显著为负,对低技能职业的影响则为正却不显著。综合来看,对常住人口增长率的估计结果与基准回归结果是基本一致的。劳动力流动性的增强，对劳动力市场上的就业极化起到了正面促进作用，且实证分析结果稳健。

（三）内生性问题

近两年流动人口出现回流，在北上广深等特大城市工作的流动人口，较大比例从事生产装配、建筑施工等工作，在就业极化的冲击下存在较大的被替代风险。也就是说，本期的劳动力流动性增强影响下一期的就业极化，而就业极化又可能会影响再下一期的劳动力流动，二者之间存在反向因果关系。

借鉴康布斯等（Combes et al.，2008）、胡安俊和刘元春（2013）、张耀伟等（2017）等学者的方法，本文引入城市常住人口规模的滞后项来处理内生性问题，估计结果见表6-15。

表6-15 引入城市人口规模滞后项的回归结果

| 年份 | 低技能 | | | 高技能 | | | 中技能 |
|---|---|---|---|---|---|---|---|
| | $\beta$ | RRR | ME | $\beta$ | RRR | ME | ME |
| 2013 | 0.260*** | 1.297*** | 0.054*** | 0.060*** | 1.061*** | -0.007*** | -0.048*** |
| | (0.008) | (0.010) | (0.002) | (0.013) | (0.014) | (0.001) | (0.001) |
| 2014 | 0.312*** | 1.366*** | 0.065*** | 0.078*** | 1.081*** | -0.009*** | -0.056*** |
| | (0.008) | (0.011) | (0.002) | (0.013) | (0.014) | (0.001) | (0.001) |
| 2015 | 0.239*** | 1.270*** | 0.046*** | 0.144*** | 1.155*** | -0.002** | -0.045*** |
| | (0.008) | (0.010) | (0.001) | (0.012) | (0.014) | (0.001) | (0.001) |

说明："***"、"**"和"*"分别表示在1%、5%和10%显著性水平上显著。

引入滞后项的估计结果与基准回归的估计结果非常接近，各年的估计系数、胜算比和边际效应值均在1%的置信水平下显著。结果表明，在考虑劳动力流动与就业极化的相互影响等内生性影响下，劳动力流动性增强对于各技能水平劳动力就业的影响结果依然稳健可靠。

劳动力流动性增强背景下，劳动者选择低技能职业的概率最大，其次是高技能职业，对中技能职业的边际效应为负，整体上形成就业极化。

## 第三节　本章小结

本章在前文空间一般均衡分析的基础上，从劳动力流动的角度分析劳动力市场上工资和就业的极化趋势，通过构建计量回归模型验证命题3的存在性。全国流动人口动态监测数据是反映我国人口流动状况的权威调查数据，本文利用2013~2015年的流动人口样本数据进行实证分析，能够更加全面地研究劳动力流动对工资和就业的影响。

本章首先就劳动力流动对工资极化的效应进行了分析，通过多元线性回归分析、多元处理效应模型、替代关键解释变量等方法对全样本进行估计，得到以下结论。第一，对于流动人口整体来说，劳动者扩大流动范围、流动性的增强显著促进了各技能水平劳动力工资的增长且这种增长存在明显的技能差异，中技能劳动力的工资增长要显著低于高、低技能水平的劳动力，从而促进了工资极化的形成，验证了命题3的存在。第二，本文借助多元处理效应将跨省流动和省内跨市流动的工资促进效应进行区分后发现，在2013年和2015年省内跨市流动的工资促进作用大于跨省流动，这间接解释了当前劳动力正逐步由跨省流动转向省内跨市流动的现象。第三，通过对样本按所在城市进行分组比较分析发现，虽然三类城市都出现了工资极化现象，但在特大城市，劳动力流动对于工资的促进作用整体上要小于大城市组和中小城市组。笔者认为这与特大城市流动人口落户困难、劳动力市场上竞争更加激烈有关。第四，对样本分地区回归后发现东部地区的工资极化要比中、西部地区明显，且低技能劳动力流入东部地区获得的工资增长效应要小于中、西部地区，这部分解释了当前中、西部地区外出务工劳动力回流现象。

利用多元 Logit 回归分析并通过替代解释变量、分组回归估计及引入滞后项处理内生性等方法检验了回归结果的稳健性。本文就劳动力流动性增强对流动人口就业极化的影响进行了实证研究，主要结论有：第一，流动人口的就业受流动强度的影响，增强流动性能够增加从事低技能或高技能职业的相对概率，对就业极化形成正效应；第二，劳动力市场上存在地域分割和城乡户籍制度分割，增加了跨省的乡-城流动人口进入中技能职业的相对概率，从而加剧了这一群体在就业极化过程中面临的失业风险；第三，按城市分组回归后发现，大城市中劳动力流动对于就业极化的影响最为明显，由于近年来大城市流动人口规模不断增加，预测未来就业极化将更为突出；第四，按地区分组回归发现东部地区中劳动力流动对于就业极化的影响比中、西部地区明显，但整体上这种影响比第五章分地区估计结果显著，说明在中、西部地区劳动力流动对于极化的影响比技能偏向型技术进步的影响还大，且流动人口面临的就业极化更为明显。

# 附　录

**附表 6-1（1）　多元处理效应模型估计第一步：多元 Logit 估计结果**

| 2013 年 | 低技能 | | 中技能 | | 高技能 | |
| --- | --- | --- | --- | --- | --- | --- |
| | shi | sheng | shi | sheng | shi | sheng |
| sex | — | — | -0.013 | -0.127** | 0.085 | 0.308*** |
| | — | — | (0.054) | (0.052) | (0.064) | (0.066) |

续表

| 2013 年 | 低技能 | | 中技能 | | 高技能 | |
|---|---|---|---|---|---|---|
| | shi | sheng | shi | sheng | shi | sheng |
| ln*age* | — | — | -1.506 | -7.529*** | 6.439** | 11.49*** |
| | — | — | (2.985) | (2.853) | (2.964) | (2.910) |
| ln*age*² | — | — | 0.108 | 0.983** | -0.961** | -1.617*** |
| | — | — | (0.420) | (0.401) | (0.427) | (0.419) |
| *edu* | — | — | -0.034*** | -0.102*** | 0.047*** | 0.006 |
| | — | — | (0.011) | (0.011) | (0.013) | (0.012) |
| ln*workyr* | 0.041*** | 0.191*** | -0.080** | -0.035 | -0.034 | -0.082** |
| | (0.015) | (0.015) | (0.034) | (0.033) | (0.041) | (0.041) |
| *hukou* | -0.160*** | -0.227*** | 0.017 | -0.059 | -0.365*** | -0.122* |
| | (0.039) | (0.040) | (0.075) | (0.077) | (0.069) | (0.072) |
| *marry* | 0.149* | 0.153** | -0.227 | -0.268* | — | — |
| | (0.077) | (0.076) | (0.155) | (0.156) | — | — |
| *mzu* | -0.188*** | 0.721*** | -0.079 | -0.002 | -0.094 | 0.472*** |
| | (0.060) | (0.064) | (0.096) | (0.085) | (0.125) | (0.130) |
| ln*pop* | 0.292*** | 0.078*** | -0.024 | -0.190*** | 0.148*** | -0.063* |
| | (0.014) | (0.015) | (0.027) | (0.026) | (0.033) | (0.034) |
| ln*invest* | 0.461*** | -0.571*** | 0.701*** | -0.545*** | 0.714*** | -0.349*** |
| | (0.023) | (0.021) | (0.046) | (0.039) | (0.059) | (0.052) |
| *trade* | 2.744*** | 3.041*** | 3.647*** | 5.685*** | 3.076*** | 3.586*** |
| | (0.121) | (0.118) | (0.299) | (0.301) | (0.288) | (0.280) |
| *emp* | -11.34*** | -8.912*** | -9.606*** | -7.178*** | -9.445*** | -5.577*** |
| | (0.281) | (0.285) | (0.463) | (0.470) | (0.630) | (0.642) |
| ln*gdp* | -0.101 | 2.289*** | -0.447*** | 3.068*** | -0.585*** | 1.848*** |
| | (0.063) | (0.059) | (0.120) | (0.111) | (0.148) | (0.140) |
| *indu* | 4.335*** | 8.276*** | 7.272*** | 7.022*** | 2.165** | 9.449*** |
| | (0.378) | (0.337) | (0.814) | (0.729) | (0.857) | (0.651) |
| *child* | 0.0969*** | 0.121*** | 0.161*** | 0.256*** | — | — |
| | (0.019) | (0.019) | (0.038) | (0.036) | — | — |
| ln*expend* | 0.510*** | 0.139*** | 0.297*** | -0.262*** | 0.241*** | -0.239*** |
| | (0.034) | (0.041) | (0.056) | (0.054) | (0.083) | (0.078) |
| *baox* | 0.006 | -0.267*** | 0.078* | -0.223*** | 0.014 | -0.265*** |
| | (0.032) | (0.035) | (0.046) | (0.047) | (0.054) | (0.058) |

续表

| 2013年 | 低技能 | | 中技能 | | 高技能 | |
|---|---|---|---|---|---|---|
| | shi | sheng | shi | sheng | shi | sheng |
| Cons | -1.489** | -19.14*** | 5.410 | -8.045 | -7.207 | -35.55*** |
| | (0.653) | (0.652) | (5.448) | (5.212) | (5.143) | (5.069) |

说明：表中的所有标准误都是稳健标准误；每个观测值采取了20次模拟刻画；"***"、"**"和"*"分别表示在1%、5%和10%显著性水平上显著；模型的控制变量利用逐步回归筛选得到。

附表6-1（2） 多元处理效应模型估计第一步：多元Logit估计结果

| 2014年 | 低技能 | | 中技能 | | 高技能 | |
|---|---|---|---|---|---|---|
| | shi | sheng | shi | sheng | shi | sheng |
| $sex$ | 0.0648*** | 0.157*** | -0.152*** | -0.297*** | — | — |
| | (0.0244) | (0.0247) | (0.0535) | (0.0516) | — | — |
| $lnage$ | 3.289 | -3.866* | 1.632 | -10.68*** | | |
| | (2.083) | (2.092) | (3.748) | (3.721) | | |
| $lnage^2$ | -0.403 | 0.487* | -0.240 | 1.480*** | | |
| | (0.271) | (0.270) | (0.490) | (0.482) | | |
| $edu$ | -0.053*** | -0.070*** | -0.007 | -0.089*** | | |
| | (0.010) | (0.010) | (0.018) | (0.018) | | |
| $lnworkyr$ | -0.382*** | -0.0202 | -0.161 | -0.220 | | |
| | (0.128) | (0.136) | (0.233) | (0.253) | | |
| $hukou$ | -0.071* | -0.032 | -0.007 | -0.132* | | |
| | (0.040) | (0.041) | (0.073) | (0.078) | | |
| $marry$ | 0.125* | 0.266*** | 0.191 | 0.096 | | |
| | (0.068) | (0.070) | (0.138) | (0.130) | | |
| $mzu$ | -0.280*** | 0.686*** | -0.216** | -0.433*** | | |
| | (0.055) | (0.058) | (0.098) | (0.087) | | |
| $lnpop$ | 0.276*** | 0.0582*** | -0.124*** | -0.292*** | 0.145*** | 0.0162 |
| | (0.014) | (0.015) | (0.026) | (0.026) | (0.029) | (0.030) |
| $lninvest$ | 0.614*** | -0.430*** | 0.710*** | -0.440*** | 0.777*** | -0.658*** |
| | (0.022) | (0.021) | (0.041) | (0.037) | (0.041) | (0.037) |
| $trade$ | 2.388*** | 3.018*** | 3.695*** | 5.928*** | 3.274*** | 4.856*** |
| | (0.096) | (0.090) | (0.249) | (0.248) | (0.197) | (0.187) |

续表

| 2014年 | 低技能 | | 中技能 | | 高技能 | |
|---|---|---|---|---|---|---|
| | shi | sheng | shi | sheng | shi | sheng |
| $emp$ | -11.90*** | -9.340*** | -11.16*** | -9.592*** | -12.05*** | -8.741*** |
| | (0.254) | (0.258) | (0.464) | (0.478) | (0.548) | (0.561) |
| $lngdp$ | 0.010 | 2.404*** | -0.096 | 3.487*** | -0.250** | 2.809*** |
| | (0.059) | (0.056) | (0.117) | (0.114) | (0.106) | (0.097) |
| $indu$ | 3.304*** | 7.336*** | 3.957*** | 5.546*** | — | — |
| | (0.353) | (0.327) | (0.702) | (0.663) | | |
| $child$ | 0.059*** | 0.194*** | 0.096*** | 0.289*** | — | — |
| | (0.020) | (0.020) | (0.037) | (0.036) | | |
| $lnexpend$ | 0.386*** | 0.220*** | 0.169*** | -0.331*** | — | — |
| | (0.036) | (0.045) | (0.045) | (0.043) | | |
| $baox$ | 0.194*** | -0.265*** | 0.106* | -0.359*** | — | — |
| | (0.037) | (0.038) | (0.054) | (0.054) | | |
| Cons | -3.913 | -11.800*** | 0.235 | -6.881 | 4.752*** | -19.100*** |
| | (3.737) | (3.750) | (6.767) | (6.698) | (1.057) | (1.019) |

说明：表中的所有标准误都是稳健标准误；每个观测值采取了20次模拟刻画；"***"、"**"和"*"分别表示在1%、5%和10%显著性水平上显著；模型的控制变量利用逐步回归筛选得到。

**附表6-1（3） 多元处理效应模型估计第一步：多元Logit估计结果**

| 2015年 | 低技能 | | 中技能 | | 高技能 | |
|---|---|---|---|---|---|---|
| | shi | sheng | shi | sheng | shi | sheng |
| $sex$ | — | — | -0.010 | -0.208*** | 0.188*** | 0.276*** |
| | — | — | (0.049) | (0.049) | (0.065) | (0.070) |
| $lnage$ | — | — | -5.434 | -15.56*** | 6.428 | 5.273 |
| | — | — | (3.817) | (3.799) | (5.737) | (5.949) |
| $lnage^2$ | — | — | 0.805 | 2.193*** | -0.897 | -0.547 |
| | — | — | (0.490) | (0.484) | (0.760) | (0.785) |
| $edu$ | — | — | -0.030 | -0.099*** | -0.035* | -0.076*** |
| | — | — | (0.018) | (0.019) | (0.021) | (0.023) |
| $lnworkyr$ | — | — | -0.414 | -0.367 | -0.353 | -0.570** |
| | — | — | (0.264) | (0.286) | (0.227) | (0.247) |

续表

| 2015 年 | 低技能 shi | 低技能 sheng | 中技能 shi | 中技能 sheng | 高技能 shi | 高技能 sheng |
|---|---|---|---|---|---|---|
| *hukou* | — | — | 0.341*** | -0.160** | -0.011 | 0.028 |
|  | — | — | (0.068) | (0.075) | (0.071) | (0.078) |
| *marry* | 0.205*** | 0.470*** | -0.018 | -0.192 | -0.400* | -0.154 |
|  | (0.065) | (0.070) | (0.136) | (0.136) | (0.220) | (0.233) |
| *mzu* | -0.253*** | 0.615*** | 0.028 | 0.010 | -0.089 | 0.420*** |
|  | (0.052) | (0.056) | (0.085) | (0.076) | (0.130) | (0.140) |
| ln*pop* | 0.212*** | 0.078*** | 0.001 | -0.185*** | 0.059* | 0.060 |
|  | (0.013) | (0.014) | (0.024) | (0.026) | (0.034) | (0.037) |
| ln*invest* | 0.174*** | -0.508*** | 0.362*** | -0.609*** | 0.227*** | -0.444*** |
|  | (0.018) | (0.016) | (0.035) | (0.030) | (0.045) | (0.041) |
| *trade* | 3.050*** | 4.728*** | 3.833*** | 6.955*** | 3.142*** | 4.995*** |
|  | (0.126) | (0.126) | (0.306) | (0.315) | (0.305) | (0.306) |
| *emp* | -6.204*** | -11.860*** | -6.108*** | -10.290*** | -7.405*** | -11.790*** |
|  | (0.237) | (0.240) | (0.416) | (0.428) | (0.572) | (0.623) |
| ln*gdp* | -0.260*** | 2.673*** | -0.115 | 3.631*** | -0.192 | 2.999*** |
|  | (0.061) | (0.058) | (0.124) | (0.117) | (0.153) | (0.155) |
| *indu* | 2.846*** | 7.563*** | 5.018*** | 7.612*** | 2.543*** | 9.522*** |
|  | (0.312) | (0.301) | (0.593) | (0.592) | (0.773) | (0.745) |
| *child* | -0.009 | 0.132*** | 0.144*** | 0.236*** | -0.100* | 0.042 |
|  | (0.017) | (0.017) | (0.034) | (0.034) | (0.055) | (0.060) |
| ln*expend* | 0.434*** | 0.003 | 0.251*** | -0.352*** | 0.550*** | -0.139*** |
|  | (0.031) | (0.033) | (0.050) | (0.048) | (0.075) | (0.081) |
| *baox* | 0.338*** | -0.464*** | 0.244*** | -0.397*** | 0.090 | -0.288*** |
|  | (0.047) | (0.048) | (0.054) | (0.055) | (0.066) | (0.072) |
| Cons | 3.506*** | -20.790*** | 10.800 | 0.768 | -5.670 | -34.660*** |
|  | (0.582) | (0.563) | (6.899) | (6.837) | (10.380) | (10.750) |

说明：表中的所有标准误都是稳健标准误；每个观测值采取了20次模拟刻画；"***"、"**"和"*"分别表示在1%、5%和10%显著性水平上显著；模型的控制变量利用逐步回归筛选得到。

附表6-2 多元处理效应模型估计第二步：多元线性回归估计

| 类别 | 2013年 低技能 | 2013年 中技能 | 2013年 高技能 | 2014年 低技能 | 2014年 中技能 | 2014年 高技能 | 2015年 低技能 | 2015年 中技能 | 2015年 高技能 |
|---|---|---|---|---|---|---|---|---|---|
| sex | 0.294*** (0.004) | 0.329*** (0.005) | 0.244*** (0.008) | 0.287*** (0.004) | 0.299*** (0.005) | 0.241*** (0.008) | 0.271*** (0.004) | 0.308*** (0.005) | 0.285*** (0.009) |
| lnage | 3.776*** (0.275) | 3.337*** (0.287) | 5.212*** (0.388) | 3.559*** (0.344) | 3.115*** (0.360) | 3.548*** (0.526) | 4.788*** (0.331) | 2.846*** (0.376) | 4.004*** (0.806) |
| $lnage^2$ | -0.564*** (0.039) | -0.491*** (0.041) | -0.719*** (0.056) | -0.555*** (0.045) | -0.457*** (0.047) | -0.533*** (0.073) | -0.735*** (0.043) | -0.423*** (0.048) | -0.572*** (0.107) |
| edu | 0.024*** (0.001) | 0.015*** (0.001) | 0.028*** (0.002) | 0.034*** (0.002) | 0.020*** (0.002) | 0.051*** (0.002) | 0.034*** (0.002) | 0.021*** (0.002) | 0.051*** (0.003) |
| lnworkyr | 0.058*** (0.003) | 0.041*** (0.003) | 0.056*** (0.005) | 0.105*** (0.021) | 0.026 (0.021) | 0.162*** (0.015) | 0.152*** (0.021) | 0.056** (0.027) | 0.121*** (0.032) |
| hukou | 0.061*** (0.007) | 0.042*** (0.009) | 0.069*** (0.009) | 0.046*** (0.006) | 0.030*** (0.009) | 0.039*** (0.009) | 0.072*** (0.006) | 0.051*** (0.008) | 0.045*** (0.011) |
| lninvest | 0.047*** (0.004) | 0.021*** (0.004) | 0.034*** (0.007) | 0.053*** (0.005) | 0.008** (0.004) | 0.046*** (0.007) | 0.027*** (0.003) | 0.001 (0.004) | 0.027*** (0.007) |
| trade | 0.054*** (0.009) | -0.034*** (0.010) | 0.077*** (0.015) | 0.068*** (0.011) | -0.048*** (0.011) | 0.095*** (0.016) | 0.074*** (0.013) | -0.020 (0.013) | 0.092*** (0.024) |
| emp | 0.302*** (0.023) | 0.039 (0.029) | 0.251*** (0.048) | 0.251*** (0.025) | 0.042 (0.031) | 0.304*** (0.045) | 0.799*** (0.041) | 0.291*** (0.052) | 0.749*** (0.092) |
| lngdp | 0.058*** (0.011) | 0.158*** (0.013) | 0.199*** (0.020) | 0.066*** (0.012) | 0.140*** (0.012) | 0.176*** (0.017) | -0.033*** (0.012) | 0.044*** (0.012) | 0.080*** (0.023) |
| indu | -0.059 (0.037) | -0.185*** (0.056) | 0.313*** (0.072) | -0.121*** (0.038) | 0.052 (0.056) | 0.491*** (0.066) | 0.283*** (0.038) | 0.333*** (0.055) | 0.765*** (0.075) |

说明：表中的所有标准误都是稳健标准误；每个观测值采取了20次模拟刻画；"***"、"**"和"*"分别表示在1%、5%和10%显著性水平上显著。

附表6-3 城市人口规模对就业极化的影响（β值）

| 类别 | 2013年 低技能 | 2013年 中技能 | 2013年 高技能 | 2014年 低技能 | 2014年 中技能 | 2014年 高技能 | 2015年 低技能 | 2015年 中技能 | 2015年 高技能 |
|---|---|---|---|---|---|---|---|---|---|
| sex | 0.294*** (0.004) | 0.329*** (0.005) | 0.244*** (0.008) | 0.287*** (0.004) | 0.299*** (0.005) | 0.241*** (0.008) | 0.271*** (0.004) | 0.308*** (0.005) | 0.285*** (0.009) |
| lnage | 3.776*** (0.275) | 3.337*** (0.287) | 5.212*** (0.388) | 3.559*** (0.344) | 3.115*** (0.360) | 3.548*** (0.526) | 4.788*** (0.331) | 2.846*** (0.376) | 4.004*** (0.806) |
| lnage$^2$ | −0.564*** (0.039) | −0.491*** (0.041) | −0.719*** (0.056) | −0.555*** (0.045) | −0.457*** (0.047) | −0.533*** (0.073) | −0.735*** (0.043) | −0.423*** (0.048) | −0.572*** (0.107) |
| edu | 0.024*** (0.001) | 0.015*** (0.001) | 0.028*** (0.002) | 0.034*** (0.002) | 0.020*** (0.002) | 0.051*** (0.002) | 0.034*** (0.002) | 0.021*** (0.002) | 0.051*** (0.003) |
| lnworkyr | 0.058*** (0.003) | 0.041*** (0.003) | 0.0561*** (0.005) | 0.105*** (0.021) | 0.0259 (0.021) | 0.162*** (0.015) | 0.152*** (0.021) | 0.0555*** (0.027) | 0.121*** (0.032) |
| hukou | 0.061*** (0.007) | 0.042*** (0.009) | 0.069*** (0.009) | 0.046*** (0.006) | 0.030*** (0.009) | 0.039*** (0.009) | 0.072*** (0.006) | 0.051*** (0.008) | 0.045*** (0.011) |
| lninvest | −0.047*** (0.004) | −0.021*** (0.004) | −0.034*** (0.007) | −0.053*** (0.005) | −0.008*** (0.004) | −0.046*** (0.007) | −0.027*** (0.003) | −0.001 (0.004) | −0.027*** (0.007) |
| trade | 0.054*** (0.009) | −0.034*** (0.010) | 0.077*** (0.05) | 0.068*** (0.011) | −0.048*** (0.011) | 0.095*** (0.016) | 0.074*** (0.013) | −0.020 (0.013) | 0.092*** (0.024) |
| emp | 0.302*** (0.023) | 0.039 (0.029) | 0.251*** (0.048) | 0.251*** (0.025) | 0.042 (0.031) | 0.304*** (0.045) | 0.799*** (0.041) | 0.291*** (0.052) | 0.749*** (0.092) |
| lngdp | 0.058*** (0.011) | 0.158*** (0.013) | 0.199*** (0.020) | 0.066*** (0.012) | 0.140*** (0.012) | 0.176*** (0.017) | −0.033*** (0.012) | 0.044*** (0.012) | 0.080*** (0.023) |
| indu | −0.059 (0.037) | −0.185*** (0.056) | 0.313*** (0.072) | −0.121*** (0.038) | 0.052 (0.056) | 0.491*** (0.066) | 0.283*** (0.038) | 0.333*** (0.055) | 0.765*** (0.075) |

说明："\*\*\*"、"\*\*"和"\*"分别表示在1%、5%和10%显著性水平上显著。

# 第七章
# 研究结论及未来展望

在过去的几十年里，劳动力市场极化成为很多发达国家经济发展中的典型事实。相对于高技能和低技能职业工作的增加，中技能职业的工作机会减少已经是欧美国家劳动力市场上的基本长期趋势。随着中国不断深化经济结构改革，劳动力市场上就业及工资结构也在发生深刻变迁，本文基于技能偏向型技术进步和劳动力流动的视角，运用理论和实证研究方法，围绕中国劳动力市场极化问题展开了深入研究，并得到了若干有意义的研究结论。基于对全文研究过程和研究结论的总结反思，在此对未来研究进行展望。

## 第一节 主要研究结论及启示

### 一 主要研究结论

本文的主要研究结论有如下几方面。

（一）中国劳动力市场的整体极化和地区间极化趋势的渐次显现

2003~2015 年，中国劳动力市场在整体上表现出了就业极化和工资极化的特征,且在东部地区表现明显。中、西部地区没有出现明显的就业极化,但在不同分类标准下中技能劳动力的就业份额都在下降,中/低技能劳动力的相对工资也在不断下降,中、低技能劳动力的工资水平非常接近,同时高技能劳动力的工资快速上涨,这些都说明中、西部地区劳动力市场上就业极化和工资极化的趋势已经显现。此外,由于中、西部地区的平均工资水平与东部地区差距较大,加之东部地区工资极化下中技能职业的工资优势减弱,中、西部地区劳动力流入东部地区将加速东部地区的就业极化。

(二)技术进步表现为高技能偏向型且促进了劳动力市场极化

技术进步的技能偏向型导致其对不同技能劳动力的需求产生差异,这是影响劳动力市场结构变迁的关键因素(Acemoglu,2002;Acemoglu and Autor,2010)。国外相关研究表明,发达国家的技术进步已表现出典型的技能偏向型,本文根据阿西莫格鲁(Acemoglu,2002)的测算方法得到我国2003~2015年各省(区、市)技术进步的技能偏向水平,发现我国现阶段技术进步是高技能偏向型的,且偏向度呈上涨趋势。同时,本文借助1995~2016年设备工器具固定资产投资规模和价格指数变动的统计分析对中国此阶段资本价格指数下降和技术资本投入不断增长的典型事实进行了描述。在此基础上,通过构建理论模型并进行实证检验,认为技能偏向型技术进步通过促进技术资本对中技能劳动力的替代,显著促进了中国劳动力市场上就业和工资的极化,且这一影响存在地区差异,东部地区较高的技术水平和技术资本投入,对极化的影响表现突出,而中西部地区受技术资本投入水平限制,对劳动力市场极化的影响还不够明显。

(三)劳动力流动性增强促进了劳动力市场极化的发生

技能偏向型技术进步通过影响技能需求对劳动力市场极化产生作

用,且较多研究均是从技能需求的角度入手来分析劳动力市场极化的形成机制。本文借鉴奥托尔、多恩（Autor and Dorn，2013）的空间均衡分析方法,将劳动力流动因素纳入分析框架,考察劳动力在地区间流动改变了区域劳动力市场上的技能劳动供给,并对劳动力市场极化形成影响。通过理论模型和相应的实证分析,笔者发现:所谓"人挪活、树挪死",对于个体劳动者来说,扩大流动范围能够有效提高工资水平和就业概率且这种促进效应对于高技能和低技能劳动力尤为突出,即劳动力增强流动带来了工资和就业的极化。从城市和区域层面的分析同样验证了这一点,在大城市、东部地区常住人口规模增长,劳动力的流动性增强能够显著促进地区内部劳动力市场的极化。反之,在中小城市和中、西部地区,由于劳动力流动性较弱而表现出对劳动力市场极化的影响也较弱。

**(四)劳动力市场分割加剧了就业极化对特定劳动群体的影响**

本文在实证分析中运用了微观计量分析方法,通过对个体性别、年龄等特征变量的分析发现,劳动力市场上存在职业的性别隔离和年龄隔离,这导致男性中低学历的青壮年劳动力成为中技能职业的主要劳动供给,在就业极化过程中将首先受到冲击,面临失业风险。此外,劳动力市场上还存在地域分割、城乡二元分割,跨省的乡-城流动人口从事中技能职业的概率要高于城-城流动人口或省内流动人口,导致这一群体在就业极化过程中的失业风险增加。结合劳动力市场分割理论,本文借助劳动力的性别、年龄、受教育水平、户籍状况等特征对劳动力群体进行刻画,并发现劳动力市场分割状态下男性中低学历的青壮年劳动力和跨省的乡-城流动人口较大概率聚集于中技能职业中。在劳动力市场表现出就业极化时,这一劳动群体的失业比例将高于其他劳动群体,加剧就业极化对这一群体的不利影响。

## 二 研究启示

根据发达国家的经验，劳动力市场上的极化已成为各国普遍出现的现象。本文通过理论和实证分析，对中国劳动力市场极化的存在和成因进行了深入分析，基于得到的研究结论，可得到如下几项启示。

首先，在经济发展、技术进步的过程中，常规工作任务在机械化、信息化生产中更多地由机器设备完成，从事常规操作类工作的中技能劳动者将面临职业转换或失业，其相对低技能劳动者的工资优势正在消失。这说明，对于个体劳动者，"择业"的重要性更加突出，在接受教育、增加培训的同时，选择从事更多交互任务、更需要创新思维的工作岗位是增加就业机会、提高工资收入的有效途径。在与机器抢工作的时代，劳动者的创造力、人际交往能力、应变能力显得更为重要，应成为学校和职业培训机构的主要培训内容。

其次，劳动力市场极化增加了对从事手工型工作任务的低技能劳动力的需求，随着第三产业发展以及城市化水平的提高，对于低技能劳动力的需求还将持续增长。进城务工人员是低技能劳动力的主要供给，减少就业市场上的户籍分割、地域分割，推动农民工市民化能够为城市提供更多劳动力，满足市场对于手工型劳动力的需求。同时，极化的发生也有利于低技能劳动力的工资增长，改善其收入状况。

最后，技术进步的高技能偏向型和极化过程中对高技能劳动力的需求增长都说明，经济增长、技术进步有赖于高技能劳动力的供给增长。增加教育、培训投入，尤其是高等教育的投入，提高劳动力的高技能水平才能进一步提升我国的技术创新能力，在工业信息化、智能制造中为企业提供高质量高技能的劳动供给。

总之，在劳动力市场极化过程中，为保障经济社会的持续发展和各类劳动力的充分就业,针对不同技能劳动力做出的应对之策也是不同的。

## 第二节 研究展望

本文基于技能偏向型技术进步和劳动力流动的视角对中国劳动力市场极化的形成展开分析。综观全文,通过前六章内容的讨论和分析已完成研究目标,但鉴于中国劳动力市场极化现象还处在初显阶段,其中的演化特征及影响因素还需要进一步的观察,同时也鉴于笔者有限的学术经历,存在一定的不足之处,笔者希望继续紧跟这一研究主题,在此对后续研究提出展望。

首先,由于国内缺失对个体劳动时间的微观调查数据,本文无法根据个体劳动者用于常规任务、非常规任务的时间来对其职业类别进行划分。本文在参考大量国外文献后,参照国外研究标准,根据职业类别来区分劳动者的技能水平。相比通过受教育水平来定义技能水平的方法,这种方式不会忽略劳动者从业后技能培训带来的升职效应,且更加符合对于劳动力市场极化的界定;然而,相较于使用劳动时间的划分方法还是存在一定误差。未来研究中,若能够基于个体劳动者从事各类工作任务的时间数据展开研究,将对我国各类职业的常规任务密度进行测算,并据此细化职业分组,更好地刻画技能偏向型技术进步对各类职业就业份额的影响。

其次,相比宏观数据分析,本文使用微观调查数据覆盖的时间范围较短,对于2003年以前中国劳动力市场上是否已经表现出极化未进行统计分析,无法确定我国劳动力市场极化出现的时间。此外,受数据限制,在实证分析中采用截面数据影响了分析结果的时间连续性。在后续研究中，若能够使用时间序列数据并将数据扩展将有助于逐步明确我国劳动力市场极化出现的时期，弥补国内在这一问题上的研究不足。

最后，本文的研究重点是技能偏向型技术进步和劳动力流动对劳动力市场极化的影响机制，但在研究中发现，受劳动力市场分割的影响，极化对于不同劳动力群体的影响存在差异，由此引出了关于极化问题未来研究的一个方向——劳动力市场极化带来的经济和社会效应。劳动力市场极化对不同技能水平劳动力的就业和工资带来了不同的冲击，有促进有抑制，生产要素市场的改变将对我国经济发展产生怎样的经济和社会效应，这既是全面认识劳动力市场极化问题的逻辑延续，也对我们明确如何面对劳动力市场上这一变化具有现实意义，是未来研究中值得关注的问题。

# 附录一
# 贸易开放对中国劳动者技能需求结构的影响研究[*]
## ——基于贸易伙伴国发展水平差异视角的实证分析

曹 洁

**摘 要：** "一带一路"倡议背景下，在与贸易伙伴国加强互联互通的过程中，贸易开放对中国劳动技能需求的影响将受各国发展水平差异的影响。文章利用2009~2016年省际面板数据，以贸易伙伴国发展水平差异为研究视角，系统考察贸易开放对我国的技能需求结构影响。研究结果显示：向发展中国家出口在中、西部地区显著促进了对中、低技能劳动力的需求；向发达国家出口在东、中部地区显著提高了高、中技能劳动力的就业份额；贸易伙伴的发展水平对技能需求结构的影响存在地区差异，中、西部地区应重视与"一带一路"沿线国家建立贸易伙伴关系，以促进区域内中、低技能劳动力的就业。

**关键词：** 对外贸易　贸易伙伴　区域经济　技能需求结构

改革开放以来，我国外贸规模由小到大。2017年我国对外贸易进出口总额达到27.79万亿元，同比增长14.2%，成为名副其实的贸易大国。2017年，中国与"一带一路"国家的进出口总额达到14403.2亿美元，同比增长13.4%，高于我国整体外贸增速5.9个百分点，占进出口贸易总额的36.2%。随着贸易关系的不断扩展，贸易伙伴逐渐

---

[*] 本文原发表于《价格理论与实践》（2018年第2期）。

呈现出多元化和差异化特点。贸易伙伴国的发展差异决定了其输入和输出产品的质量水平，并将作用于两国的要素市场，影响劳动力的技能需求结构。加之，我国地区间的贸易规模和贸易开放程度的差异决定了我国在研究贸易开放对于地区技能需求的影响时不能忽略贸易伙伴、贸易开放的差异性。基于此，本文在贸易伙伴国发展水平的差异下，研究贸易开放对劳动力市场上技能需求结构带来的影响，为探究贸易开放过程中，劳动力就业结构的变化提供了一个新的视角。

## 一、相关研究文献评述

随着发达国家产业间贸易发展和发展中国家贸易开放程度的扩大，对外贸易与劳动力市场的关系趋于复杂化，在不同国家呈现出差异化（牛蕊，2009）。发展中国家普遍出现了低技能工人就业减少、工资降低的趋势，这与传统贸易理论的观点不一致。在不考虑贸易伙伴差异的情况下，Goos、Manning and Salomons（2009）、Acemoglu and Autor（2010）等还发现，贸易外包对发达国家技能需求结构的影响并不显著。

区分贸易伙伴的研究还较少，Klugman（2009）发现：虽然与任意收入水平国家的贸易都会影响本国的工资和就业，但对高技能劳动力就业形成冲击的主要是低收入国家的进口。从出口的角度则发现，向高收入国家出口能够有效提高母国高技能工人的平均工资和就业（Brambilla I，2016；周申等，2015）。通过将 OECD 国家与非 OECD 国家对比研究，并从微观企业视角（唐东波，2012）或行业层面（程盈莹、逯建，2013）分析发现，与 OECD 国家的垂直专业化贸易促进了高技能劳动力就业，而非 OECD 国家降低了高技能劳动力的就业。

现有国内研究虽得到了较一致的结论,但忽略了我国各地区的对外贸易规模、劳动力技能禀赋等存在较大差异。本文认为,贸易伙伴国的差异化程度不断提升以及贸易方式的变化,可能是导致整体研究结果不明朗的原因。因此,在研究中有必要对贸易伙伴国和贸易方式进行区分。同时考虑到将进出口贸易合并很可能抵消了其对于不同技能水平劳动力的就业影响,故本文将在下文中分别估计进口、出口带来的影响。

## 二、对外贸易对劳动者技能需求结构影响的理论与现实分析

为比较我国与不同发展水平的贸易伙伴开展进出口贸易的规模和产品差异,本文首先以世界银行2010公布的各国人均 $GNI$ 水平为准,将贸易伙伴国按收入水平分为两类:人均 $GNI$ 水平高于中国的国家归为发达国家,包括美国、英国、卢森堡、法国、德国等52个国家;其余为发展中国家。

从图1可以看出,我国与发达国家开展的进出口贸易规模要远高于发展中国家。2016年我国进出口规模达36883.5亿美元。其中,与发达国家的贸易额占到了74.64%,是与发展中国家贸易额的2.94倍。2015年开始,我国与发展中国家的贸易从逆差转向了顺差,出口规模不断扩大。可见,在"一带一路"倡议的推动下,我国越来越重视与发展中国家贸易伙伴的战略合作及贸易往来,贸易伙伴的构成更加多元,贸易开放对我国劳动力技能需求的影响必将呈现新的特征。

附录一
贸易开放对中国劳动者技能需求结构的影响研究

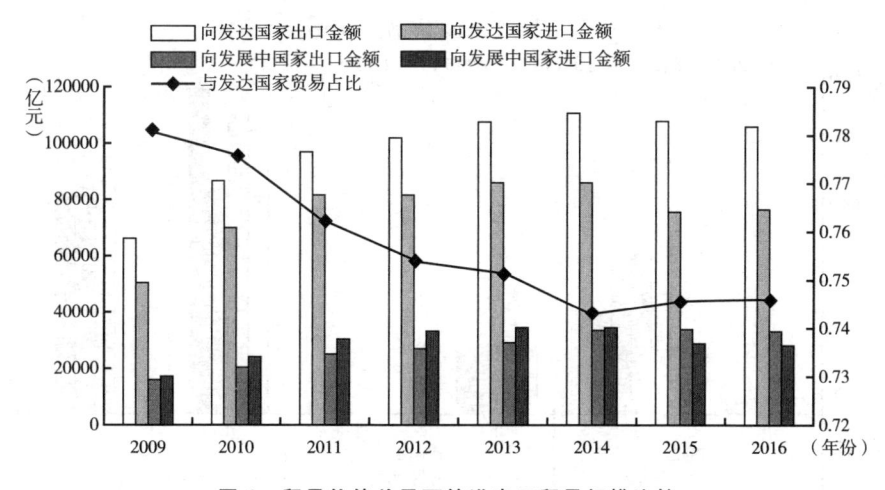

图1 贸易伙伴差异下的进出口贸易规模比较

图2呈现了我国2012~2016年间分别向不同发展水平的贸易伙伴国出口资源密集型产品、劳动密集型产品和资本密集型产品的变动情况。首先，在对资源密集型产品的进出口中，我国与发展中国家的商品贸易规模要超过发达国家，而资源类产品的生产更多依赖于低技能劳动力。其次，我国对劳动密集型产品的出口远大于进口，且主要出口到发达国家，如服装制造业，主要对中、低技能劳动力产生需求。最后，资本密集型产品的进出口规模在三类产品中最大，且向发达国家进出口的规模要略大于发展中国家，考虑到资本-技能的互补性，这类产品的生产制造将带动中、高技能劳动力的需求增长。

结合理论分析，由于不同发展水平的贸易伙伴国对进口产品的需求层次不同，出口产品的技术含量也存在较大差异，这将影响对劳动力资源的需求类别，并最终使贸易开放中技能需求结构产生差异。

考虑到国内的地区差异，本文进一步比较了东、中、西部地区针对不同发展水平的贸易伙伴国的进、出口贸易依存度。如图3，东部

199

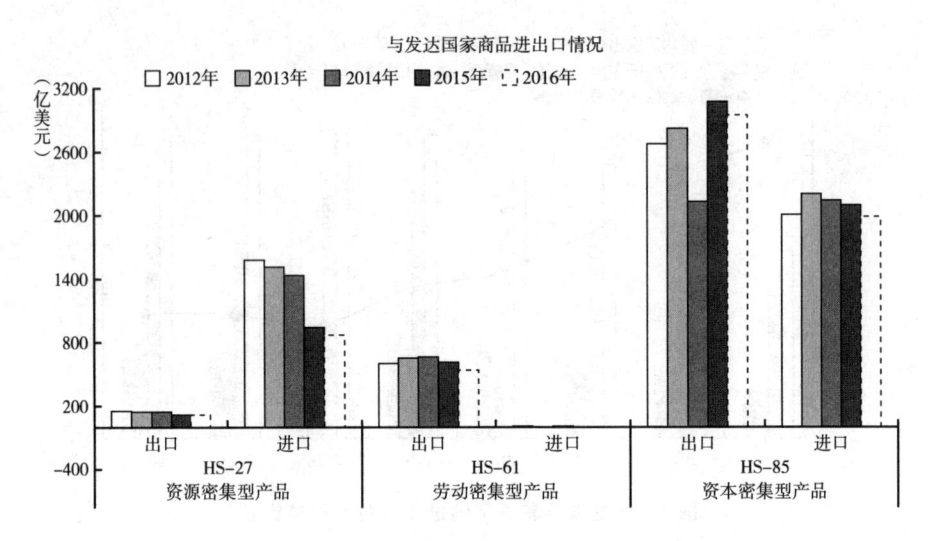

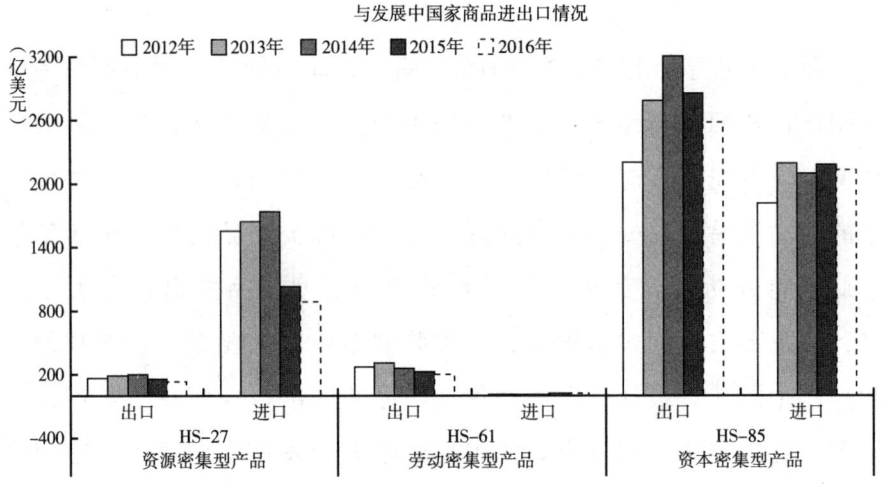

**图 2　贸易伙伴差异下的商品进出口情况比较**

注：数据来自联合国商品贸易统计数据库，商品类别依据 HS2012 划分。图中分别以 27、61、85 三类商品代表资源、劳动力、资本密集型产品。

地区的进、出口贸易开放程度远高于中、西部地区。虽然伴随着对外贸易产业的转移和内迁，东部地区的贸易依存度不断下降，但差距依然明显。

附录一
贸易开放对中国劳动者技能需求结构的影响研究

与发展中贸易伙伴国的进口贸易依存度

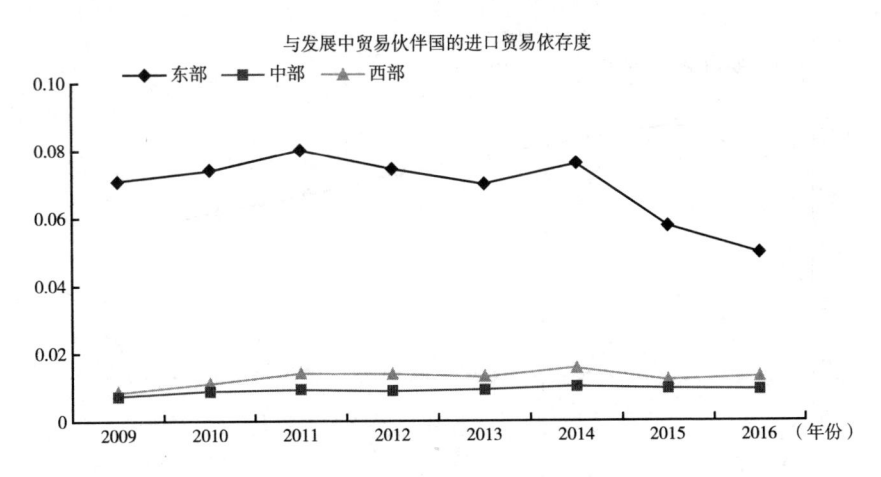

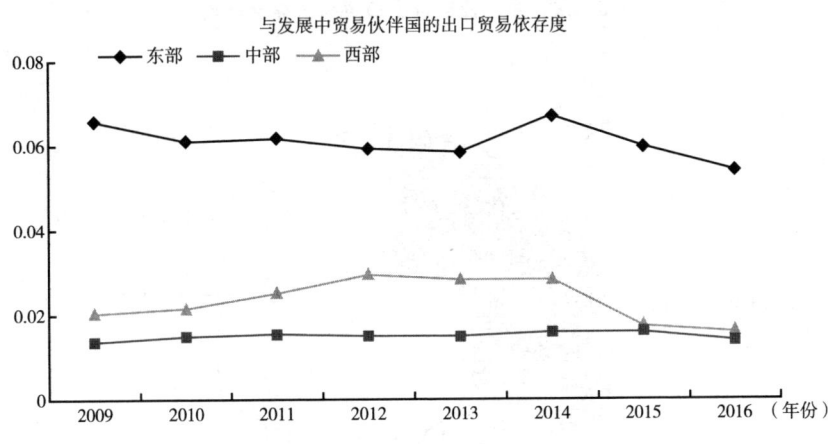

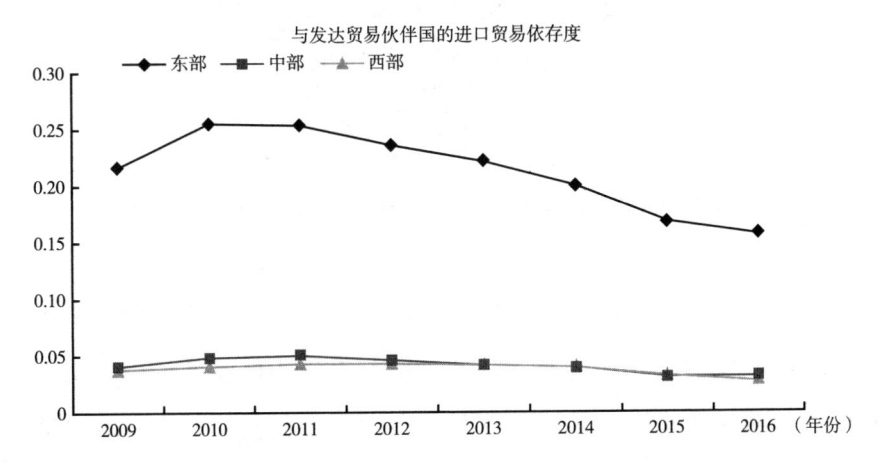

与发展中贸易伙伴国的出口贸易依存度

与发达贸易伙伴国的进口贸易依存度

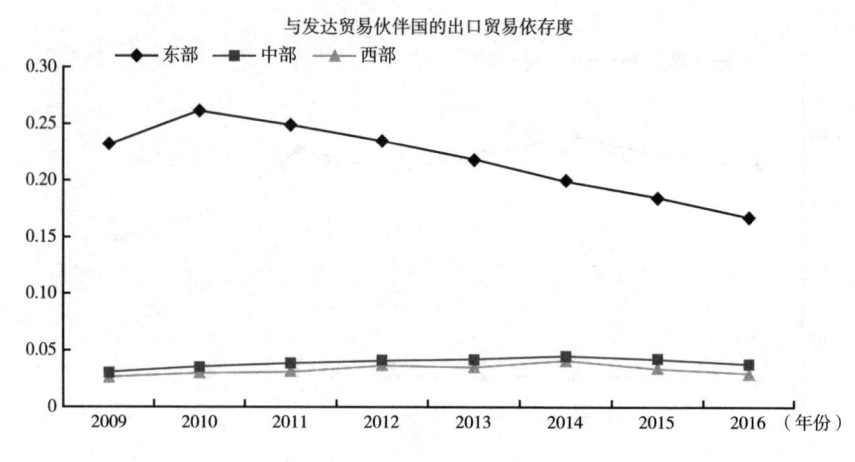

图 3　东、中、西部进出口贸易依存度比较

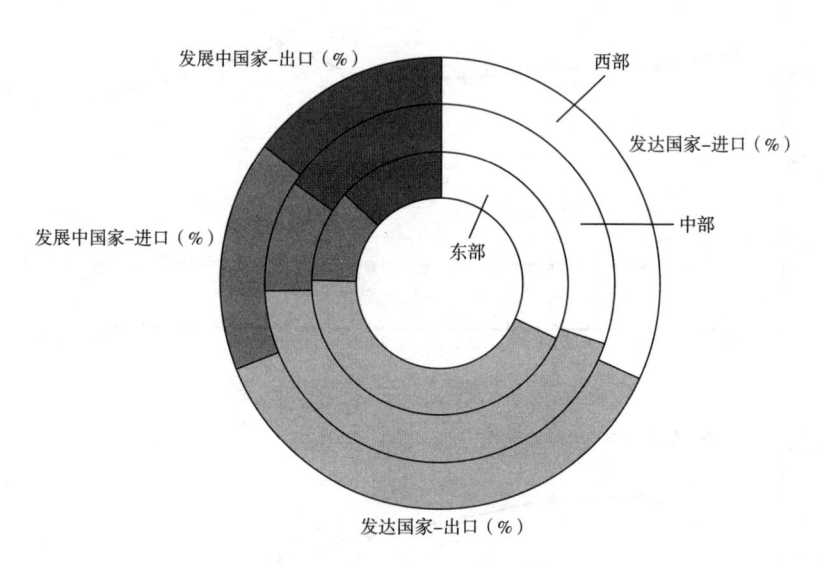

图 4　2016 年各区域与不同贸易伙伴开展进出口贸易的内部结构

通过图 4 可以看出，各地区的贸易伙伴构成存在明显差异，虽然各区域都以发达国家的进出口为主，但与发展中国家的进出口份额在西部地区明显比东、中部高。此外，各地区间的技能需求结构也明显

不同。由图5可以看出：三个地区的技能需求都以中技能为主，但也各有特点：高、中、低技能劳动力分别在东、中、西部地区的就业占比最高。

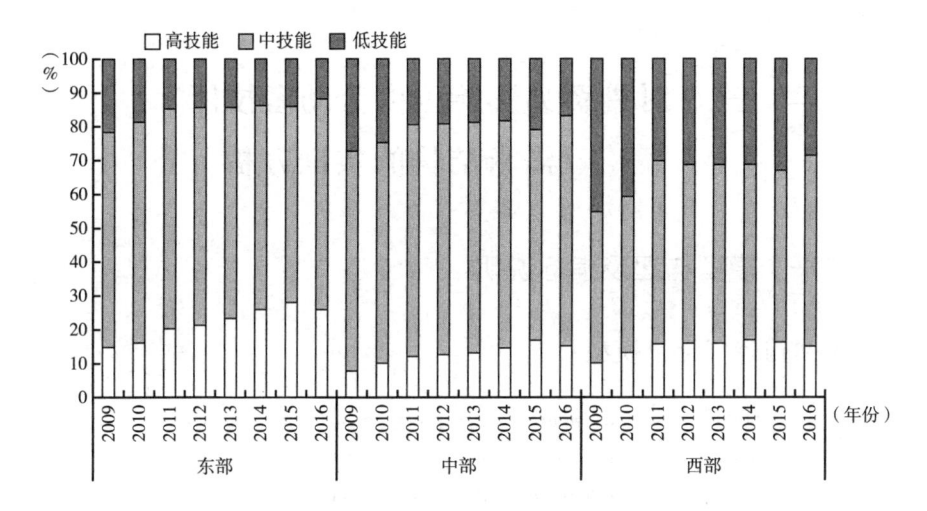

图5　东、中、西部劳动者技能需求结构比较分析

将区域、贸易伙伴水平和贸易产品结合相结合的视角来看，三者存在一定的关联。东部地区凭借雄厚的经济基础和临海的地理区位优势在贸易水平乃至经济结构等领域处于领跑位势，东部地区的贸易开放水平和依存度要高于中、西部地区，贸易产品的技术含量较高，产品结构较为完善，在与不同发展水平经济体的贸易过程中，劳动和资本密集型产品的比重逐步提升，带动了东部地区劳动者技能水平的提升，并对中、西部乃至全国劳动技能水平的进步起到促进作用。相比东部地区，中、西部地区的贸易发展水平略显逊色，贸易伙伴国中发展中国家比重高于东部地区，中西部地区蕴藏丰富的自然资源储量，因此资源类产品的贸易总量相对高于东部地区，而资本密集型产品贸易规模不高，对于中、西部地区劳动者技能水平的提升作用有限。总

之，各地区间在贸易伙伴选择、贸易开放和劳动者技能需求结构上均存在显著差异，本文将借助实证检验区分贸易伙伴下，贸易开放对于地区技能需求结构的影响。

## 三、对外贸易影响国内劳动者技能需求结构的实证分析

### （一）模型构建及指标说明

本文构建了计量模型：

$$labor_{ct}^H = \alpha_0 + \alpha_1 import_{ict} + \alpha_2 \exp ort_{ict} + \beta X_{ct} + \varphi_i + \varepsilon_t + \mu_{it}$$
$$labor_{ct}^M = \alpha_0 + \alpha_1 import_{ict} + \alpha_2 \exp ort_{ict} + \beta X_{ct} + \varphi_i + \varepsilon_t + \mu_{it}$$
$$labor_{ct}^L = \alpha_0 + \alpha_1 import_{ict} + \alpha_2 \exp ort_{ict} + \beta X_{ct} + \varphi_i + \varepsilon_t + \mu_{it}$$

其中，$\varphi_i$ 表示地区效应，$\varepsilon_t$ 表示时间效应，$\mu_{it}$ 是随机扰动项。被解释变量 Labor 代表劳动力的技能需求状况，用各类技能劳动力的就业份额表示，上标 H、M、L 分别表示高、中、低技能劳动力的就业份额。用小学及以下受教育水平代表低技能，初中和高中受教育水平代表中技能，大专及以上受教育水平代表高技能。下标 c 代表地区，包括 31 个省。下标 t 代表时间 2009~2016 年。

核心解释变量分别是进口开放度（import）和出口开放度（export），用进、出口总额占地区生产总值的比例表示。下标 i 代表贸易伙伴国的发展水平。

X 是一组控制变量包括：地区经济增长水平，用人均 GDP 增长指数表示；产业结构升级，用第三产业占 GDP 的比值表示；人力资本水平，用 6 岁及以上人口中大专以上学历人口比重；技术水平，用

$R\&D$ 经费投入强度表示；城市化水平，用城镇化率表示；劳动力就业的市场化程度，用非国有单位就业人员占城镇总就业人员的比重表示。

### （二）实证结果分析

本文采用固定效应模型进行估计分析。为避免异方差问题还采用 $GLS$ 模型估计对结果进行修正（见表1）。与发达国家的出口贸易导致高技能劳动力就业份额显著提高，而对于中、低技能劳动力的就业影响基本不显著。这表明我国向发达国家出口产品和服务主要依赖的是中高技能劳动力。与发达国家的进口贸易对三类劳动力的影响都不显著。

表1 与发达国家进出口贸易对技能需求结构的影响

| 类别 | FE(1) 高技能 | GLS(1) 高技能 | FE(2) 中技能 | GLS(2) 中技能 | FE(3) 低技能 | GLS(3) 低技能 |
|---|---|---|---|---|---|---|
| 出口开放度 | 0.15** | 0.216** | 0.085 | 0.106 | 0.044 | 0.074 |
| 进口开放度 | -0.010 | -0.135 | 0.304 | 0.073 | -0.043 | -0.009 |
| 技术水平 | 4.299*** | 1.663*** | -7.538*** | -6.108*** | 3.239 | 4.869*** |
| 人力资本水平 | 0.651*** | 1.054*** | -0.0686 | -0.870*** | -0.582** | -0.119 |
| 产业结构升级 | 0.005 | 0.167*** | -0.612** | -1.103*** | 0.607*** | 0.809*** |
| 经济增长水平 | 0.235** | 0.037 | 0.056 | -1.305*** | 0.180 | 1.139*** |
| 劳动力市场化程度 | 0.101* | 0.0123 | 0.053 | 0.368*** | 0.048 | 0.292*** |
| 城市化水平 | 0.511*** | 0.226** | 1.115*** | 0.490*** | 1.626*** | 0.654*** |
| N | 248 | 248 | 248 | 248 | 248 | 248 |
| F 或 Wald chi2 | 18.3*** | 212.31*** | 6.67*** | 57.66*** | 45.14*** | 405.65*** |

说明：括号中是变量的 t 检验值，*、** 和 *** 分别代表 10%、5% 和 1% 的显著性水平，表2~表5也如此。

在控制变量中，技术进步显著提高了高、低技能劳动力的就业水平，同时中技能劳动力却随技术进步而被替代。随着人力资本水平的提高，高技能劳动力的就业也随之增加，而中、低技能劳动力的就业份额将会下降。第三产业产值增长、经济增长对技能需求结构的影响与技术进步相似，会带来高、低技能劳动力就业的改善和中技能劳动力就业的恶化。劳动力市场化程度的提高，有利于劳动力的就业增长，且对于中、低技能劳动力的作用效果大于高技能劳动力。城市化水平对劳动力就业具有显著影响，城市化水平的提高更多是促进了高、中技能水平劳动力的就业，而并不利于低技能水平劳动力的就业。

表2 与发展中国家进出口贸易对技能需求结构的影响

| 类别 | FE(1) | GLS(1) | FE(2) | GLS(2) | FE(3) | GLS(3) |
|---|---|---|---|---|---|---|
|  | 高技能 | 高技能 | 中技能 | 中技能 | 低技能 | 低技能 |
| 出口开放度 | -0.155 | -0.15 | 0.606** | 0.285* | 0.426*** | 0.178* |
| 进口开放度 | -0.007 | -0.159 | 0.412 | 0.466 | -0.050 | -0.022 |
| N | 248 | 248 | 248 | 248 | 248 | 248 |
| F 或 Wald chi2 | 18.06*** | 217.16*** | 7.04*** | 60.82*** | 47.42*** | 406.8*** |

说明：***、**、*分别表示在1%、5%、10%显著性水平上显著。

由表2可知，向发展中国家出口显著提高了中、低技能劳动力的就业，同时对高技能劳动力的就业不存在显著影响，从发展中国家进口对各技能劳动力的影响不显著。控制变量的估计结果与表1基本相同，下文不再赘述。

### （三）稳健性检验

考虑到变量的内生性问题，我们采用两阶段最小二乘法（2SLS）对方程进行稳健性检验，估计值虽有变化但符号是一致的，且都通过了 Sargan 检验，说明估计结果稳健。

表 3 稳健性检验结果

| 类别 | 2SLS(1) 高技能 | 2SLS(2) 中技能 | 2SLS(3) 低技能 | 2SLS(4) 高技能 | 2SLS(5) 中技能 | 2SLS(6) 低技能 |
|---|---|---|---|---|---|---|
| 出口开放度-发达国家 | 0.181** | 0.100 | -0.057 | | | |
| 进口开放度-发达国家 | 0.1189 | -0.081 | 0.301 | | | |
| 出口开放度-发展中国家 | | | | -0.14** | 0.868** | 0.876*** |
| 进口开放度-发展中国家 | | | | -0.096 | 0.719** | -0.068 |
| N | 186 | 186 | 186 | 186 | 186 | 186 |
| F 或 Wald chi2 | 107.03*** | 44.49*** | 87.67*** | 120.34*** | 49.95*** | 83.55*** |

说明：***、**、*分别表示在1%、5%、10%显著性水平上显著。

## （四）分区域回归分析

从表4的检验结果可以看出，与发达国家的进出口贸易显著促进了东部地区高技能劳动力的就业，能够有效带动了资本密集型和高技术劳动密集型产业和贸易产品的发展和结构优化，但不利于低技能劳动力就业，对于东部地区资源密集型贸易产品的优化影响有限。在中部地区，与发达国家的进出口贸易整体上促进了各技能水平劳动力的就业，对于资本、劳动和资源密集型贸易产品均将产生一定促进效果。在西部地区估计结果不显著，这是由于西部地区针对发达国家的出口贸易依存度很小，在地区发展中的就业带动作用相对较弱。相对于整体回归，分区域回归后提高了进口贸易对技能劳动力影响的显著性，从发达国家进口促进了高技能劳动力的就业，抑制了中、低技能劳动力的就业。

表 4 分区域估计与发达国家进出口贸易对劳动者技能需求结构的影响

| 类别 | 东部 高技能 | 东部 中技能 | 东部 低技能 | 中部 高技能 | 中部 中技能 | 中部 低技能 | 西部 高技能 | 西部 中技能 | 西部 低技能 |
|---|---|---|---|---|---|---|---|---|---|
| 出口开放度 | 0.141** | -0.035 | 0.163*** | 0.105** | 1.21** | 1.885* | -0.0155 | 0.279 | -0.0208 |
| 进口开放度 | 0.275*** | 0.112 | -0.221*** | 0.611* | -0.624* | -0.657** | 0.076 | -0.249 | 0.240 |

续表

| 类别 | 东部 |  |  | 中部 |  |  | 西部 |  |  |
|---|---|---|---|---|---|---|---|---|---|
|  | 高技能 | 中技能 | 低技能 | 高技能 | 中技能 | 低技能 | 高技能 | 中技能 | 低技能 |
| N | 88 | 88 | 88 | 64 | 64 | 64 | 96 | 96 | 96 |
| F 或 Wald chi2 | 448.0*** | 93.8*** | 273.4*** | 187.9*** | 54.1*** | 227.6*** | 40.49*** | 31.57*** | 158.5*** |

说明：*** 、** 、* 分别表示在 1%、5%、10%显著性水平上显著。

**表5 分区域估计与发展中国家进出口贸易对技能需求结构的影响**

| 类别 | 东部 |  |  | 中部 |  |  | 西部 |  |  |
|---|---|---|---|---|---|---|---|---|---|
|  | 高技能 | 中技能 | 低技能 | 高技能 | 中技能 | 低技能 | 高技能 | 中技能 | 低技能 |
| 出口开放度 | -0.174 | -0.064 | 0.0625 | -1.500*** | -0.047 | 1.864* | -0.164* | 0.700* | 0.40* |
| 进口开放度 | 0.075 | 0.177 | -0.22 | 0.725 | 1.342* | -1.631 | -0.300 | 0.688 | -0.874 |
| N | 88 | 88 | 88 | 64 | 64 | 64 | 96 | 96 | 96 |
| F 或 Wald chi2 | 627.2*** | 73.68*** | 296.6*** | 89.07*** | 171.4*** | 107.4*** | 40.68*** | 35.17*** | 175.1*** |

说明：*** 、** 、* 分别表示在 1%、5%、10%显著性水平上显著。

如表5所示，在中、西部地区，向发展中国家出口显著增加了低技能劳动力的就业，而不利于高技能人才就业，说明向发展中国家出口的商品主要是在依赖中、低技能劳动力，也就是说中西部地区向发展中国家主要出口的是低附加值商品，以资源密集型和低技术劳动力密集型贸易产品为主。与总体估计结果相似，发展中国家的进口并没有显著影响到各区域的劳动者技能需求结构，仅在中部地区带动了对中国劳动者技能的需求。

分区域回归分析有效的区分了贸易伙伴国发展水平对各区域劳动者技能需求变动的影响力。综合来看，区域间的差异主要体现在出口方面，高发达的贸易伙伴国带动了东、中部地区高、中技能劳动力就业，而发展中的贸易伙伴国则是促进了中、西部地区的中、低技能劳动力就业。

## 四、主要结论与启示

本文基于2009~2016年省际面板数据，运用计量模型系统考察贸易开放如何影响我国劳动者技能需求结构。研究表明：从全国的实证结果来看，进口贸易对劳动者技能需求结构的影响基本不显著。在出口方面，向发展中国家的出口显著促进了对中、低技能劳动力的需求，而向发达国家的出口显著提高了高技能劳动力的需求；向发达国家出口对东、中部地区的劳动者技能需求结构产生了显著影响，有利于高、中技能劳动力的就业增长，但不利于低技能劳动力就业；向发展中国家出口主要影响的是中、西部地区的劳动者技能需求结构，提高了中、低技能劳动力的需求，但不利于高技能劳动力就业。

基于前文分析，本文有三点建议：

1. 中、西部地区要加快实现贸易开放对劳动者技能需求的调整。重视与发展中国家建立贸易伙伴关系，带动中、低技能劳动力充分就业。中、西部地区是"一带一路"沿线国家建设的重点地区，地方政府应立足地区特色、优势产业，加快对外开放的步伐，优化营商环境。借助国家政策支持，不断完善口岸、跨境运输等开放基础设施，努力扩大国际贸易合作，以带动地方经济发展和就业的改善。

2. 东、中部地区要加快推进劳动者技能结构升级。东、中部地区聚集了大量的高技能劳动力和技术密集型企业，应进一步发挥地区人力资本和技术优势，推动产业链升级，提升出口商品的技术含量。

加快走出去的步伐，培育高技术的出口主导产业，增加资本品出口。同时，整合和延伸产业链，深度融入全球产业链，扩大与发达国家的利益汇合点和优势互补点。

3. 重视"内因"对于劳动者技能需求结构的决定性作用。贸易伙伴、贸易方式的选择必然会对一国的就业产生正面或负面影响，但并不是调整技能结构的关键所在。能够对技能需求结构产生显著影响的更多是技术水平、产业结构升级、人力资本水平和劳动力市场的开放等"内因"。因此，应继续推动全国和各地区的产业结构合理化、高级化，加快推进城市化建设，鼓励企业加强自主创新、技术研发以提高科技水平，在优化内部结构的基础上，发展利于地区劳动就业的贸易伙伴关系。

## 参考文献

牛蕊. 国际贸易对工资与就业的影响：中国工业部门的经济研究[D]. 南开大学, 2009.

Goos Maarten, Alan Manning. Anna Salomons. Job Polarization in Europe[J]. American Economic Review, 2009, 99（2）.

Klugman J, Rodriguez F R, Cummins M, et al. Team for the preparation of the Human Development Report[J]. Human Development Report, 2009.

Acemoglu D. Autor D H. Skills, Tasks and Technologies：Implications for Employment and Earnings[R]. NBER Working Paper, 2010.

唐东波. 垂直专业化贸易如何影响了中国的就业结构？[J]. 经济研究, 2012（8）.

程盈莹、逯建. 垂直专业化贸易对劳动力就业结构的影响——基于中国工业行业数据的实证检验[J]. 国际商务——对外经济贸易大学学报, 2013（6）.

黄灿. 垂直专业化贸易对我国就业结构的影响——基于省际面板数据的分析[J]. 南开经济研究, 2014（4）.

周申、王奎倩、李可爱. 出口、出口目的地和技能需求结构[J]. 世界经济研究,

2015 (7).

Brambilla I, Porto G G. High-income export destinations, quality and wages [J]. Journal of International Economics, 2016 (98).

## Research on the Impact of Trade Opening on the Skill Demand Structure of Chinese Laborers

**Abstract**: Under the "Belt and Road" initiative, in the process of enhancing interconnection and interoperability with trade partners with all levels of development, the differences in the development level of various countries will have different impacts on the labor market in China. Using the provincial panel data of 2009 to 2016, Under the differences of trading partner countries, an empirical analysis of how trade openness affects the demand structure of skills was conducted and found: exports to low-income countries have significantly contributed to the demand for medium- and low-skilled labor in the central and western regions. Exports to high-income countries have significantly increased the employment share of high and medium-skilled labor in the eastern and central regions. There are regional differences in the impact of the level of development of trade partners on the demand structure of labor skills. The central and western regions should attach importance to establishing trade partnerships with countries along the "One Belt and One Road" to promote the employment of middle- and low-skilled labor force in these regions.

**Keywords**: Skills Demand Structure; Trade Partners; Trade Openness

# 附录二
# 劳动力流动范围选择的"非线性"收入效应[*]
## ——基于全国流动人口动态监测数据的实证分析

曹洁 田永晓 谭鑫

**摘 要：** 文章以2016年全国流动人口动态监测数据为样本，运用多元处理效应模型克服劳动者流动范围选择中的"自我选择"问题，并将劳动者按技能水平分组，实证考察流动范围选择的收入效应及其随劳动者技能变化产生的差异。研究发现，整体上，劳动者的工资收入随流动范围的扩大呈先上升后下降的倒"U"形非线性特征，且在同一流动范围内，收入效应随劳动者技能水平提高呈现工资极化。文章对流动范围选择的"非线性"收入效应的研究，为当前省内跨市流动人口规模的扩大和中部省会城市常住人口增长提供了微观经济学解释。

**关键词：** 流动范围选择 劳动技能 收入效应 工资极化

## 一、引言及文献回顾

《中国流动人口发展报告2018》指出，到2017年末我国流动人口已达2.44亿人，占全国人口的17.59，换言之，中国平均每六人中就有一人处在流动状态。通过迁移获得更多的就业机会、更高的工

---

[*] 本文原发表于《华东经济管理》（2020年第9期）。

资收入是各技能水平劳动力流入一个地区的主要目的，而经济发达、基础设施完善的东部沿海大型城市一直是劳动力流入的主要目的地，中国人口流动也主要以远距离的跨省流动为主。利用中国经验数据的研究也普遍验证了劳动力流动范围扩大的收入效应是线性增长的（赵伟、李芬，2007[1]；宁光杰，2012[2]；王胜今、许世存，2013[3]）。然而，2015年全国人口流动规模首次出现了下降，内陆省会城市的吸纳能力不断提升，2000~2010年，重庆、武汉、成都等中西部省会城市的流动人口规模大幅增长（段成荣、刘涛、吕利丹，2017）[4]。2011~2017年间，相对于跨省流动，人口省内跨市流动的比例持续上升。

在中国城镇化进程中，在传统人口红利逐渐减弱的背景下，越来越多的城市加入到"人才争夺战"中，落户政策逐渐放宽，高技能劳动力的收入回报不断攀升，这些因素共同助推了劳动力在地区间迁移决策的多样化。对于同一技能水平的劳动者，迁移决策对其收入和就业的影响更加凸显。与此同时，在各地不断推出人才引进优惠政策，吸引高技能人才的过程中，较低技能水平的流动人口依然面临工资收入较低、落户困难等问题。换言之，流动带来的收入效应对于不同技能水平的劳动者并不相同。那么，流动范围选择中表现出的新方向是否是劳动者在考虑迁移成本、留居可能性之后牺牲一定收入做出的理性选择，抑或是流动范围扩大对劳动者收入的影响并非线性？本文试图分析流动人口的流动范围与收入的关系，以及这一关系在考虑到劳动者技能差异后是否会有不同的表现。

劳动力的自由流动是达到人力资本回报最大化的有效途径，目前研究普遍认为通过劳动力流动能够有效增加劳动者的收入（陆铭，2016）[5]。于潇和孙悦（2017）[6]的研究同样发现，跨省相对于非跨省流动显著提高了流动人口的收入，且通过分位数回归发现这种影响对于不同收入水平的流动人口是线性的，收入越高的流动人口通过跨省流动得到了越大的收入促进效应。但随着越来越多学者关注流动范围或距离对流动人口就业、收入、市民化等方面的影响，也有研究指出流动范围产生的影响并不是线性的。宁光杰和李瑞（2016）[7]的研究发现农民工在省内跨市流动能获得高于跨县流动的收入且市民化意愿要强于跨省流动，即流动范围与市民化的关系并非简单的线性递减或递增关系。李中建和袁璐璐（2017）[8]用农民工流动范围衡量务工距离，并发现务工距离对工资收入的影响是"正U型"的。此外，针对工作强度、就业稳定性等相关问题的研究正在细化流动范围选择产生的作用，以寻找劳动者放弃远距离流动的理论依据，但较少有研究对流动范围选择带来的收入效应进行深入探讨。

同时，有学者关注到劳动者学历、技能、性别等个体特征会对劳动者的流动范围选择及其收入效应产生影响。Ernesto and Crhistian（2011）[9]对美国的墨西哥移民的研究发现，学历越低的劳动者从流动中获得的收入效应越高；而高虹（2014）[10]、王建国和李实（2015）[11]通过受教育年限、经验、职业来衡量劳动技能特征，并运用两阶段估计分析发现农民工的技能水平提高是其流入大城市、获得高溢价工资的主要原因，但未考虑劳动者流动距离与收入之间的关系。孔高文（2017）[12]等以毕业生为研究对象，发现性别显著影响了毕业生跨省、跨市就业的选择，具体表现为男性外出就业的倾向显著强于女性且工资显著高于女性，其中跨省就业的工资又高于跨市。

在研究方法上，考虑到劳动者的个体特征等差异将导致流动范围选择存在偏误，宁光杰（2012）利用处理效应模型避免选择性偏差问题，对农民工外出就业选择的收入差距进行了分析但并未进一步分析农民工技能差异在其中产生的作用。阳玉香和莫旋（2017）[13]通过在 OLS 模型中加入选择偏误项以避免"自选择"问题，并在分组讨论中发现流动范围选择的收入效应受到劳动者学历的影响，但并未展开讨论两者的关系。技能溢价是劳动者之间存在工资差异的主要原因，那么，流动范围选择的收入效应是否在不同技能劳动群体中存在差异，已有文献中鲜有对此问题的研究。

总结已有研究发现，国内对于劳动力流动中流动范围选择与收入的分析还不够深入，对于二者之间可能存在的"非线性"关系更缺少理论和实证研究。同时，将劳动者技能差异纳入分析框架后，流动范围选择的收入效应是否存在新的特征也缺少讨论。基于此，文章以2016年全国流动人口动态监测数据为样本，运用多元处理效应模型来克服个体劳动者流动范围选择中存在的"自我选择"问题，对中国劳动者的流动范围与收入之间的整体关系进行分析，并进一步分析不同技能劳动力关于流动范围选择的收入效应。

## 二、理论分析

在劳动力流动选择微观机制研究中，是基于成本收益分析框架的流动决策分析。流动决策的潜在收益包括预期工资增长、社会经济地位相对提高、职业稳定性增强、居住满意度提高等；潜在成本包括交通成本、工作搜寻成本及脱离原有社会关系、环境的心理成本等。

同时，在劳动力流动的经济理论模型中，追求收入增长、改善生活质量是劳动力流动决策的主要经济动机，且劳动力的长距离流动往往更有利于提高劳动者的工资收入。劳动力流动范围的选择是劳动者在成本收益分析下做出的理性选择，亦是追求高收入和控制流动成本后的理性平衡。在此，收益和成本都是关于流动范围的函数，且流动范围与成本的负相关关系已得到普遍认可，而收益与流动范围的关系则并不明确。从这一角度出发，本文要解决的核心问题是劳动者的收益将随流动范围改变而发生何种变化，明确流动范围选择的收益变化模式是确定收益与流动范围函数关系的重要前提，更是在成本收益分析下深化研究劳动者如何在流动范围选择决策中实现收益最大化的关键。

追求收入的增长是推动劳动力大规模远距离流动的重要原因，而交通便利度提高、通讯技术发展更削弱了流动距离的阻碍作用，降低了流动成本。而近几年劳动力回流规模不断扩大，省会城市、区域中心城市正在成为新晋的劳动力流入目的地，劳动力对短距离迁移的偏好增强。根据前文理论分析，地区间工资差距的缩小使远距离跨省流动的经济动机减弱，且传统意义上流动范围扩大与工资收入增长的线性关系受到现实挑战。从这一角度出发，本文通过理论和实证分析劳动者流动范围的选择及其收入效应的变动模式，为当前中国劳动力省内流动规模不断扩大、流动趋势改变提供一种解释。

## 三、模型构建与变量选取

### （一）模型构建

考虑到流动范围的选择可能是内生的，一些不可观测特征会影响劳动者的流动范围选择和收入的变动，导致OLS估计结果有偏。为处理流动范围选择偏差问题，且由于流动范围选择是一个多值选择变量，本文将运用多元处理效应模型（Multinomial Treatment Effect Model）来解决"自我选择"问题。

多元处理效应模型与 Maddala（1983）[14]提出的处理效应模型的

区别是处理变量由二值选择变量变为多项选择变量，其核心思想没有改变。模型包括两个部分：第一部分，基础回归方程，用来定义处理变量与被解释变量的关系：

$$lnwage_i = \beta_k X_i + \gamma LD_i + \varepsilon_i \tag{1}$$

（1）式中，$LD_i$ 是模型的处理变量，表示个体的流动范围取值，包括市内跨县流动、省内跨市流动和跨省流动三种并赋值为1、2、3。被解释变量 $lnwage_i$ 表示个体的工资水平。$X_i$ 表示其他直接影响个体工资变动的控制变量，包括性别、年龄、受教育水平、工作经验、户口类型等个人特征变量和贸易开放度、地区经济增长水平、产业结构升级、劳动力就业的市场化程度等宏观变量。

第二部分处理（treatment equation）方程，用来考察处理变量的影响因素：

$$LD_i^* = a_k Z_i + \mu_i \tag{2}$$

$$Pr(LD_i^* = 2or3 \mid Z_i) = \frac{exp(a_k z_i)}{1 + \sum_j exp(a_k z_i)} \tag{3}$$

（2）式是个体做出流动范围选择 $LD_i^*$ 的决定方程，其中 $Z_i$ 表示影响个体做出流动范围选择的变量，可以与 $X_i$ 重叠，但至少要有一个变量不在 $X_i$ 中。为更直观的比较流动范围扩大对收入的影响，本文把选择市内跨县（$LD_i^* = 1$）的样本作为参照组，（3）式中，$Pr(LD_i^* = 2or3 \mid Z_i)$ 表示在 $Z_i$ 的影响下，个体选择省内跨市流动（$LD_i^* = 2$）或跨省流动（$LD_i^* = 3$）的预测值，用于衡量个体相对于市内跨县，选择省内跨市或跨省流动的概率，预测值越高表明跨市或跨省的概率越高。

遵循了 Heckman（1979）[15]样本选择模型的传统，多元处理效应模型采用两步法进行估计。第一步利用多项 Logit 估计处理方程，得到处理变量 $LD_i$ 的预测值；第二步将 $LD_i$ 的预测值和其他控制变量 $X_i$ 一起代入基础回归方程，进行多元线性回归得到最终估计系数，以衡量劳动力流动范围改变对其工资的影响效应。

### （二）变量选取与数据说明

估计模型中所用微观个体特征数据均来自 2016 年的全国流动人口动态监测数据（Migrants Population Dynamic Monitoring Survey Data）。该数据由国家卫生计生委提供，是目前研究全国流动人口问题能够公开申请使用的最具代表性、权威性的最新数据。流动人口跨省流动规模自 2015 年首次降至 50%以下后一直延续了这一趋势，流动选择特征的相对稳定降低了对数据时效性的要求，且使用 2016 年数据进行分析能够检验本文所讨论的"非线性"收入效应是否在流动特征发生改变的初期就已经存在。2016 年共监测 169000 个样本，覆盖了全国 31 个省（区、市）和新疆生产建设兵团中流动人口较为集中的流入地，在删除工资、职业类别和受教育水平等变量缺失的样本后，最终得到 126403 个有效样本。宏观控制变量所需数据来源于 EPS 数据库、中经网数据库以及相应年份的《中国统计年鉴》。

为研究流动范围选择对收入的影响，本文估计模型中变量的选取、具体说明及数据处理方法如下：

（1）被解释变量。模型中被解释变量 $lnwage_i$ 表示劳动力的工资变化情况，用劳动力的对数工资来衡量，利用全国流动人口动态监测数据提供的个体年工资收入计算得到。

（2）核心解释变量。核心解释变量 $LD_i$ 表示劳动力的流动范围选择，用个体本次的流动范围来衡量。从表1可以看出，2013~2016年，跨省流动所占比例有所下降，虽然到2016年达到49.07%，依然是劳动力流动的主要选择，但总体规模下降显著。2016年，省内跨市流动的占比达33.58%，且四年里占比在持续上涨，市内跨县的流动人口规模变动尚未形成明显趋势。整体上，这与段成荣等（2017）对我国人口流动形势的分析相符，跨省流动趋势依然是主流，但内陆省会城市的吸纳能力不断提升，省内跨市的比例正在大幅增长。表2中，劳动力流动范围的均值为2.318，也说明流动范围主要以长距离的跨省、跨市流动为主。

表1 2013~2016年不同类型流动范围的规模和占比变化情况

单位：人

| 年份<br>流动范围 | 2013<br>人数（占比） | 2014<br>人数（占比） | 2015<br>人数（占比） | 2016<br>人数（占比） |
| --- | --- | --- | --- | --- |
| 跨省流动 | 103351(52.08%) | 102403(50.96%) | 102758(49.88%) | 82846(49.07%) |
| 省内跨市 | 57221(28.78%) | 60936(30.33%) | 62508(30.34%) | 56700(33.58%) |
| 市内跨县 | 38043(19.14%) | 37598(18.71%) | 40708(19.78%) | 29277(17.35%) |

说明：资料来源于全国流动人口动态监测数据（2013~2016年）。

（3）控制变量。本文的控制变量包括两部分，一部分是基础回归方程中 $X_i$，包括性别、年龄、受教育水平、工作经验、户口类型等个人特征变量和受访者所在地区的贸易开放度、经济增长水平、产业结构升级、劳动力市场的开放程度、常住人口规模等宏观变量。另一部分是处理方程中影响个体做出流动范围选择的变量 $Z_i$，借鉴已有研究，本文选择了性别、年龄、受教育水平、工作经验、户口类型、婚姻状况、子女数量、是否参加本地城镇养老保险和家庭在本地每月总支出等直接影响劳动者流动范围选择的变量。Heckman两步法虽然计算方便，但是第一步估计的误差会被带入第二步中，为提高估计效果，本文将在处理方程的估计中通过逐步回归对 $Z_i$ 变量的选取进行筛选，以保证处理效应模型设定的合理性。

上述各变量及其基本统计描述见表2所列。

表2 变量的描述性统计

| 变量 | 赋值说明 | 平均值 | 标准差 | 最小值 | 最大值 |
| --- | --- | --- | --- | --- | --- |
| 工资收入 | 年工资收入(元) | 49000 | 59000 | 24 | 1500000 |
| 本次流动范围 | 市内跨县=1;省内跨市=2;跨省=3 | 2.318 | 0.775 | 1 | 3 |
| 性别 | 男性=1;女性=0 | 0.582 | 0.493 | 0 | 1 |
| 年龄 | 年龄(年) | 34.89 | 9.657 | 15 | 59 |
| 受教育水平 | 受教育年限(年) | 10.03 | 2.945 | 0 | 19 |
| 工作经验 | 工作经验(年)=年龄-受教育年限-6(入学年龄) | 18.86 | 10.99 | 0 | 53 |
| 户口 | 非农户口=1;农业户口=0 | 0.16 | 0.367 | 0 | 1 |
| 贸易开放 | 所在省进出口贸易总额与地区生产总值的比值 | 0.311 | 0.299 | 0.017 | 1.180 |
| 经济增长水平 | 所在省人均GDP的对数值 | 10.88 | 0.401 | 10.180 | 11.560 |
| 产业结构升级 | 所在省第三产业占GDP的比重 | 0.478 | 0.089 | 0.354 | 0.779 |
| 劳动力市场的开放程度 | 所在省非国有单位就业人员占城镇总就业人员的比重 | 0.814 | 0.088 | 0.172 | 0.911 |
| 人口规模 | 所在地级市的常住人口规模(万人)的对数值 | 5.469 | 1.055 | 2.314 | 7.659 |
| 婚姻状况 | 有偶=1;无偶=0 | 0.783 | 0.412 | 0 | 1 |
| 子女数量 | 子女数量(人) | 1.383 | 0.719 | 0 | 5 |
| 家庭每月总支出 | 家庭在本地的每月总支出(元)的对数值 | 7.899 | 0.600 | 3.401 | 11.608 |
| 参保情况 | 参加本地城镇养老保险=1;未参加=0 | 0.182 | 0.386 | 0 | 1 |

说明：受教育年限表示为：未受教育=0、小学=6、初中=9、高中、中专和技校=12、专科（成人教育）=14、专科（全日制教育）=15、本科=16、研究生及以上=19。

## 四、实证结果分析

### (一)流动范围的选择

首先分析个体劳动者在跨省、跨市或跨县流动中的选择。多元处理效应模型中,通过多元 Logit 模型估计得到个体相对于跨县流动而选择跨省或跨市流动的系数,结果见表 3。

**表 3　多元处理效应模型估计第一步:多元 Logit 估计结果**

| 解释变量 | 跨市($LD_i^* = 2$) | 跨省($LD_i^* = 3$) | 解释变量 | 跨市($LD_i^* = 2$) | 跨省($LD_i^* = 3$) |
| --- | --- | --- | --- | --- | --- |
| 性别 | 0.031 *<br>(0.019) | 0.046 ***<br>(0.018) | 婚姻状况 | 0.031<br>(0.057) | 0.320 ***<br>(0.060) |
| 年龄 | 2.172<br>(1.622) | 8.315 ***<br>(1.627) | 子女数量 | 0.013<br>(0.016) | 0.141 ***<br>(0.016) |
| 年龄的平方 | -0.295<br>(0.218) | -1.109 ***<br>(0.212) | 家庭每月总支出 | 0.425 ***<br>(0.024) | -0.127 ***<br>(0.025) |
| 受教育水平 | -0.030 ***<br>(0.007) | -0.068 ***<br>(0.007) | 参保情况 | 0.191 ***<br>(0.030) | -0.231 ***<br>(0.031) |
| 工作经验 | -0.277 ***<br>(0.095) | -0.011<br>(0.100) | 常数项 | -0.821<br>(2.923) | -6.224 **<br>(2.922) |
| 户口 | 0.052 *<br>(0.029) | -0.155 ***<br>(0.031) | 观测值 | 126403 | 126403 |

说明:表中的所有标准误都是稳健标准误;每个观测值采取了 20 次模拟刻画;***、**、* 分别表示在 1%、5%、10% 显著性水平上显著。

由表 3 可知,男性选择远距离流动的概率更高,且对于跨省流动的影响更大也更显著。相比市内跨县流动,劳动者选择跨市或跨省流动的可能性随年龄增长先提高再下降,且对跨市流动的影响不显著,而对跨省流动的影响在 1% 的显著性水平上显著,这与宁光杰(2012)等的研究结果一致。受教育水平提高使劳动者选择远距离流动的概率降低，与赵耀辉（1997）[16]、戚晶晶（2013）[17]的结论一致，可能的原因是较高学历的劳动者能够在本地就业竞争中获得更多更好的就业机会，本地劳动力的"就业挤压"效应使较低学历的劳动力选择跨省流动。工作经验带来的影响与受教育水平相似，但对选择跨省流动不显著。具有城镇户口的劳动者更倾向于选择跨县或跨市流动，这可能是受到户籍制度的影响，城镇劳动力能够在本地或近距离流动范围内获得工作和较高收入。已婚有偶和子女数量的增加使劳动者更倾向于选择跨省流动，可能的原因是劳动者期望通过跨省流动增加获得工作的机会和更高的工资，为家庭创造更好的生活条件（刘杜若和邓明，2017[18]；韩淑娟和马瑜，2013[19]）。家庭支出的增加，增加了家庭的经济负担而不利于劳动者选择跨省流动，但却显著增加了其跨市流动的可能性。劳动者参加了养老保险，并不利于其选择跨省流动，这可能是由于参保的劳动者是正规就业者或拥有较稳定职业而较少选择跨省流动，且养老保险跨省转移制度一定程度上增加了跨省流动的障碍。因此，参加养老保险促进了劳动者选择跨市流动的可能。

### （二）流动范围选择的收入效应

在对流动范围"自我选择"问题进行处理后，本文对流动范围选择带来的收入效应进行了多元回归估计，估计结果见表4所列。比较跨省流动和跨市流动的估计系数可以看出，相对市内跨县流动，流动范围的扩大显著提高了劳动者的收入，且跨市流动的促进作用要强于跨省流动。这与李中建和袁璐璐（2017）的研究结论相似，流动距离的扩大对于劳动者收入的影响并不是线性的，从跨县流动到跨市流动，劳动者的收入效应在扩大，而从跨市流动到跨省流动，劳动者的收入效应在减小，即流动范围选择的收入效应表现出"非线性"增长的特征。Lambda 值表示处理效应模型中风险函数的估计值，Lambda 显著说明拒绝原假设，跨省流动、跨市流动均与跨县流动存在显著差异，处理效应模型设定合理。控制变量中，男性的收入增长高于女性；年龄对收入的影响呈倒"U"形；受教育水平提高和工作经验积累都有利于工资增长；非农户籍流动人口的收入要高于农业户口的流动人口。宏观经济变量中，流动人口所在省份的贸易开放、经济增长能够显著提高劳动者的工资。值得注意的是，劳动力市场的开放对流动人口工资增长的作用尤其明显，开放程度提高1%，将使流动人口的工资增长0.68%。此外，产业结构升级也将显著提高流动人口的工资，流动人口所在地级市常规人口规模扩大也对流动人口的工资增长产生了促进作用。

表4 多元处理效应模型估计第二步：多元线性回归估计

| 解释变量 | 工资变动 | 解释变量 | 工资变动 |
| --- | --- | --- | --- |
| 跨市($LD_i^* = 2$) | 0.142*** (0.007) | 户口 | 0.081*** (0.005) |
| 跨省（($LD_i^* = 3$)） | 0.071*** (0.008) | 贸易开放 | 0.036*** (0.008) |
| 性别 | 0.279*** (0.003) | 劳动力市场的开放程度 | 0.638*** (0.030) |
| 年龄 | 4.570*** (0.238) | 经济增长水平 | 0.043*** (0.007) |
| 年龄的平方 | -0.683*** (0.031) | 产业结构升级 | 0.477*** (0.029) |
| 受教育水平 | 0.035*** (0.001) | 常住人口规模 | 0.014*** (0.002) |
| 工作经验 | 0.104*** (0.014) | 常数项 | 1.510*** (0.425) |
| lambda_2 | -0.111*** (0.007) | lambda_3 | 0.070*** (0.008) |

说明：表中的所有标准误都是稳健标准误；每个观测值采取了20次模拟刻画；***、**、*分别表示在1%、5%、10%显著性水平上显著。

如前文所述，流动劳动者在技能水平上存在较大差异，本文将不同技能水平的劳动者进行分组，进一步分析收入效应随劳动者技能表现出的差异。基于流动人口从事的职业和受教育水平，并根据国际标准职业分类 ISCO 提供的职业技能水平标准与 ISCED 国际标准受教育水平的对照，本文将劳动者分为低、中、高技能三类。

同样利用多元处理效应模型，本文对低、中、高技能劳动力的流动范围选择及其收入效应进行了实证分析，多元 Logit 的估计结果与全样本估计基本一致，不再进行报告。从表 5 可以看出，不同技能水平劳动力选择跨省或跨市流动带来的收入效应差异。

首先，与全样本回归估计结果一致，各技能水平劳动力选择跨市流动均显著促进了工资收入的增长且估计系数整体大于跨省流动。这验证了全样本估计结果的稳健性，且再次说明流动范围选择带来的收入效应并非是线性增长的，而表现出"非线性"的特征。这能够从收入获得方面解释当前流动人口跨市流动规模扩大的现象。其次，比较各类技能劳动力的收入效应系数能够看出，中技能劳动力通过跨省或跨市流动获得的工资回报要小于低技能和高技能劳动力，这符合 Autor and Dorn（2013）[20]利用空间均衡分析得到的研究结论。Autor and Dorn（2013）的研究发现，当劳动力市场上存在工资极化时[1]，劳动力的流入将加剧工资的极化。在对我国流动人口工资结构的研究中，屈小博等（2015）[21]发现我国流动人口正在从中等收入（或中等技能）的岗位转向低收入（或低技能）和高收入（或高技能）岗位，流动人口群体的工资和就业极化已经发生。流动范围选择的收入效应在不同技能劳动力之间的差异进一步验证了流动人口群体中工资极化的存在。各控制变量对不同技能劳动力的收入影响虽有所不同，但整体上与全样本估计结果一致，不再赘述。

表 5 流动范围选择的收入效应：对不同技能劳动力的分组估计结果

| 类别 | 低技能 | 中技能 | 高技能 |
| --- | --- | --- | --- |
| 跨市($LD_i^* = 2$) | 0.134*** <br> (0.014) | 0.058*** <br> (0.011) | 0.210*** <br> (0.023) |
| 跨省($LD_i^* = 3$) | 0.106*** <br> (0.014) | 0.047*** <br> (0.012) | 0.146*** <br> (0.030) |
| 性别 | 0.271*** <br> (0.004) | 0.308*** <br> (0.005) | 0.285*** <br> (0.009) |
| 年龄 | 4.788*** <br> (0.331) | 2.846*** <br> (0.376) | 4.004*** <br> (0.806) |
| 年龄的平方 | −0.735*** <br> (0.043) | −0.423*** <br> (0.048) | −0.572*** <br> (0.107) |
| 受教育水平 | 0.034*** <br> (0.002) | 0.021*** <br> (0.002) | 0.051*** <br> (0.003) |
| 工作经验 | 0.152*** <br> (0.021) | 0.056** <br> (0.027) | 0.121*** <br> (0.032) |
| 户口 | 0.072*** <br> (0.006) | 0.051*** <br> (0.008) | 0.045*** <br> (0.011) |
| 贸易开放 | 0.074*** <br> (0.013) | −0.020 <br> (0.013) | 0.092*** <br> (0.024) |
| 劳动力市场的开放程度 | 0.799*** <br> (0.041) | 0.291*** <br> (0.052) | 0.749*** <br> (0.092) |
| 经济增长水平 | 0.033*** <br> (0.012) | 0.044*** <br> (0.012) | 0.080*** <br> (0.023) |
| 产业结构升级 | 0.283*** <br> (0.038) | 0.333*** <br> (0.055) | 0.765*** <br> (0.075) |
| 常住人口规模 | 0.014*** <br> (0.002) | 0.005* <br> (0.003) | 0.765*** <br> (0.075) |
| 常数项 | 1.705*** <br> (0.600) | 4.812*** <br> (0.649) | 0.765*** <br> (0.075) |
| lambda_2 | −0.103*** <br> (0.016) | −0.024*** <br> (0.008) | −0.123*** <br> (0.021) |
| lambda_3 | 0.033** <br> (0.015) | 0.058*** <br> (0.010) | 0.055* <br> (0.029) |
| 观测值 | 79006 | 34081 | 13316 |

说明：表中的所有标准误都是稳健标准误；每个观测值采取了20次模拟刻画；***、**、* 分别表示在1%、5%、10%显著性水平上显著。

综上所述，劳动者流动范围的选择对其工资收入产生了"非线性"的影响：随着流动范围由"跨县—跨市—跨省"不断扩大，劳动者的收入呈现先增长再下降的倒"U"形特征，但跨省流动对收入的提高作用依然比跨县流动强。在考虑了劳动者的技能差异后发现：第一，对同一技能水平的劳动力，流动范围扩大带来的收入效应符合倒"U"形特征，如图1（a）。第二，同一流动范围下，劳动者的工资随技能水平提高呈现出先下降再上升的"U"形极化特征（如图1）。最终，本文将这一特征总结为流动范围选择的"非线性"收入效应。

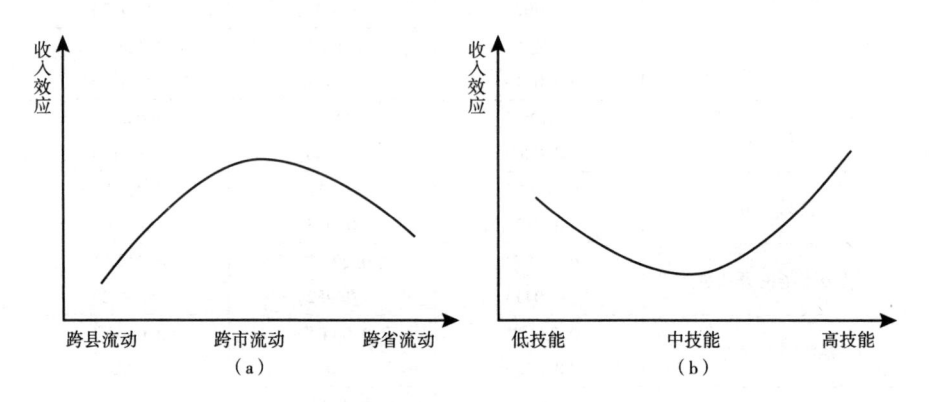

图1 流动范围选择的"非线性"收入效应

## 五、稳健性检验

考虑到劳动力所在地区的发展差异将会影响到流动人口的工资水平，本本将根据劳动力现居住城市和省份对样本进行分组回归，以期更加全面深入地分析劳动力流动范围选择的收入效应。

## （一）按城市分组估计

全国流动人口动态监测数据的样本覆盖了全国 31 个省（区、市），在剔除无效数据后，2016 年的样本来自 280 个地级市，这些城市在经济发展、资源禀赋上均存在较大差异。2014 年 11 月，国务院发布的《关于调整城市规模划分标准的通知》中按城市常住人口规模将城市划分为超大城市、特大城市等五类。借鉴 2014 年标准，并考虑到城市行政区域等级对于其基础设施投入、经济发展条件等方面有重大影响，本文最终根据城市的行政区域等级和常住人口规模两个因素将城市划分为三类：第一类特大城市，包括北上广深等 14 个常住人口达到 500 万以上的省直辖市；第二类大城市，包括石家庄、济南等 19 个省会城市[②]；第三类中小城市，包括了调查中涉及的各地级市。

由表 6 可知，在三类城市中，跨省流动的工资增长均小于跨市流动，说明流动范围选择的收入效应在不同城市中都表现出倒"U"形的"非线性"特征，分城市的估计结果验证了全样本估计结果的稳健性。$lambda\_2$、$lambda\_3$ 显著说明多元处理效应模型的估计结果合理有效。比较三类城市的系数大小可见不同城市间的差异，在特大城市组，劳动力流动对于工资的促进作用显然小于大城市组和中小城市组。本文认为这与特大城市流动人口落户困难、劳动力市场上竞争更加激烈有关。近几年来，流动人口的返乡正是本文估计结果的现实反映。很多流动人口在特大城市难以获得市民身份，人力资本优势难以发挥，而中西部省会城市的落户政策相对宽松，大量企业迁入带动了当地劳动力需求增长和工资水平的提高，北京、上海等特大城市的周边城市也因承接特大城市的功能疏解而获得发展机遇。因此，2015

年全国流动人口规模首次出现了下降且省内跨市流动的规模和比例不断增长。

表6 流动范围选择的收入效应:样本分城市估计结果分析

| 类别 | 特大城市 | 大城市 | 中小城市 |
| --- | --- | --- | --- |
| 跨市($LD_i^* =2$) | 0.087*** | 0.180*** | 0.160*** |
|  | (0.015) | (0.019) | (0.009) |
| 跨省($LD_i^* =3$) | 0.032 | 0.080*** | 0.063*** |
|  | (0.024) | (0.016) | (0.010) |
| $Obs$ | 32090 | 25219 | 69094 |
| $lambda\_2$ | -0.061*** | 0.119*** | -0.112*** |
|  | (0.013) | (0.019) | (0.008) |
| $lambda\_3$ | 0.057** | -0.075*** | 0.082*** |
|  | (0.023) | (0.013) | (0.009) |

说明:表中省略了多元处理效应模型中对处理方程的估计结果以及对收入产生影响的其他控制变量的估计结果;表中的所有标准误都是稳健标准误;每个观测值采取了20次模拟刻画;***、**、*分别表示在1%、5%、10%显著性水平上显著。

为进一步考察不同技能劳动力在流动范围选择中获得的收入效应,本文以特大城市的流动人口为样本进行分组回归,具体结果见表7。对比不同技能组,省内跨市流动对中技能劳动力工资增长的影响最小且不显著,跨省流动对中技能劳动力工资的影响为负且不显著。综合来看,劳动力流动范围扩大对不同技能劳动力工资的影响保持了"U"形结构特征,换言之,劳动力的流动促进了特大城市流动人口的工资极化,这从工资技能结构变动方面印证了梁文泉和陆铭(2015)[22]对城市规模扩大促进就业技能结构极化的结论。

表 7 特大城市不同技能劳动力的收入效应估计结果分析

| 特大城市 | 低技能 | 中技能 | 高技能 |
| --- | --- | --- | --- |
| 跨市($LD_i^* =2$) | 0.091*** | 0.034 | 0.168*** |
| | (0.020) | (0.027) | (0.046) |
| 跨省($LD_i^* =3$) | 0.040 | -0.039 | 0.099* |
| | (0.027) | (0.026) | (0.052) |
| Obs | 20015 | 7346 | 4729 |
| lambda_2 | -0.083*** | -0.055*** | -0.062* |
| | (0.018) | (0.018) | (0.038) |
| lambda_3 | 0.054** | 0.034** | 0.021 |
| | (0.025) | (0.016) | (0.043) |

说明：表中省略了多元处理效应模型中对处理方程的估计结果以及对收入产生影响的其他控制变量的估计结果；表中的所有标准误都是稳健标准误；每个观测值采取了20次模拟刻画；***、**、*分别表示在1%、5%、10%显著性水平上显著。

## （二）按地区分组估计

根据我国第五、第六次人口普查的数据显示，东部地区的流动人口约占全国流动人口规模的2/3。国家统计局发布的《2018年全国农民工监测调查报告》指出，流入东部地区的农民工达15808万人，占54.8%，比2017年减少了185万人，中西部地区则增加了378万人。同时，中西部地区农民工的省内流动占比逐年上升，到2017年，中部地区农民工省内流动占比达49%，西部地区达39%，且中西部省份吸纳跨省流动人口的占比也在抬升。由此可见，我国流动人口分布存在显著的地区差异，虽然东部地区作为主要的人口流入区域的现状长期不变，但近两年中西部地区的流入规模增长迅速，吸纳能力不断增强。基于地区间的差异，本文对流动人口按现居地进行了分地区的回归分析。

由表8可知，流动范围扩大的倒"U"形收入效应在东、中部地区依然存在，但在西部地区表现出不同。在西部省份，流动范围选择的收入效应呈线性增长，跨省流动的收入效应最大，这是由于西部各省受经济发展水平的制约，且内部发展水平差异不大，流动人口在省内流动的效益并不突出，省会城市的就业机会和工资水平对省内劳动力的吸引力不如东、中部地区，导致其难以在省内劳动力市场上发挥地方优势，吸引和留住省内劳动力。横向比较各组估计系数发现，中部地区流动人口在省内跨市流动获得的收入效应相对更大，这一定程度上解释了近两年中部地区流动人口回流增加、中部省会城市常住人口快速增长的现象。

表 8 流动范围选择的收入效应：样本分地区估计结果分析

|  | 东部地区 | 中部地区 | 西部地区 |
| --- | --- | --- | --- |
| 跨市（$LD_i^* = 2$） | 0.102 *** <br> (0.011) | 0.206 *** <br> (0.014) | 0.065 *** <br> (0.019) |
| 跨省（$LD_i^* = 3$） | 0.018 * <br> (0.010) | 0.078 *** <br> (0.019) | 0.214 *** <br> (0.017) |
| Obs | 65440 | 27885 | 33078 |
| lambda_2 | −0.068 *** <br> (0.008) | −0.162 *** <br> (0.015) | 0.101 *** <br> (0.020) |
| lambda_3 | 0.134 *** <br> (0.007) | 0.050 *** <br> (0.017) | −0.103 *** <br> (0.017) |

说明：表中省略了多元处理效应模型中对处理方程的估计结果以及对收入产生影响的其他控制变量的估计结果；表中的所有标准误都是稳健标准误；每个观测值采取了20次模拟刻画；*** 、** 、* 分别表示在1%、5%、10%显著性水平上显著。

东部地区作为流动人口的主要迁移目标，聚集了各类技能水平的劳动者。以东部地区样本为例，本文对不同技能劳动力在流动范围变化中的收入效应展开分析。

表9估计结果显示，跨省流动与省内跨市流动都使高技能劳动力

获得了最大的收入增长效应，低技能次之，中技能所受带动作用最小。流动范围选择的收入效应均随技能提高呈现出"U"形特征，这与全样本和特大城市组的估计结果一致。此外，对于同一技能水平的劳动力来说，跨市流动带来的收入效应依然最大。

表9 东部地区不同技能劳动力的收入效应估计结果分析

| 东部地区 | 低技能 | 中技能 | 高技能 |
| --- | --- | --- | --- |
| 跨市($LD_i^* = 2$) | 0.122*** | 0.055*** | 0.190*** |
|  | (0.016) | (0.016) | (0.029) |
| 跨省($LD_i^* = 3$) | 0.028* | 0.012 | 0.122*** |
|  | (0.014) | (0.017) | (0.030) |
| Obs | 34747 | 22835 | 7858 |
| lambda_2 | −0.102*** | −0.016* | −0.089*** |
|  | (0.014) | (0.009) | (0.019) |
| lambda_3 | 0.152*** | 0.061*** | 0.103*** |
|  | (0.012) | (0.009) | (0.020) |

说明：表中省略了多元处理效应模型中对处理方程的估计结果以及对收入产生影响的其他控制变量的估计结果；表中的所有标准误都是稳健标准误；每个观测值采取了20次模拟刻画；***、**、*分别表示在1%、5%、10%显著性水平上显著。

## 六、结论与启示

本文利用2016年全国流动人口动态监测数据，采用多元处理效应模型，克服劳动者流动范围选择中的"自我选择"问题，并将劳动者按技能水平分组，以分析流动范围选择的收入效应及其随劳动者技能变化产生的差异。在此基础上，通过对流动人口按城市、地区分组分析检验了估计结果的稳健性。通过实证检验最终发现，流动范围选择的收入效应具有"非线性"特征。具体而言：跨市流动的收入效应大于跨县流动和跨省流动，劳动者的工资收入随流动范围的扩大呈先上升后下降的倒"U"形特征；中技能劳动力的工资增长要显著小于高、低技能劳动力，流动范围选择的收入效应随劳动者技能水平提高呈先下降后上升的"U"形极化特征。

以上结论带来了如下启示：

第一，在当前各城市人才争夺战大背景下，对于个体劳动者来说，迁移决策对其收入的影响正在变得越来越重要，流动范围的扩大虽在整体上增加了劳动者获得较高收入的可能性，但在流动范围选择上并不是越远越好，寻找一个"适度"的流动范围能够为劳动者带来最大化的工资收入。从实证结果来看，选择省内跨市流动是当前国内流动人口的一个理性选择。

第二，传统人口红利的消失使得劳动力资源成为地区间竞争的关键要素之一，省会城市对于省内劳动力在地方文化、制度、社会资源等方面具有得天独厚的吸引力，经济实力的增强和公共政策的开放将进一步帮助其吸引省内劳动力。近两年，东中部地区省会城市的快速崛起正是这一研究发现的现实写照。而在分组检验中，西部地区劳动力跨省流动的收入效应大于跨市流动，这说明在劳动力回流不断增长的良好势头下，西部地区必须不断修炼内功，提高城市经济社会发展水平，才能发挥出地方文化、资源等优势，吸引和留住更多人才。

第三，流动范围选择的收入效应表明了劳动者"择城"的重要性，同时，收入效应随劳动者技能水平变化表现出的"U"形特征则说明了劳动者"择业"的重要性。从事常规操作类工作的中等技能劳动者正在被智能化的机器设备替代，其相对低技能劳动者的工资优势正在消失。对于个体劳动者而言，在接受教育、增加培训的同时，选择从事更多交互任务、更需要创新思维的工作岗位是提高收入的有效途径。

本文就劳动力流动选择及其收入效应进行了较为深入的实证分析，但对于"非线性"收入效应形成的原因还缺少更深层次的理论分析。在考虑了劳动者技能差异后，"非线性"收入效应依然存在，且一定程度上验证了当前劳动力市场上存在工资极化的研究结论。这一问题是当前经济结构转型升级中劳动力市场结构变化的重要趋势之一，但国内对此才刚刚加以关注，值得进一步展开研究。

## 注释

①工资极化指高技能和低技能劳动力的工资相对增长，同时中技能劳动力工资相对下降的工资变化特征，即工资变动随劳动力技能提高呈"U"形特征。其发生是因为技术进步、贸易外包、产业结构调整等导致了就业极化，进而影响了工资结构变动。

②本文特大城市包括：北京、上海、天津、重庆、成都、西安、沈阳、哈尔滨、南京、杭州、武汉、广州、汕头、深圳；大城市包括：石家庄、福州、济南、海口、太原、长春、合肥、南昌、郑州、长沙、呼和浩特、南宁、贵阳、昆明、兰州、西宁、银川、乌鲁木齐、拉萨；中小城市包括各地级市。

## 参考文献

[1] 赵伟、李芬. 异质性劳动力流动与区域收入差距：新经济地理学模型的扩展分析[J]. 中国人口科学，2007（1）：27-35.

[2] 宁光杰. 自选择与农村剩余劳动力非农就业的地区收入差异——兼论刘易斯转折点是否到来[J]. 经济研究，2012（s2）：42-55.

[3] 王胜今、许世存. 吉林省流动人口的就业特征及其影响因素分析. 吉林大学社会科学学报[J]，2013（3）：5-15.

[4] 段成荣、刘涛、吕利丹. 当前我国人口流动形势及其影响研究[J]. 山东社会科学，2017（9）：63-69.

[5] 陆铭. 大国大城：当代中国的统一、发展与平衡[M]. 上海人民出版社，2016：21-42.

[6] 于潇、孙悦. 城镇与农村流动人口的收入差异——基于2015年全国流动人口动态监测数据的分位数回归分析 [J]. 人口研究, 2017, 41 (1): 84-97.

[7] 宁光杰、李瑞. 城乡一体化进程中农民工流动范围与市民化差异 [J]. 中国人口科学, 2016 (4): 37-47.

[8] 李中建、袁璐璐. 务工距离对农民工就业质量的影响分析 [J]. 中国农村经济, 2017 (6): 70-83.

[9] Aguayo-Tellez E, Rivera-Mendoza C, Migration from Mexico to the United States: Wage Benefits of Crossing the Border and Going to the U.S. Interior [J]. Politics and Policy, 2011, 39 (1): 119-140.

[10] 高虹. 城市人口规模与劳动力收入 [J]. 世界经济, 2014 (10): 145-164.

[11] 王建国、李实. 大城市的农民工工资水平高吗？[J]. 管理世界, 2015 (1): 51-62.

[12] 孔高文, 刘莎莎, 孔东民. 我们为何离开故乡？家庭社会资本、性别、能力与毕业生就业选择. [J]. 经济学: 季刊, 2017, 16 (1): 621-648.

[13] 阳玉香, 莫旋. 政府培训能增加流动人口的收入吗？——基于Blinder-Oaxaca分解的实证研究 [J]. 人口与经济, 2017 (4): 119-126.

[14] Maddala G. S. Limited dependent and Qualitative Variables in Econometrics [M]. Cambridge University Press, 1983: 116-135.

[15] Heckman J. J., Sample Selection Bias as a Specification Error [J]. Econometrica, 1979, 47: 153-161.

[16] 赵耀辉. 中国农村劳动力流动及教育在其中的作用——以四川省为基础的研究 [J]. 经济研究, 1997 (2): 37-42.

[17] 戚晶晶, 许琪. 农村劳动力跨省流动与流入省吸引力的分析——基于传统劳动力迁移、人力资本、新劳动力迁移与制度变迁理论 [J]. 人口与经济, 2013 (3): 53-61.

[18] 刘杜若, 邓明. 留下还是外出: 贸易开放、劳动力技能水平和就业地选择. 国际经贸探索 [J]. 2017 (4): 54-68.

[19] 韩淑娟, 马瑜. 转型期劳动力回流问题研究——以山西抽样调查为例 [J]. 经济问题, 2013 (5): 61-65.

[20] Autor, D H, Dorn D, The Growth of Low-Skill Service Jobs and the Polarization of the US Labor Market [J]. American Economic Review, 2013, 103 (5): 1553-1597.

[21] 屈小博, 程杰. 中国就业结构变化:"升级"还是"两极化"？[J]. 劳动经济研究, 2015 (1): 119-144.

[22] 梁文泉, 陆铭. 城市人力资本的分化: 探索不同技能劳动者的互补和空间集聚 [J]. 经济社会体制比较, 2015 (3): 185-197.

# Study on the "Non-Linear" Income Effects of Flow Range Selection

## ——Empirical Analysis Based on the Analysis of National Floating Population Dynamic Monitoring Data

Cao Jie[1], Tian Yongxiao[2]

**Abstract**: This paper is based on the 2016 national floating population dynamic monitoring data, using the multivariate treatment effect model to overcome the problem of "self-selection" in the selection of labor mobility range and grouping according to the skill level of workers in order to analyze the income effects of the selected flow range and its differences in worker skill changes. The study found that the wage of workers on the whole shows an inverted "U" type non-linear characteristic that increases first and then decreases with the expansion of the flow range, and within the same flow range, the income effect shows the polarization of wages as workers' skill levels increase. The "non-linear" variation of income effects provides a microeconomic explanation for the expansion of the "inter-province cross-city" floating population and the permanent population growth in central provincial capitals.

**Keywords**: Flow Range Selection; Labor Skills; Income Effect; Wage Polarization

# 附录三
# "斜杠"青年的收入和福利分析\*
## ——基于 CGSS2012、2013、2015 的经验研究

曹洁 罗淳

**摘 要:** 本文首先对"斜杠"青年及其就业模式进行了界定,并基于中国综合社会调查(CGSS)2012 年、2013 年和 2015 年数据,通过倾向值匹配法对"斜杠"青年的收入和福利回报进行实证分析。研究发现:成为"斜杠"青年显著提高了劳动者的收入和福利水平。经过分组匹配还发现,"斜杠"青年的收入和福利回报存在"年龄门槛":年轻的"斜杠"青年能够获得更高的收入和福利回报,同时存在"学历门槛"导致低学历"斜杠"青年的收入和福利没有显著改善。此外,"斜杠"青年中还存在性别隔离,使男性"斜杠"青年能够获得高于女性的收入和福利回报。

**关键词:** "斜杠"青年 多重职业 倾向值匹配 异质性

## 1 引言

"互联网+"时代的到来,使传统大规模的工业化生产方式受到冲击,柔性组织、弹性生产、无边界组织越来越被接受,生产组织方式的改变也逐步影响了劳动者的就业模式,越来越多的劳动者选择了更为灵活、自主的就业方式,而不是依赖于唯一的雇主(孙亚男、

---

\* 本文原发表于《南方人口》(2018 年第 3 期)。

2017)。在劳动力市场上具有一定竞争力的劳动者甚至成为产品和服务的独立供应商，打破了传统的雇佣关系，建立起新的合作关系。

为了追求更高的经济收入、寻求更多元的职业发展机遇，多重职业成为青年群体在职业发展中的一种新型就业模式，"斜杠青年"应运而生。Alboher（2007）首先提出了"斜杠青年"的概念，用于定义在介绍自己时，需要用斜杠区分多个职业的青年人。随着国内这一群体的增加，学者们开始从人群界定（敖成兵，2017）、产生的社会背景（杜敏，2017）、职业规划（黄英，2017）等方面对这一群体展开研究，但较少从就业模式的角度对"斜杠青年"进行定义。借鉴已有研究，本文将"斜杠"青年定义为拥有多重职业身份及收入来源的新型灵活就业者，其代表了青年劳动者对自主、多元化和经济独立生活的向往。

当前，我国正在实施积极的就业政策，加强对灵活就业和新就业形态的支持①以缓解就业压力。"斜杠"青年的出现，正是新就业形态得到青年劳动者接纳，发挥就业促进作用的体现，代表了对传统灵活就业方式的突破。传统的灵活就业大多出现在次级劳动力市场上，是对稳定就业的补充，对从业者的技能要求较低，灵活就业人员的受教育水平偏低，就业质量不高，劳动者更多是"被动"就业，合法权益经常难以得到有效保障（刘洪银，2009；韩巍，2017）。然而，生产组织形式变革、技术进步，使得灵活就业的形式越来越多样化（李坤刚，2017）。具备较高技能、多项技能的青年劳动者在劳动力市场上处于相对主动的地位，在劳动报酬、劳动条件、职业尊严等方面都具有明显的优越性（胡凤霞、姚先国，2011）。也就是说，"斜杠"青年一方面具备在劳动力市场上获得较高收入和福利的人力资本优势，通过多重

---

① 《2017年国务院政府工作报告》。

就业可以提高人力资本回报，另一方面就业模式的灵活性、非正规性增加了"斜杠"青年面临福利损失的风险。那么，青年劳动者选择成为"斜杠青年"是否如个人预期获得了更高的收入，更自由的工作模式，更幸福的生活？围绕这一问题，本文将通过理论和实证研究分析成为"斜杠青年"对青年劳动者的收入、工作时间及主观幸福感产生了何种影响，以评估"斜杠青年"代表的新型就业模式能否促进青年劳动者的就业和福利增加，成为一种好的职业发展方向。

## 2 文献综述

"斜杠青年"所代表的新型就业模式，具有一定的非正规性、灵活性，本文将通过对相关文献的梳理，以期从理论上厘清"斜杠青年"收入和福利的变动方向。

现有研究把非正规就业者界定为：非农就业中的自营劳动者、家庭帮工和未签订劳动合同的雇员（吴要武，2009）以及非正规部门的雇主、签订了劳动合同但未参加基本养老保险或基本医疗保险的雇员（薛进军、高文书，2012）。非正规就业中形成的劳动关系未被纳入国家劳动法规、社保等制度架构，难以受到正式制度的充分保护或制约，存在收入和福利损失的风险（吴要武、蔡昉，2006）。但也有研究指出，非正规就业者存在显著的内部差异，在劳动力的人力资本优势作用下，具备较高人力资本的劳动者有可能获得高于正规就业的收入（魏下海、余玲铮，2012；张延吉、秦波，2015；吕梦捷，2017）。"斜杠"青年在就业过程中不同于完全意义上的非正规就业者，他们往往拥有一份签订劳动合同，参与社保的正规就业工作，同时又拥有其他未签订劳动合同的非正规就业的工作。

"斜杠"青年从事多职业工作，不但可以增加收入来源，且多职业间的关联支撑也有利于增加收入，但当多个职业间存在冲突时，也存在收入损失的潜在风险。"斜杠"青年既具备获得较高收入的人力资本优势，又游离于正规与非正规劳动关系之间，面临劳动保障缺失的问题。因此，有必要对"斜杠"青年的收入回报进行深入分析。

就业模式不单影响着劳动者的收入，也将对劳动者的其他福利，如工作自主性、社会地位认同、主观幸福感等产生影响（Jahoda，1982）。非正规的、多元的就业模式，一方面通过增加工作的灵活性和劳动者的自由度，提高了劳动者的主观幸福感（胡凤霞、姚先国，2011），另一方面工作稳定性的降低、多职业转换中带来的竞争压力和市场风险也将导致青年劳动者的福利损失（王海成、郭敏，2015）。此外，劳动者在不断变化职业身份时，可能挤占个人休息时间，增加工作与生活的冲突、损害个体幸福感，导致福利损失（Jacobs and Gerson，2004；Nomaguchi，2009）。

通过文献回顾发现，既有研究对新就业形态下劳动者的收入和福利变动关注较少，随着以"斜杠"青年为代表的新就业形态的增多，对这一问题的研究能够帮助我们深入了解新型就业模式下劳动力的收入和福利变化，为促进青年劳动者多种形式就业提供理论依据。

## 3 研究设计

### 3.1 数据来源

本文使用中国综合社会调查（Chinese General Social Survey，CGSS）2012、2013、2015年的调查数据展开分析。CGSS在2018年1月1日发布了2015年的最新调查数据，该数据库通过系统、全面收集我国居民个人社会人口属性、健康、生活方式、就业与社会保障、社会态度等方面的基本情况，能够较全面地反映人们的行为与思维模式和社会结构变迁。CGSS 针对个人目前是否有兼职工作，有几份兼职工作等相关问题进行了调查，为本文提供了很好的数据资料。本文将最近三年的数据进行合并，得到了一个包含 29 个省市的微观混合截面数据集①，借助最新的数据，对"斜杠"青年的收入和福利变化展开分析。根据世界卫生组织 2013 年对青年年龄的界定标准，本文将 44 岁以下样本定义为青年。成为"斜杠"青年的劳动者一般具备较高的技能水平，而不是传统意义上的低技能灵活就业者，为进行区分，本文只保留了从事非农工作且具备高中或同等学力以上的样本。除去各变量缺失值后，最终样本量共计 4326 个。

### 3.2 变量选取与赋值

#### 3.2.1 "斜杠"青年的衡量

明确什么样的青年劳动者可以被定义为"斜杠"青年是本文的核心解释变量，本文通过 CGSS 中调查受访者"目前是否兼有多份工作"和"受教育水平"两个条件来区分样本，将有兼职工作且已高中毕业的青年劳动者定义为"斜杠"青年，成为处理组，没有兼职工作的青年劳动者则为控制组。在总体样本中有 188 个样本为"斜杠"青年，其余为单一职业者。

#### 3.2.2 被解释变量

个人全年总收入：CGSS（2012-2015）提供了受访者全年的总收入，我们用各省的消费价格指数（CPI）对收入进行了平减并取对数，作为青年劳动者个人收入的衡量指标。表 1 中，"斜杠"青年的平均收入高于单一职业者的收入，但标准差较大，说明"斜杠"青

---

① 海南省、西藏自治区的数据缺失。

年群体内部的收入分化较大。

周工作时间：这里用周工作时间的变化来衡量成为"斜杠"青年是否符合了青年劳动者对于工作的期望，增加其福利。以80后、90后为主的青年劳动者对于工作的要求不再单一地停留在收入层面上，希望工作能够更加灵活、自由，也更加注重工作与闲暇的结合。一方面，多重职业模式带来了工作量的增加，可能导致工作时间的延长，另一方面，"斜杠"青年往往具有更高自主性来安排工作量和工作时间，也可能带来工作时间缩短。通过对样本统计量的观察发现，"斜杠"青年的周工作时间平均是45.95小时，略低于单一职业者[①]，且最大值90小时远低于单一职业者的150小时。

主观幸福感：我们用主观幸福感来衡量青年劳动者成为"斜杠"青年后对其生活改变的主观评价，并将其赋值为1到5，1表示很不幸福，5表示完全幸福。从数据分布来看，样本总体的均值接近3.9，说明青年劳动者整体的幸福感较强，偏向于"比较幸福"这一层次。"斜杠"青年的均值稍高于单一职业者，且最小值为2，即不存在"很不幸福"的"斜杠"青年。

表1 被解释变量的描述性统计

| 变量名 | 就业类型 | 观察值 | 平均值 | 标准差 | 最小值 | 最大值 |
| --- | --- | --- | --- | --- | --- | --- |
| 个人全年收入（元） | "斜杠"青年 | 188 | 10.71 | 1.012 | 7.313 | 13.82 |
| | 单一职业 | 4137 | 10.53 | 0.806 | 5.991 | 16.02 |
| 周工作时间（小时） | "斜杠"青年 | 188 | 45.95 | 17.03 | 3 | 90 |
| | 单一职业 | 4137 | 46.99 | 14.53 | 2 | 150 |
| 主观幸福感 | "斜杠"青年 | 188 | 3.984 | 0.770 | 2 | 5 |
| | 单一职业 | 4137 | 3.905 | 0.725 | 1 | 5 |

① 在数据处理中，删除了周工作时间等于0小时和168小时的极端值。

### 3.2.3 控制变量

为了提高估计的有效性，尽量避免遗漏变量造成的估计偏误，本文结合已有研究和相关理论基础，确定了四类控制变量。

第一类是个人特征类，包括性别、年龄、户口、婚姻状况[①]等变量。从表2可大致看出，"斜杠"青年相比单一职业者更为年轻，更多单身人群，男性比例更大，且内部差异更为明显。

第二类是工作技能类，包括受教育水平[②]、空闲时间学习充电的频繁程度、空闲时间社交活动的频繁程度、工作自主程度、雇佣状态等变量。样本统计描述显示，"斜杠"青年在空间时间利用、工作自主程度上比单一职业者有一定优势，但受教育水平略低于单一职业者，但内部差异较大。

第三类是经济类因素，包括所在地区人均生产总值和家庭房产数。所在地区人均生产总值的数据来源于《中国统计年鉴》，并进行了平减计算和取对数处理。比较发现，"斜杠"青年所处地区的经济发展水平并未优于单一职业者，但家庭财产水平略高于单一职业者。

第四类是社会认知类，社会认知包括态度、情绪和社会知觉3大主题（Niedenthal and Barsalou，2005），对个体主观幸福感的形成有重要作用。良好的社会认知是积极融入和适应工作、生活的基础，参考 Frey and Stutze（2012）和卢海阳等（2017）的研究，本文选取了对社会公平程度的评价、对社会信任程度的评价、当前所处社会阶层三个变量衡量个体的社会认知水平。数据显示，"斜杠"青年平均的

---

① 将 CGSS 中受访者"初婚有配偶"、"再婚有配偶"、"同居"、"分居未离婚"归为"有偶"＝1，将"未婚"、"离婚"、"丧偶"归为"无偶"＝0。

② 受教育水平表示为："未受教育"＝0、"小学"＝6、"初中"＝9、"高中、中专和技校"＝12、"专科"＝15、"本科"＝16、"研究生及以上"＝19（单位：年）。

社会认知水平略低于单一职业者,且标准差更大,这似乎不利于"斜杠"青年的主观幸福感提升。

总体上"斜杠"青年与单一职业者在工作技能、社会认知等多项指标上存在差异,且并未表现出明显的人力资本优势。通过简单的多元线性回归或有序 probit 回归很难避免样本的"自选择"问题,无法准确估计成为"斜杠"青年对青年劳动者收入和福利的影响。同时,"斜杠"青年群体内部的差异性较大,也将进一步影响就业模式选择对其收入和福利影响的差异性。

表 2 控制变量的统计性描述

| 控制变量及变量描述 | 就业类型 | 观察值 | 平均值 | 标准差 | 最小值 | 最大值 |
| --- | --- | --- | --- | --- | --- | --- |
| 个人特征类 | | | | | | |
| 性别(女性=1;男性=0) | 单一职业 | 4137 | 0.468 | 0.499 | 0 | 1 |
| | "斜杠"青年 | 188 | 0.410 | 0.493 | 0 | 1 |
| 年龄 | 单一职业 | 4137 | 32.79 | 6.523 | 18 | 44 |
| | "斜杠"青年 | 188 | 31.84 | 6.844 | 18 | 44 |
| 户口(城镇=1;非城镇=0) | 单一职业 | 4137 | 0.759 | 0.428 | 0 | 1 |
| | "斜杠"青年 | 188 | 0.633 | 0.483 | 0 | 1 |
| 婚姻状况(有偶=1,无偶=0) | 单一职业 | 4137 | 0.737 | 0.440 | 0 | 1 |
| | "斜杠"青年 | 188 | 0.676 | 0.469 | 0 | 1 |
| 工作技能类 | | | | | | |
| 受教育水平 | 单一职业 | 4137 | 14.21 | 1.943 | 12 | 19 |
| | "斜杠"青年 | 188 | 14 | 1.965 | 12 | 19 |
| 空闲时间学习充电的频繁程度(从不=1,非常频繁=5) | 单一职业 | 4137 | 2.732 | 1 | 1 | 5 |
| | "斜杠"青年 | 188 | 2.957 | 1.049 | 1 | 5 |
| 空闲时间社交的频繁程度(从不=1,非常频繁=5) | 单一职业 | 4137 | 2.940 | 0.919 | 1 | 5 |
| | "斜杠"青年 | 188 | 3.223 | 1.031 | 1 | 5 |
| 工作自主性(完全不自主=1,完全自主=4) | 单一职业 | 4137 | 2.778 | 0.867 | 1 | 4 |
| | "斜杠"青年 | 188 | 3.217 | 1.012 | 1 | 4 |
| 雇佣状态(受雇=0,自雇=1) | 单一职业 | 4137 | 0.172 | 0.377 | 0 | 1 |
| | "斜杠"青年 | 188 | 0.310 | 0.464 | 0 | 1 |

续表

| 控制变量及变量描述 | 就业类型 | 观察值 | 平均值 | 标准差 | 最小值 | 最大值 |
| --- | --- | --- | --- | --- | --- | --- |
| 社会经济类 | | | | | | |
| 所在地区人均生产总值 | 单一职业 | 4137 | 10.89 | 0.464 | 9.889 | 11.59 |
| | "斜杠"青年 | 188 | 10.83 | 0.501 | 9.889 | 11.59 |
| 房产数 | 单一职业 | 4137 | 1.136 | 0.684 | 0 | 10 |
| | "斜杠"青年 | 188 | 1.314 | 0.932 | 0 | 10 |
| 社会认知类 | | | | | | |
| 当前社会阶层(最底层=1,最高层=10) | 单一职业 | 4137 | 4.699 | 1.527 | 1 | 10 |
| | "斜杠"青年 | 188 | 4.553 | 1.700 | 1 | 10 |
| 社会信任(完全不信任=1,完全信任=5) | 单一职业 | 4137 | 3.340 | 0.991 | 1 | 5 |
| | "斜杠"青年 | 188 | 3.218 | 1.109 | 1 | 5 |
| 社会公平(完全不公平=1,完全公平=5) | 单一职业 | 4137 | 2.963 | 1 | 1 | 5 |
| | "斜杠"青年 | 188 | 2.814 | 1.176 | 1 | 5 |

## 3.3 倾向值匹配法

OLS回归难以处理反向因果关系和遗漏变量等内生性问题，在难以找到合适的工具变量时，倾向得分匹配法（propensity score matching，PSM）能够在控制选择偏误条件下，根据个体行为选择的倾向得分对观察组和处理组进行匹配，有效克服内生性问题。

在具体操作中，首先是使用Probit或logistic回归对表2的控制变量进行降维处理，即计算个体成为"斜杠"青年的条件概率——倾向得分值（Propensity Score，简称PS值）。PS值表示在控制变量下，青年劳动者成为"斜杠"青年的预测概率。概率取值0到1，代表个体成为"斜杠"青年的可能性。其次是按照倾向得分将处理组（本文中即"斜杠"青年）和观察组（本文中即非"斜杠"青年）的样本进行匹配，匹配的常用方法有近邻匹配（nearest neighbor matching）、半径匹配（radius matching）、核匹配（kernel matching）等。最后对匹配好的两组样本进行估算处理，计算平均处理效应（average treatment effect on treated，ATT），ATT 表示在给定条件下，青年劳动者中"斜杠"青年和非"斜杠"青年的收入和福利的平均差异。

## 4 实证检验结果分析

### 4.1 平均激励效果分析

本文首先用三种匹配法对全样本进行了匹配估计，其中近邻匹配采取的是 1 对 4 的匹配，半径匹配的卡尺值是 0.001，三种匹配的结果基本一致。为避免小样本偏误可能对匹配结果带来的影响，本文采用自抽样法（Bootstrap）对原始样本重复随机抽样 500 次得到 ATT 的标准误。

表 3 各匹配方法下的平均激励效果

| 回归或匹配方法 | 个人全年收入 | 周工作时间 | 主观幸福感 |
| --- | --- | --- | --- |
| 近邻匹配 | 0.210** | -2.818 | 0.098 |
|  | (0.094) | (1.791) | (0.076) |
| 半径匹配 | 0.243*** | -3.493** | 0.148** |
|  | (0.079) | (1.530) | (0.066) |
| 核匹配 | 0.220*** | -2.555* | 0.119** |
|  | (0.071) | (1.312) | (0.053) |
| OLS/有序 probit | 0.214*** | -3.058*** | 0.236*** |
|  | (0.053) | (1.046) | (0.087) |
| $R^2$/伪 $R^2$ | 0.257 | 0.114 | 0.072 |
| N | 4326 | 4326 | 4326 |

说明：括号中是变量的标准误，采用自抽样法（Bootstrap）反复抽样 500 次得到，***，** 和 * 分别表示在 1%，5% 和 10% 显著性水平上显著。

匹配结果显示，成为"斜杠"青年显著提高了从业者的个人全年收入，说明青年劳动者选择成为"斜杠"青年，确实是一种有吸引力的就业模式，能够获得更高的收入报酬。结果还显示，除邻近匹配结果不显著外，"斜杠"青年的周工作时间显著低于单一职业者。工作时间缩短，有更多闲暇时间对于劳动者无疑是个正福利。周工作时间缩短，个人全年收入提高，也就是说，"斜杠"青年的单位劳动报酬要高于单一职业者。对主观幸福感的匹配结果在半径匹配和核匹配下均显著，说明成为"斜杠"青年能够增加个体的幸福感。本文除了通过近邻匹配、半价匹配和核匹配三种方式估计得到 ATT 值，还运用 OLS 对个人全年收入、周工作时间进行回归估计。估计结果表明，成为"斜杠"青年对个人收入提高产生了显著的促进作用，同时也显著降低了青年劳动者的周工作时间。运用有序 probit 模型对主观幸福感的回归估计系数偏大，且在 1% 的水平下显著，表明成为"斜杠"青年提高了青年劳动者的主观幸福感。综合来看，"斜杠"青年在改变就业模式的同时不但获得更多的收入还带来了主观福利的增加。

## 4.2 "斜杠"青年的异质性研究

基于前文分析，"斜杠"青年内部的差异性较大，同时考虑到劳动者的受教育程度和年龄会对个体人力资本形成影响，以及劳动力市场上的性别分割会影响到不同性别劳动者的收入和福利获得。本文将青年劳动者根据年龄、学历和性别进行了分组，试图发现"斜杠"青年在收入和福利回报上存在的内部差异。

### 4.2.1 按年龄分组

参考国家统计局对青年的年龄界定，本文以 34 岁为界，将样本分为了年轻青年（34岁及以下）和大龄青年（35岁及以上）两个组，匹配结果见表4。对比发现，年轻青年成为"斜杠"青年后，收入增长效应显著提高，其收入回报相比年轻的单一职业者约增长了31.1%~41.1%[①]。相反地，大龄"斜杠"青年并未因为就业模式的改变带来收入的显著增加。除收入以外，年轻"斜杠"青年的周工作时间也显著下降了，平均约下降了3.129个小时，而大龄青年的周工作时间没有显著下降。年轻青年的主观幸福感也显著提高了，而大龄青年的主观幸福感不显著且系数为负。

表4 按年龄分组匹配下的平均激励效果

| | 回归或匹配方法 | 个人全年收入 | 周工作时间 | 主观幸福感 |
|---|---|---|---|---|
| 年轻青年<br>（年龄≤34） | 近邻匹配 | 0.343**<br>(0.124) | -3.091<br>(2.127) | 0.121<br>(0.099) |
| | 半径匹配 | 0.282**<br>(0.113) | -3.081<br>(2.103) | 0.143*<br>(0.086) |
| | 核匹配 | 0.271***<br>(0.091) | -3.129*<br>(1.642) | 0.159**<br>(0.066) |
| | N | 2479 | 2479 | 2479 |
| 大龄青年<br>（年龄≥35） | 近邻匹配 | 0.132<br>(0.135) | -3.735<br>(3.041) | -0.064<br>(0.132) |
| | 半径匹配 | 0.113<br>(0.130) | -2.787<br>(3.110) | -0.057<br>(0.121) |
| | 核匹配 | 0.061<br>(0.110) | -1.166<br>(2.494) | -0.0670<br>(0.099) |
| | N | 1793 | 1793 | 1793 |

说明：括号中是变量的标准误，采用自抽样法（Bootstrap）反复抽样500次得到，***，**和*分别表示在1%，5%和10%显著性水平上显著。

---

① ATT=0.271即ln（1.311）=0.271，ATT=0.343即ln（1.411）=0.343，则处理组是控制组的1.311~1.411倍。

综合来看，相对于全样本，年轻青年在成为"斜杠"青年后，获得的都是正项福利，收入显著提高、周工作时间显著缩短，主观幸福感也有较显著的提升。这说明，对于大龄青年，成为"斜杠"青年并不是一个有吸引力的就业模式，多份工作间转换没有提高其福利状况。本文将这一现象称为"斜杠"青年的"年龄门槛"，对于年轻青年在跨过这一门槛之前可以通过从事多重职业提高收入、获得更多自由，提高自身福利水平，而一旦跨过这一门槛将难以再获得福利。

#### 4.2.2 按学历分组

我们将样本按是否大学毕业分为高学历组（大学及以上学历）和低学历组（大专及以下学历），匹配结果见表5。对比发现，成为"斜杠"青年对高学历青年的收入回报起到了显著的促进作用，高学历"斜杠"青年的平均收入约比高学历单一职业者提高了24.6% ~ 38.5%[①]，而低学历组的收入回报不显著。对此，本文认为虽然多份工作有利于提高收入，但受制于劳动者的受教育水平，收入效应并没有发挥显著作用，说明学历提升对于"斜杠"青年获得更高收入起到了关键作用。同时，不管是高学历还是低学历，对周工作时间和主观幸福感的匹配均不显著，说明对于同等学力的青年，成为"斜杠"青年后并没有显著改变其工作时间和主观幸福感。本文将这一现象称为"斜杠"青年的"学历门槛"，只有达到高学历水平才能发挥"斜杠"青年的收入效应，提高青年福利。

---

[①] ATT = 0.220 即 ln (1.246) = 0.220，ATT = 0.328 即 ln (1.385) = 0.326，则处理组是控制组的 1.246 ~ 1.385 倍。

表 5 按学历分组匹配下的平均激励效果

| | 回归或匹配方法 | 个人全年收入 | 周工作时间 | 主观幸福感 |
|---|---|---|---|---|
| 高学历(大学及以上学历) | 近邻匹配 | 0.260*<br>(0.137) | −2.229<br>(2.175) | 0.134<br>(0.101) |
| | 半径匹配 | 0.220*<br>(0.120) | −1.220<br>(2.227) | 0.081<br>(0.092) |
| | 核匹配 | 0.328***<br>(0.100) | −1.423<br>(1.579) | 0.117<br>(0.075) |
| | N | 2483 | 2483 | 2483 |
| 低学历（高中学历） | 近邻匹配 | 0.139<br>(0.129) | −4.313<br>(2.716) | 0.014<br>(0.115) |
| | 半径匹配 | 0.180<br>(0.130) | −4.365<br>(2.820) | 0.022<br>(0.105) |
| | 核匹配 | 0.079<br>(0.102) | −3.646*<br>(2.218) | 0.011<br>(0.094) |
| | N | 1789 | 1789 | 1789 |

说明：括号中是变量的标准误，采用自抽样法（Bootstrap）反复抽样 500 次得到，***，** 和 * 分别表示在 1%，5% 和 10% 显著性水平上显著。

### 4.2.3 按性别分组

性别差异对女性劳动者的就业质量带来了一定的负面作用，已有较多文献研究了劳动力市场上性别分割带来的工资差异（李实、马欣欣，2006）、就业质量差异等（罗明忠等，2017）。那么，在新的就业形态中，在"斜杠"青年中是否依然存在这样的性别分割，并对女性"斜杠"青年的收入和福利形成负面影响，本文通过分性别匹配分析了这一问题。

如表 6，通过近邻匹配和核匹配得到的结果都显示女性成为"斜杠"青年获得的收入增长效果不如男性，而半径匹配的结果相反。同时，我们注意到性别间的收入差异相比分年龄组和分学历组得到的差异要小很多。然而，工作时间的匹配结果存在较大性别差异，女性

"斜杠"青年的周工作时间变化不显著，而男性通过改变就业模式，显著减少了工作时间，提高了福利水平。对主观幸福感的匹配结果整体上不显著，说明对于同性别的劳动者，成为"斜杠"青年并没有改变其主观幸福感。综合看来，男性在成为"斜杠"青年后由于周工作时间的显著减少和收入的显著上涨，使其单位时间内的工作报酬高于女性"斜杠"青年，"斜杠"青年中依然存在一定程度的性别隔离。

表6 按性别分组匹配下的平均激励效果

|  | 回归或匹配方法 | 个人全年收入 | 周工作时间 | 主观幸福感 |
| --- | --- | --- | --- | --- |
| 女性 | 近邻匹配 | 0.265** | -3.041 | 0.275 |
|  |  | (0.127) | (2.247) | (1.515) |
|  | 半径匹配 | 0.276** | -3.351 | 0.091 |
|  |  | (0.111) | (2.067) | (1.278) |
|  | 核匹配 | 0.176* | -1.587 | 0.147 |
|  |  | (0.102) | (1.709) | (0.588) |
|  | N | 2290 | 2290 | 2290 |
| 男性 | 近邻匹配 | 0.376*** | -6.283** | -0.362 |
|  |  | (0.146) | (2.801) | (1.827) |
|  | 半径匹配 | 0.260* | -5.234** | -0.632 |
|  |  | (0.137) | (2.603) | (1.650) |
|  | 核匹配 | 0.221** | -4.131* | -1.499* |
|  |  | (0.099) | (2.154) | (0.765) |
|  | N | 1982 | 1982 | 1982 |

说明：括号中是变量的标准误，采用自抽样法（Bootstrap）反复抽样500次得到，***，**和*分别表示在1%，5%和10%显著性水平上显著。

## 4.3 共同支撑检验和平衡性检验

通过以上分析，本文对"斜杠"青年的收入和福利状况已经得到了稳健的分析结果，但倾向值匹配法的估计结果是否有效，还需要对样本的共同支撑假设（common support assumption）和平衡性假设

（balancing assumption）进行检验。共同支撑假设要求处理组和控制组的倾向得分取值范围要尽可能重叠（胡安宁，2012），以减少偏差。通过表1中匹配前的核密度函数曲线可以看出，处理组与控制组的核密度函数交互部分很大，样本重叠度很高，可见样本是满足共同支撑假设的。如图1，经过近邻一对一匹配后，处理组与控制组的核密度函数贴合度很高，大大降低了估计结果的偏误。

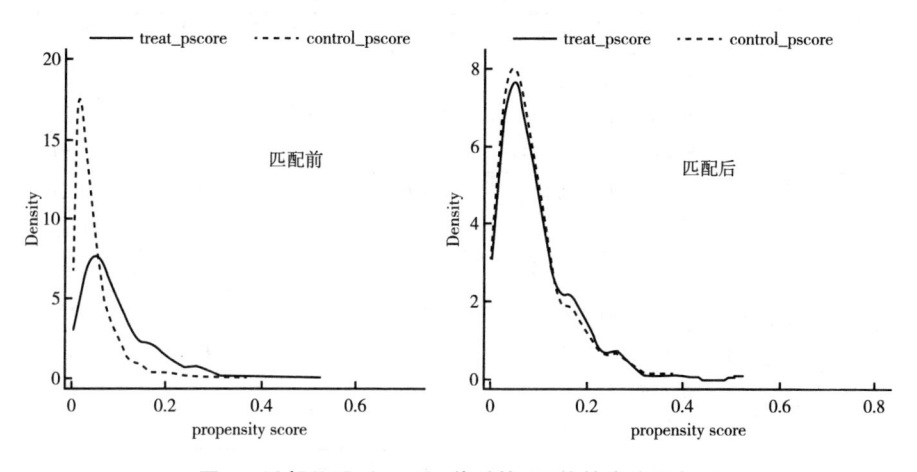

**图1　近邻匹配（k=1）前后的 PS 值核密度函数图**

平衡性假设认为通过匹配后，处理组和控制组的均值比较接近，即数据是平衡的，此时处理组和控制组的样本标准差的差距（% bias）应小于10%（陈强，2014）。受篇幅限制，本文报告了近邻匹配后的平衡性检验结果，见表7。控制变量经匹配后偏误比例大幅降低，差距均小于10%。两组差异的t值都不显著，接受原假设，说明经过匹配后，处理组和控制组无系统性差异，样本通过了平衡性假设检验。通过共同支撑假设和平衡性检验后，我们认为 PSM 分析较为准确的估计了"斜杠"青年相对于单一职业的青年劳动者在收入、周工作时间和主观幸福感上的差异，估计结果是有效的。

表7 处理组和控制组平衡性检验结果

| 控制变量 | 匹配类型 | 处理组 | 控制组 | 偏误比例(%bias) | 偏误降低比例(%) | 两组差异t值 |
|---|---|---|---|---|---|---|
| 性别 | 匹配前 | 0.406 | 0.467 | -12.2 | | -1.63 |
| | 匹配后 | 0.411 | 0.410 | 0.2 | 98.5 | 0.02 |
| 年龄 | 匹配前 | 31.818 | 32.790 | -14.5 | | -1.99 |
| | 匹配后 | 31.854 | 32.019 | -2.5 | 83 | -0.23 |
| 年龄的平方 | 匹配前 | 10.592 | 11.177 | -13.5 | | -1.83 |
| | 匹配后 | 10.618 | 10.707 | -2.1 | 84.7 | -0.2 |
| 户口 | 匹配前 | 0.631 | 0.758 | -27.9 | | -3.95 |
| | 匹配后 | 0.638 | 0.622 | 3.5 | 87.5 | 0.32 |
| 婚姻状况 | 匹配前 | 0.674 | 0.738 | -14 | | -1.94 |
| | 匹配后 | 0.670 | 0.676 | -1.2 | 91.5 | -0.11 |
| 受教育水平 | 匹配前 | 13.973 | 14.210 | -12.2 | | -1.63 |
| | 匹配后 | 13.995 | 13.978 | 0.9 | 92.8 | 0.08 |
| 学习的频繁程度 | 匹配前 | 2.947 | 2.733 | 20.9 | | 2.85 |
| | 匹配后 | 2.957 | 2.936 | 2.1 | 90.2 | 0.2 |
| 社交的频繁程度 | 匹配前 | 3.219 | 2.940 | 28.6 | | 4.04 |
| | 匹配后 | 3.216 | 3.199 | 1.8 | 93.7 | 0.17 |
| 工作自主性 | 匹配前 | 3.109 | 2.763 | 40.7 | | 5.30 |
| | 匹配后 | 3.084 | 3.071 | 1.6 | 96.2 | 0.15 |
| 雇佣状态 | 匹配前 | 0.310 | 0.172 | 32.6 | | 4.83 |
| | 匹配后 | 0.303 | 0.301 | 0.4 | 98.8 | 0.03 |
| 所在地人均生产总值 | 匹配前 | 10.825 | 10.891 | -13.5 | | -1.87 |
| | 匹配后 | 10.830 | 10.830 | 0 | 99.7 | 0 |
| 房产数 | 匹配前 | 1.310 | 1.135 | 21.3 | | 3.33 |
| | 匹配后 | 1.274 | 1.259 | 1.9 | 91.3 | 0.18 |
| 当前社会阶层 | 匹配前 | 4.551 | 4.702 | -9.4 | | -1.32 |
| | 匹配后 | 4.578 | 4.549 | 1.8 | 80.4 | 0.18 |
| 社会信任 | 匹配前 | 3.219 | 3.340 | -11.4 | | -1.62 |
| | 匹配后 | 3.227 | 3.226 | 0.1 | 99.4 | 0.01 |
| 社会公平 | 匹配前 | 2.813 | 2.962 | -13.7 | | -1.98 |
| | 匹配后 | 2.822 | 2.798 | 2.1 | 84.4 | 0.2 |

## 5 研究结论与启示

在知识经济、虚拟经济发展的时代背景下，新就业形态正在逐渐影响劳动力的就业观念，尤其是改变着青年劳动者的就业观，"斜杠"青年的出现和流行正是青年劳动者对新就业形态的认可。那么，"斜杠"青年所代表的新型就业模式会给劳动力带来怎么的影响？本文首先围绕"斜杠"青年就业模式的非正规性和灵活性，具体分析了这种就业模式对劳动者收入和福利的影响，然后基于CGSS2012、2013、2015年的数据，通过倾向值匹配法对青年劳动者成为"斜杠"青年后的收入和福利回报进行了经验研究。

研究结果发现：首先，成为"斜杠"青年整体上显著提高了青年劳动者的收入，并缩短了周工作时间，提高了青年劳动者的主观幸福感。其次，"斜杠"青年的收入和福利回报存在"年龄门槛"：年轻的"斜杠"青年，其收入比非"斜杠"青年显著增长且周工作时间更短，主观幸福感更强，而大龄"斜杠"青年的收入和福利回报均不显著。再次，"斜杠"青年的收入回报还存在"学历门槛"：大学毕业的"斜杠"青年能够获得更高的收入回报，但在周工作时间和主观幸福感上没有显著差异，而低学历"斜杠"青年的收入和福利回报均不显著。最后，"斜杠"青年的收入回报存在性别隔离，男性"斜杠"青年在工作时间减少的同时还获得了略高于女性"斜杠"青年的收入。

通过以上结论，本文认为，"斜杠"青年由于在收入、工作时间上的优势会吸引越来越多的年轻人选择这种新的就业模式。新就业形态打破了传统的单一雇佣形式，年轻的、高学历的青年劳动力对此的接纳和适应相对更快，也更明显的受益于这种模式。然而，并不是人人都可以成为"斜杠"青年，更不是人人都可以受益于"斜杠"青年的身份。

首先，在知识经济背景下，劳动者的知识、技能作为人力资本的回报率不断提高，青年劳动者只有不断提升学历层次、加强技能培训、拓宽技能才能获得更多的就业机会，才有可能成为"斜杠"青年。

其次，相比大龄青年，年轻青年通过从事多职业工作，能够显著提高收入。说明多重职业的就业模式一定程度上弥补了年轻劳动者缺少工作经验的劣势，通过拓宽职业、增加收入来源，能够提高青年劳动者的经济收入。

再次，年轻青年在成为"斜杠"青年后主观幸福感显著增强，说明对于较年轻的劳动力来说，工作因素对其生活是否幸福的影响很大。因此，学校和社会从关注青年群体的发展来说，也要为青年人提升知识与技能水平提供更多服务，帮助促进大学生就业择业，这对于提升青年人幸福感、发挥青年人创新、实现国家的人才战略都有十分重大的意义。主观幸福感的提升也说明，年轻劳动者更容易适应新型就业模式，能够在此过程中收获更多福利。企业要吸引青年人才，需要不断进行组织变革，适应新型雇佣关系，提升人事管理水平，通过工作时间弹性化、工作地点灵活化等方式吸引人才。

最后，"斜杠"青年中表现出的性别隔离反映了劳动力市场上性别分割的严重性。"斜杠"青年代表了当前劳动力市场上的一批新生力量，其灵活、自主的就业模式对于已婚育女性本身具有较强吸引力，而性别分割的存在将使女性青年劳动者的收入和福利受损，抑制了新就业模式提高已婚育女性就业参与率的作用。

## 参考文献

孙亚男. 虚拟网络环境中的新就业形式发展研究［J］. 现代经济探讨，2017（2）.

Alboher M. One person/multiple careers: a new model for work/life success［M］. New York: Business Plus, Hachette Book Group 2007.

敖成兵. 斜杠青年：一种"互联网+"时代的职业身份解码［J］. 中国青年研究，2017（12）.

杜敏. 职业发展中的"斜杠青年"现象论析［J］. 当代青年研究，2017（5）.

黄英. "斜杠青年"：漫步在理想与职业舞台上的新群体［J］. 中国青年研究，2017（11）.

刘洪银. 我国灵活就业形成发展的经济学分析［J］. 人口与经济，2009（1）.

韩巍. 新经济时代灵活就业的结构性转向——一个生产控制权的分析框架［J］. 学习与实践，2017（1）.

李坤刚. 就业灵活化的世界趋势及中国的问题［J］. 四川大学学报（哲学社会科学版），2017（2）.

胡凤霞，姚先国. 城镇居民非正规就业选择与劳动力市场分割——一个面板数据的实证分析［J］. 浙江大学学报（人文社会科学版），2011，41（2）.

吴要武. 非正规就业者的未来［J］. 经济研究，2009（7）.

薛进军，高文书. 中国城镇非正规就业：规模、特征和收入差距［J］. 经济社会体制比较，2012（6）.

吴要武，蔡昉. 中国城镇非正规就业：规模与特征［J］. 中国劳动经济学，2006（2）.

魏下海，余玲铮. 我国城镇正规就业与非正规就业工资差异的实证研究——基于分位数回归与分解的发现［J］. 数量经济技术经济研究，2012（1）.

张延吉，秦波. 城镇正规就业与非正规就业的收入差异研究［J］. 人口学刊，2015，37（4）.

吕梦捷. 劳动合同对青年劳动者收入和福利的异质性影响［J］. 中国青年研究，2017（1）.

Jahoda M. Employment and unemployment: A social-psychological analysis［M］. CUP Archive, 1982.

王海成，郭敏. 非正规就业对主观幸福感的影响——劳动力市场正规化政策的合理性［J］. 经济学动态，2015（5）.

Jacobs J. A., Gerson K. The time divide: Work, family, and gender inequality [M]. Harvard University Press, 2004.

Nomaguchi K. M. Change in Work-Family Conflict Among Employed Parents Between 1977 and 1997 [J]. Journal of Marriage and Family, 2009, 71 (1): 15-32.

Niedenthal P. M., Barsalou L W, Winkielman P, et al. Embodiment in attitudes, social perception, and emotion [J]. Personality and social psychology review, 2005, 9 (3): 184-211.

Frey B. S., Stutzer A. The use of happiness research for public policy [J]. Social Choice and Welfare, 2012, 38 (4): 659-674.

卢海阳, 杨龙, 李宝值. 就业质量、社会认知与农民工幸福感 [J]. 中国农村观察, 2017 (3): 57-71.

李实, 马欣欣. 中国城镇职工的性别工资差异与职业分割的经验分析 [J]. 中国人口科学, 2006, 2006 (5).

罗明忠, 陶志, 万盼盼. 女大学生就业能力及其人格特质影响因素——基于分位数回归的实证分析 [J]. 南方人口, 2017, 32 (3).

胡安宁. 倾向值匹配与因果推论: 方法论述评 [J]. 社会学研究, 2012 (1).

陈强. 高级计量经济学及 Stata 应用 [M]. 高等教育出版社, 2014: 536.

李超海. 主体认知和行动能力失衡的青年农民工群体——兼与珠三角地区中老年农民工的比较 [J]. 南方人口, 2007 (3).

韦惠兰, 夏锋, 张宏亮. 甘肃省青年人口行为方式分析 [J]. 南方人口, 2003 (3).

## An Analysis of the Slash Youth's Income and Welfare: Empirical Study Based on CGSS 2012、2013、2015

### Cao Jie, Luo Chun

(Development Institute, Yunnan University, Kunming, 650091)

**Abstract**: The paper defines the slash youth and their employment pattern, and empirically studies the slash youth's income and welfare based on the data from 2013, and 2015 China General Social Survey (CGSS) by using propensity score matching method. It finds that being a slash youth significantly increases their income and welfare and the group matching shows there is threshold in age and education for their income and welfare returns, i.e. the younger slashes can win high income and welfare while the lower education makes no improvement in income and welfare. There are a gender segregation among the slash youth, the male enjoy higher income and welfare than the female.

**Keywords**: Slash Youth; Multiple Occupations; Propensity Score Matching; Heterogeneity

# 参考文献

A. 科林卡梅伦, 普拉温 K. 特里维迪. 用 STATA 学微观计量经济学 [M]. 重庆: 重庆大学出版社, 2015.

白红光, 陈建国. 劳工标准与高劳动技能资本密集型产品出口——基于不同发展水平国家和不同出口时期的分析 [J]. 世界经济研究, 2017 (05): 38~50.

蔡宏波, 陈昊. 外包与劳动力结构——基于中国工业行业数据的经验分析 [J]. 数量经济技术经济研究, 2012 (12): 53~65.

陈纯槿, 李实. 城镇劳动力市场结构变迁与收入不平等: 1989~2009 [J]. 管理世界, 2013 (01): 45~55.

陈广汉, 张光南. 中国劳动力市场的二元结构及其工资差异研究 [J]. 中山大学学报 (社会科学版), 2010, 50 (01): 195~202.

陈建华, 谢媛. 服务业发展与国际化城市空间极化——以上海市为例 [J]. 上海经济研究, 2007 (10): 56~62.

陈通, 刘杨. 我国劳动力职业学历系统耦合效应 [J]. 北京理工大学学报 (社会科学版), 2012, 14 (04): 17~22.

陈维涛, 王永进, 毛劲松. 出口技术复杂度, 劳动力市场分割与中国的人力资本投资［J］．管理世界，2014（02）：6~20．

陈维涛，王永进，李坤望．地区出口企业生产率，二元劳动力市场与中国的人力资本积累［J］．经济研究，2014，49（01）：83~96．

陈玉宇，吴玉立．信息化对劳动力市场的影响：个人电脑使用回报率的估计［J］．经济学：季刊，2008，07（03）：1149~1166．

程盈莹，逯建．国际垂直专业化对劳动力就业结构的影响——基于中国工业行业数据的实证检验［J］．国际商务（对外经济贸易大学学报），2013，（06）：73~83．

"当代中国社会结构变迁研究"课题组．2000~2005年：我国职业结构和社会阶层结构变迁［J］．统计研究，2008，25（02）：39~45．

戴天仕，徐现祥．中国的技术进步方向［J］．世界经济，2010（11）：54~70．

董直庆，王芳玲，高庆昆．技能溢价源于技术进步偏向性吗？［J］．统计研究，2013，30（06）：37~44．

董直庆，蔡啸．技术进步技能偏向性与技能溢价：一个理论模型和经验解释［J］．求是学刊，2013（04）：006．

董直庆，蔡啸，王林辉．技能溢价：基于技术进步方向的解释［J］．中国社会科学，2014（10）：22~40．

董直庆，王林辉．劳动力市场需求分化和技能溢价源于技术进步吗［J］．经济学家，2011（08）：75~82．

都阳，贾朋，程杰．劳动力市场结构变迁、工作任务与技能需求［J］．劳动经济研究，2017（03）：30~49．

杜焱，杜佳慧．高新技术产品对外贸易对我国就业技能结构影响的实证分析［J］．国际商务（对外经济贸易大学学报），2008（06）：

31~35.

段成荣，刘涛，吕利丹. 当前我国人口流动形势及其影响研究[J]. 山东社会科学，2017（09）.

冯其云. 贸易开放，技术进步对中国就业变动的影响[D]. 南开大学博士学位论文，2014.

冯涛，罗小伟，徐浩. 劳动力市场扭曲与收入分配差距研究——基于城乡"二元"结构视角[J]. 云南财经大学学报，2016（01）：24~37.

高虹. 城市人口规模与劳动力收入[J]. 世界经济，2014（10）：145~164.

高敏. 服务业发展与城市化内在联系的多视角解析[J]. 经济问题探索，2009（12）：169~173.

龚玉泉，袁志刚. 中国经济增长与就业增长的非一致性及其形成机理[J]. 经济学动态，2002（10）：35~39.

谷彬. 劳动力市场分割、搜寻匹配与结构性失业的综述[J]. 统计研究，2014，31（03）：106~112.

顾严，冯银虎. 我国行业收入分配发生两极分化了吗？——来自非参数Kernel密度估计的证据[J]. 经济评论，2008（04）：5~13.

郭凯明，王钰冰，龚六堂. 劳动供给转变、有为政府作用与人工智能时代开启[J]. 管理世界，2023，39（06）：1~21.

郭熙保，黄灿. 刘易斯模型、劳动力异质性与我国农村劳动力选择性转移[J]. 河南社会科学，2010，18（02）：64~68.

郭宇强. 我国职业结构变迁研究[D]. 首都经济贸易大学博士学位论文，2007.

韩雪，张广胜. 工资机制、劳资关系与进城务工人口职业分层

[J]．人口与经济，2015（05）：72~81．

郝楠．我国劳动力极化问题研究［D］．安徽大学博士学位论文，2016．

郝楠，江永红．谁影响了中国劳动力就业极化？［J］．经济与管理研究，2017，38（05）：75~85．

何小钢，郭晓斌，刘叩明．机器人使用与职业伤害——理论机制与中国证据［J］．人口与经济，2024（02）：89~103．

胡安俊，刘元春．中国区域经济重心漂移与均衡化走势［J］．经济理论与经济管理，2013，33（12）：101~109．

黄灿．垂直专业化贸易对我国就业结构的影响——基于省际面板数据的分析［J］．南开经济研究，2014（04）：64~77．

黄灿，闫云凤．我国贸易开放与收入差距——基于中国家庭住户收入调查数据的经验分析［J］．经济问题，2016（11）：84~88．

黄犟．技术进步对就业人力资本结构的影响［J］．科技管理研究，2012，32（23）：80~84．

黄燕东，姚先国．中国行业收入不平等问题的解析［J］．当代财经，2012（02）：24~32．

胡凤霞，姚先国．城镇居民非正规就业选择与劳动力市场分割——一个面板数据的实证分析［J］．浙江大学学报（人文社会科学版），2011，41（02）：191~199．

江克忠，陈友华．亲子共同居住可以改善老年人的心理健康吗？——基于CLHLS数据的证据［J］．人口学刊，2016，38（06）：77~86．

江永红等．产业结构升级是否引致劳动力"极化"现象［J］．经济学家，2016（03）：24~31．

李春梅. 中国信息产业技术进步对其劳动力就业的影响研究 [D]. 山东大学博士学位论文, 2013.

李付俊. 我国区际产业转移的就业效应研究 [D]. 首都经济贸易大学博士学位论文, 2016.

李建民. 中国劳动力市场多重分隔及其对劳动力供求的影响 [J]. 中国人口科学, 2002 (02): 1~7.

李宏兵, 郭界秀, 翟瑞瑞. 中国企业对外直接投资影响了劳动力市场的就业极化吗？ [J]. 财经研究, 2017, 43 (06): 28~39.

李坤望, 陈维涛, 王永进. 对外贸易, 劳动力市场分割与中国人力资本投资 [J]. 世界经济, 2014 (03): 004.

李磊等. 贸易开放对城镇居民收入及分配的影响 [J]. 经济学 (季刊), 2011 (10): 309~326.

李强, 王昊. 中国社会分层结构的四个世界 [J]. 社会科学战线, 2014 (09): 174~187.

李若建. 超大城市社会结构的演化: 广州市职业结构变迁分析 [J]. 南方人口, 2009 (02): 14~20.

李实, 马欣欣. 中国城镇职工的性别工资差异与职业分割的经验分析 [J]. 中国人口科学, 2006 (05): 2~13.

李晓华, 赵耀辉. 为什么年轻人工资上涨得这么快？——对1990年代中国城镇工资结构变动的解释 [J]. 劳动经济研究, 2015 (04): 31~51.

李中建, 袁璐璐. 务工距离对农民工就业质量的影响分析 [J]. 中国农村经济, 2017 (06): 70~83.

李振刚, 张建宝. 劳而不富: 青年农民工缘何工作贫困？ [J]. 社会发展研究, 2019, 06 (04): 134~153+241.

厉以宁，吴世泰．西方就业理论的演变［M］．北京：华夏出版社，1988．

梁文泉，陆铭．城市人力资本的分化：探索不同技能劳动者的互补和空间集聚［J］．经济社会体制比较，2015（03）：185~197．

刘铠豪，刘渝琳．破解中国经济增长之谜——来自人口结构变化的解释［J］．经济科学，2014，36（3）：5~21．

刘铠豪．人口年龄结构变化影响城乡居民消费率的效应差异研究——来自中国省级面板数据的证据［J］．人口研究，2016，40（02）：98~112．

刘睿雯，徐舒，张川川．贸易开放、就业结构变迁与生产率增长［J］．中国工业经济，2020（06）：24~42．

刘渝琳等．劳动力异质性、资本深化与就业——技能偏态下对"用工荒"与就业难的审视［J］．财经研究，2014（06）：95~108．

刘志恒，王林辉．相对增进型技术进步和我国要素收入分配——来自产业层面的证据［J］．财经研究，2015，41（02）：88~98．

龙莹，谢静文．城镇劳动力市场分割下的收入极化——基于收入流动性视角下的极化指数［J］．统计与信息论坛，2016，31（01）：75~80．

陆铭，高虹，佐藤宏．城市规模与包容性就业［J］．中国社会科学，2012（10）：47~66．

陆铭．大国大城：当代中国的统一，发展与平衡［M］．上海：上海人民出版社，2016．

卢盛峰，陈思霞，卢洪友．家庭背景、职业特征与非工资性收入差距［J］．世界经济文汇，2012（06）：92~110．

陆学艺．当代中国社会流动［M］．北京：社会科学文献出版社，2004．

陆雪琴，文雁兵．偏向型技术进步，技能结构与溢价逆转——基于中国省级面板数据的经验研究［J］．中国工业经济，2013（10）：18~30．

罗淳，陈瑛．中国乡城人口的分化态势与融合导向［J］．人口研究，2015，39（05）：59~71．

吕世斌．贸易全球化和技术进步对就业和工资不平等的影响［D］．吉林大学博士学位论文，2013．

吕世斌，张世伟．中国劳动力"极化"现象及原因的经验研究［J］．经济学（季刊），2015（01）：758~778．

吕晓兰，姚先国．职业流动与行业收入决定分析［J］．经济学动态，2012（06）：85~91．

吕晓兰，姚先国．农民工职业流动类型与收入效应的性别差异分析［J］．经济学家，2013（06）：57~68．

吕晓兰．职业流动视角下的收入决定研究［D］．浙江大学博士学位论文，2014．

马岚．中国会出现机器人对人工的规模替代吗？——基于日韩经验的实证研究［J］．世界经济研究，2015（10）：71~79．

宁光杰．自选择与农村剩余劳动力非农就业的地区收入差异——兼论刘易斯转折点是否到来［J］．经济研究，2012（02）：42~55．

宁光杰，林子亮．信息技术应用，企业组织变革与劳动力技能需求变化［J］．经济研究，2014，49（08）：79~92．

聂荣，王春蕊．基于分位数回归的技能偏向性技术进步对工资影响研究［J］．东北大学学报（社会科学版），2015，17（01）：38~43．

秦佳，李建民．人口年龄结构、就业水平与中等收入陷阱的跨越——基于29个国家和地区的实证分析［J］．中国人口科学，2014（02）：32~43．

屈小博，程杰．中国就业结构变化："升级"还是"两极化"［J］．劳动经济研究，2015，03（01）：119~144．

单德朋．市场潜力、劳动力异质性与劳动报酬份额：理论与实证［J］．财经科学，2013（03）：66~74．

沈春苗．垂直专业化分工对技能偏向性技术进步的影响——基于我国制造业细分行业的实证研究［J］．国际贸易问题，2016（02）：77~87．

沈春苗，郑江淮．宽厚的政府采购、挑剔的消费者需求与技能偏向性技术进步［J］．经济评论，2016（3）：39~49．

沈春苗．逆向外包与技能偏向性技术进步［J］．财经研究，2016（5）：43~52．

盛斌，牛蕊．贸易、劳动力需求弹性与就业风险：中国工业的经验研究［J］．世界经济，2009（06）：3~15．

盛欣，胡鞍钢．技术进步对中国就业人力资本结构影响的实证分析——基于29个省的面板数据研究［J］．科学学与科学技术管理，2011，32（06）：172~179．

丝奇雅·沙森．全球城市：纽约 伦敦 东京［M］．上海：上海社会科学院出版社，2005．

宋冬林，王林辉，董直庆．技能偏向型技术进步存在吗？——来自中国的经验证据［J］．经济研究，2010（05）：68~81．

宋勇超．"一带一路"战略下中国企业对外直接投资模式研究——基于多元Logit模型的实证分析［J］．软科学，2017，31

（05）：66~69.

宋月萍. 数字经济赋予女性就业的机遇与挑战［J］. 人民论坛，2021（30）：82~85.

孙久文，胡安俊. 产业转入、转出的影响因素与布局特征——基于中国城市四位数制造业的分析［J］. 南开学报（哲学社会科学版），2013（05）：97~104.

孙妍. 基于S-C-P范式的中国劳动力市场结构解析［D］. 西北大学博士学位论文，2010.

唐东波. 垂直专业分工与劳动生产率：一个全球化视角的研究［J］. 世界经济，2014（11）：25~52.

唐东波. 垂直专业化贸易如何影响了中国的就业结构？［J］. 经济研究，2012（08）：118~131.

唐东波. 全球化对中国就业结构的影响［J］. 世界经济，2011（09）：95~117.

田柳，周云波，沈扬扬. 中国城镇劳动力市场收入极化趋势及其分解研究［J］. 中国人口科学，2022（05）：92~107+128.

托马斯·皮凯蒂等. 21世纪资本论［M］. 中信出版社，2014.

万广华，陆铭，陈钊. 全球化与地区间收入差距：来自中国的证据［J］. 中国社会科学，2005（03）：17~26.

汪晨，万广华，曹晖. 中国城乡居民收入极化的趋势及其分解：1988~2007年［J］. 劳动经济研究，2015（05）：45~68.

王凡妹. 美国黑人劳动力的教育和职业结构变动状况研究［J］. 中国人口科学，2014（02）：84~95.

王芳，赵兰香，贾佳. 组织创新对企业模仿与创新绩效的影响［J］. 科研管理，2015，36（12）：65~74.

王锋, 葛星. 低碳转型冲击就业吗——来自低碳城市试点的经验证据 [J]. 中国工业经济, 2022（05）: 81~99.

王海港, 黄少安, 李琴等. 职业技能培训对农村居民非农收入的影响 [J]. 经济研究, 2009（09）: 128~139.

王俊, 胡雍. 中国制造业技能偏向技术进步的测度与分析 [J]. 数量经济技术经济研究, 2015, 32（01）: 82~96.

王君, 张于喆, 张义博等. 人工智能等新技术进步影响就业的机理与对策 [J]. 宏观经济研究, 2017（10）: 19.

王凯, 李志苗, 易静. 生态移民户与非移民户的生计对比——以遗产旅游地武陵源为例 [J]. 资源科学, 2016, 38（08）: 1621~1633.

王林辉, 袁礼. 技术进步技能偏向视角下的中国劳动力合意结构度量 [J]. 求是学刊, 2013（03）: 51~58.

王林辉, 董直庆. 技术进步和就业增长关联效应: 基于MS—VAR模型的动态分析 [J]. 社会科学战线, 2011（01）: 67~74.

王林辉, 钱圆圆, 宋冬林等. 机器人应用的岗位转换效应及就业敏感性群体特征——来自微观个体层面的经验证据 [J]. 经济研究, 2023, 58（07）: 69~85

王胜今, 许世存. 流动人口职业结构差异的影响因素分析——以黑龙江省为例 [J]. 社会科学战线, 2013（05）: 157~165.

王涛, 赵丹. 对外贸易与行业收入差距——基于中国省级面板数据的考察 [J]. 经济问题探索, 2015（05）: 107~111.

王晓丽. 城市劳动力市场分割与工资决定 [J]. 人口与经济, 2013（05）: 70~78.

王鑫. 技术进步、资本积累对劳动力就业影响的理论分析 [J]. 技术经济, 2015, 34（02）: 77~83.

王彦军. 劳动力技能形成及收益模式分析［J］. 人口学刊, 2008 (06): 49~52.

王悦, 马树才. 中国劳动力"极化"对经济增长影响的空间效应研究［J］. 管理现代化, 2017, 37 (02): 107~111.

王永钦, 董雯. 机器人的兴起如何影响中国劳动力市场？——来自制造业上市公司的证据［J］. 经济研究, 2020, 55 (10): 159~175.

魏玮, 郝威亚. 劳动力技能结构与技术进步引致的经济增长——基于中国经验的实证研究［J］. 经济与管理研究, 2015 (11): 33~39.

吴晗, 杨飞, 程瑶. 中国劳动报酬份额下降的影响因素：一个综述［J］. 劳动经济研究, 2014 (06): 173~192.

吴晓刚, 张卓妮. 户口, 职业隔离与中国城镇的收入不平等［J］. 中国社会科学, 2014 (06): 118~140.

夏庆杰, 李实, 宋丽娜等. 国有单位工资结构及其就业规模变化的收入分配效应：1988—2007［J］. 经济研究, 2012 (6): 127~142.

夏庆杰, 宋丽娜, Simon Appleton. 中国城镇工资结构的变化：1988~2000［J］. 劳动经济研究, 2015 (01): 3~35.

肖六亿. 技术进步的就业效应量化研究［J］. 统计与信息论坛, 2010, 25 (07): 47~52.

邢春冰, 李春顶. 技术进步, 计算机使用与劳动收入占比——来自中国工业企业数据的证据［J］. 金融研究, 2013 (12): 009.

徐舒. 中国劳动者收入不平等的演化［D］. 西南财经大学博士学位论文, 2010.

徐舒. 技术进步、教育收益与收入不平等［J］. 经济研究, 2010. (09): 12~22.

徐伟, 杨波. 中国劳动力市场的分异与分割［M］. 北京：科学出版社，2013.

许志成，闫佳．技能偏向型技术进步必然加剧工资不平等吗［J］．经济评论，2011（03）：34~44.

薛营．美国技术进步偏向性及其对要素收入分配的作用研究［D］．东北师范大学博士学位论文，2014.

严善平．中国大城市劳动力市场的结构转型——对2003年、2009年上海就业调查的实证分析［J］．管理世界，2011（09）：53~62.

杨波．我国大城市劳动力市场分割的理论与实践［D］．华东师范大学博士学位论文，2008.

杨丞娟．武汉城市圈全要素生产率的测算［J］．统计与决策，2015（22）：109~112.

杨飞．劳动禀赋结构与技能偏向性技术进步——基于技术前沿国家的分析［J］．经济评论，2013（04）：5~12.

杨飞．技能偏向性技术进步理论研究进展［J］．劳动经济评论，2014，07（01）．

杨飞．市场化，技能偏向性技术进步与技能溢价［J］．世界经济，2017，40（02）：78~100.

杨蕙馨，李春梅．中国信息产业技术进步对劳动力就业及工资差距的影响［J］．中国工业经济，2013（01）：51~63.

杨伟国，李春燕．工作极化的测量与成因［J］．新视野，2013（01）：109~112.

杨先明等．劳动力市场运行研究［M］．北京：商务印书馆，1999.

姚嘉，张家滋．人力资本、技术创新与产业发展——基于浙江省县域数据的实证研究［J］．当代财经，2016（07）：100~107.

269

姚先国，周礼，来君. 技术进步、技能需求与就业结构——基于制造业微观数据的技能偏态假说检验［J］. 中国人口科学，2005（05）.

姚先国，瞿晶，钱雪亚. 劳动力市场的职业隔离——基于浙江省的分析［J］. 人口与经济，2009（01）：41~45.

姚先国."知识性失业"的根源与对策［J］. 湖南社会科学，2009（03）：137~140.

姚先国，叶荣德. 中国农村地区间收入极化及构成变动——一个新的动态分解公式及其应用［J］. 统计与信息论坛，2012，27（03）：56~60.

姚旭兵，吴振顺，宁瑞芳. 城镇化对城乡收入差距影响的区域异质性研究［J］. 经济体制改革，2016（01）：63~69.

英英，高昌林，玄兆辉等. 我国服务业企业R&D投入现状及国际比较［J］. 中国科技论坛，2012（11）：47~50.

叶仁荪，王光栋，王雷. 技术进步的就业效应与技术进步路线的选择——基于1990~2005年中国省际面板数据的分析［J］. 数量经济技术经济研究，2008，25（03）：137~147.

易定红，廖少宏. 中国产业职业性别隔离的检验与分析［J］. 中国人口科学，2005（04）：40~47.

余佳，丁金宏. 全球化、新国际劳动分工与全球城市的崛起［J］. 华东师范大学学报（哲学社会科学版），2007，39（05）：98~104.

余佳. 全球城市经济特质与二元劳动力市场：上海的实证分析［M］. 上海：学林出版社，2010.

于蜀，徐桂琼. 经济转型与中国人口职业结构的变动［J］. 中国人口科学，1999（05）：38~44.

于晓龙. 我国信息技术进步的就业效应研究 [D]. 中共中央党校博士学位论文，2015.

曾国彪、姜凌. 贸易开放、地区收入差距与贫困：基于CHNS数据的经验研究 [J]. 国际贸易问题，2014（03）：72~85.

张国英. 广东省在业人口职业结构时空变迁：1982~2005 [J]. 南方人口，2009（01）：49~57.

张俊，钟春平. 偏向型技术进步理论：研究进展及争议 [J]. 经济评论，2014（05）：148~160.

张耀伟，朱文娟，丁振松等. 综合化经营下银企关系、信息传递与银行系基金持股 [J]. 南开管理评论，2017，20（02）：81~93.

章莉，李实等. 中国劳动力市场就业机会的户籍歧视及其变化趋势 [J]. 财经研究，2016，42（01）：4~16.

张世伟，吕世斌. 贸易自由化、技术进步与工资不平等上升 [J]. 吉林大学社会科学学报，2013（05）：21~29.

翟涛，于翠平. 贸易开放，有偏的技术进步和工资差距——基于中国制造业细分行业的实证分析 [J]. 商业研究，2016（07）：102~111.

赵利，曹惠. 技术进步影响就业结构的机理与例证 [J]. 北京工商大学学报（社会科学版），2008，23（04）：90~95.

赵伟，李芬. 异质性劳动力流动与区域收入差距：新经济地理学模型的扩展分析 [J]. 中国人口科学，2007（01）：27~35.

赵颖. 工资粘性、技能分化与劳动者工资的决定 [J]. 经济研究，2012（02）：56~68.

郑猛. 有偏技术进步下要素替代增长效应问题的经验研究 [D].

云南大学博士学位论文，2015.

钟世川．技术进步偏向，劳动力结构与行业工资差距［J］．经济经纬，2015（04）：97~102.

周礼，张学勇．FDI对国有工业企业技术外溢效应的实证研究——基于宏观数据的联立方程模型分析［J］．国际贸易问题，2006（04）：90~94.

周密，赵晓琳，屈小博等．城市规模异质性与农民工城市就业的替代效应——基于参数和半参数面板数据估计［J］．经济体制改革，2017（02）：17~23.

周芳苓．发展与差距：西部职业结构变迁的时空纬度及特征分析［J］．贵州社会科学，2015（02）：57~63.

周申，王奎倩，李可爱．出口、出口目的地和技能需求结构［J］．世界经济研究，2015（07）：63~73.

朱翠华，李建民．技术进步就业效应新解［J］．财经科学，2012（04）：53~61.

朱轶，熊思敏．技术进步、产业结构变动对我国就业效应的经验研究［J］．数量经济技术经济研究，2009（05）：107~119.

邹薇，刘勇．技能劳动、经济转型与收入不平等的动态研究［J］．世界经济，2010（06）：81~98.

Acemoglu D. Why do New Technologies Complement Skills? Directed Technical Change and Wage Inequality［J］. The Quarterly Journal of Economics, 1998, 113（04）：1055-1089.

Acemoglu D. Changes in Unemployment and Wage Inequality: An Alternative Theory and Some Evidence［J］. American Economic Review, 1999: 1259-1278.

# 参考文献

Acemoglu D. Good Jobs versus Bad Jobs [J]. Journal of Labor Economics, 2001, 19 (01): 1-21.

Acemoglu D. Technical Change, Inequality, and the Labor Market [J]. Journal of Economic Literature, 2002, 40 (01): 7-72.

Acemoglu D., Autor D. Skills, Tasks and Technologies: Implications for Employment and Earnings [R]. National Bureau of Economic Research, 2010: 16082.

Acemoglu D., Restrepo P. The Race between Machine and Man: Implications of Technology for Growth, Factor Shares and Employment [R]. National Bureau of Economic Research, 2016: 22252.

Aghion P., Howitt P. Growth and Unemployment [J]. The Review of Economic Studies, 1994, 61 (03): 477-494.

Anghel et al. The Impact of the Great Recession on Employment Polarization in Spain [J]. www.SpringerLink.com, seris, 2014 (05): 143-171.

Anikin. Mode of Socio-economic Development and Occupational Structure: the Case of Contemporary Russia [R]. MPRA Paper, 2013: 45027.

Autor D. H., Levy F., Murnane R. J. The Skill Content of Recent Technological Change: An Empirical Exploration [J]. The Quarterly Journal of Economics, 2003, 118 (04): 1279-1333.

Autor D. H., Katz L. F., Kearney M. S. The Polarization of the U.S. Labor Market [J]. American Economic Review, 2006, 96 (02): 189-194.

Autor D. H. The Polarization of Job Opportunities in the U.S. Labor

Market. The Hamilton Project and the Center for American Progress, Washington D. C. 2010.

Autor D. H. , Handel M. J. Putting Tasks to the Test: Human Capital, Job Tasks and Wages [J]. Journal of Labor Economics, 2013, 31 (01): 59-96.

Autor, D. H. , Dorn D. The Growth of Low-skill Service Jobs and the Polarization of the US Labor Market [J]. The American Economic Review, 2013, 103 (05): 1553-1597.

Autor D. H. , Dorn D. , Hanson G. H. Untangling Trade and Technology: Evidence from Local Labour Markets [J]. The Economic Journal, 2015, 125 (584): 621-646.

Autor D. H. , Dorn D. , Hanson G. H. The China Shock: Learning from Labor-market Adjustment to Large Changes in Trade [J]. Annual Review of Economics, 2016 (8): 205-240.

Autor D. H. , Dorn D. , Hanson G. H. The China Syndrome: Labor Market Effects of Import Competition in the United States [R]. IZA Discussion Paper, 2013: 7150.

Bagchi-Sen. Structural Determinants of Occupational Shifts for Males and Females in the U. S. Labor Market [J]. Professional Geographer, 1995, 47 (03): 268-279.

Beaudry et al. The Great Reversal in the Demand for Skill and Cognitive Tasks [R]. National Bureau of Economic Research, 2013: 18901.

Berman E. , Bound J. , Griliches Z. Changes in the Demand for Skilled Labor within U. S. Manufacturing: Evidence from the Annual

Survey of Manufactures [J]. Nber Working Papers, 1994, 109 (02): 367-397.

Berman E., Bound J., Machin S. Implications of Skill-Biased Technological Change: International Evidence [J]. Quarterly Journal of Economics, 1997, 113 (04): 1245-1279.

Bisello M. Job Polarization in Britain from A Task-based Perspective. Evidence from the UK Skills Surveys [J]. Department of Economics and Management, University of Pisa Discussion Paper, 2013 (160).

Brambilla I., Porto G. G. High-income Export Destinations, Quality and Wages [J]. Journal of International Economics, 2016 (98): 21-35.

Braverman H. Labor and Monopoly Capital: the Degradation of Work in the Twentieth Century [J]. Labor Studies Journal, 1974, 20 (44): 309-309.

Briec W., Chambers R. G., Fare R., Peypoch N., Parallel Neutrality [J]. Journal of Economics, 2006, 92 (03): 285-305.

Burstein A., Morales E., Vogel J. Changes in Between-group Inequality: Computers, Occupations, and International Trade [R]. mimeo, September 13, 2016.

Carnoy M. The New Information Technology-International Diffusion and Its Impact on Employment and Skills: A review of the Literature [J]. International Journal of Manpower, 1997, 18 (1/2): 119-159.

Caselli M. Does Wealth Inequality Reduce the Gains from Trade? [J]. Review of World Economics, 2012, 148 (02): 333-356.

Coelli M., Borland J. Job Polarization and Earnings Inequality in

Australia [J]. Economic Record, 2016 (296): 1-27.

Combes P. P., Duranton G., Gobillon L., et al. Estimating Agglomeration Economies with History, Geology, and Worker Effects [J]. Nber Chapters, 2008.

Cortes G. M. Where have the Middle-wage Workers Gone? A Study of Polarization Using Panel Data [J]. Journal of Labor Economics, 2016, 34 (01): 63-105.

Dicarlo E., Lo Bello S., Monroy-Taborda S., et al. The Skill Content of Occupations across Low and Middle Income Countries: Evidence from Harmonized Data [R]. IZA Discussion Paper, 2016: 10224.

De la Rica S., Dolado J. J., Llorens V. Ceilings or Floors? Gender Wage Gaps by Education in Spain [J]. Journal of Population Economics, 2008, 21 (03): 751-776.

Desjardins R, Thorn W, Schleicher A, et al. OECD Skills Outlook 2013: First Results from the Survey of Adult Skills [M]. Paris: OECD Publishing. 2013.

Doms, Mark E. and Ethan G. Lewis. Labor Supply and Personal Computer Adoption. [R]. Federal Reserve Bank of Philadelphia Working Paper. 2006 (06): 06-10.

Eeckhout, Jan, Roberto Pinheiro and Kurt Schmidheiny, "Spatial Sorting", Journal of Political Economy, 2014, 122 (03): 554-620.

Eurofound. Employment Polarization and Job Quality in the Crisis: European Jobs Monitor 2013. Eurofound, Dublin.

Firpo et al. Occupational Tasks and Changes in the Wage Structure [R]. IZA Discussion Paper, 2011: 5542.

# 参考文献

Foote C. L. , Ryan R. W. Labor-Market Polarization over the Business Cycle [J]. National Bureau of Economic Research, Macroeconomics Annual, 2015, 29 (01): 371.

Fernández-Macías E. Job Polarization in Europe? Changes in the Employment Structure and Job Quality, 1995 - 2007 [J]. Work and Occupations, 2012, 39 (02): 157-182.

Gallie D. , Russell H. Unemployment and Life Satisfaction: A Cross-cultural Comparison [J]. Archives Européennes De Sociologie, 1998, 39 (02): 248-280.

Galor O , Moav O . Natural Selection and the Origin of Economic Growth [J] . Quarterly Journal of Economics, 2002, 117 (4): 1133-1191.

Gancia G. , Zilibotti F. Horizontal Innovation in the Theory of Growth and Development [J]. Handbook of Economic Growth, 2005 (01): 111-170.

Ge S. , Yang D. T. Changes in China's Wage Structure [J]. Journal of the European Economic Association, 2014, 12 (02): 300-336.

Goos M. , Manning A. Lousy and Lovely Jobs: the Rising Polarization of Work in Britain [J]. The Review of Economics and Statistics, 2007, 89 (01): 118-133.

Goos M. , Manning A. , Salomons A. Job Polarization in Europe [J]. American Economic Review, 2009, 99 (02): 58-63.

Goos M. , Manning A. Explaining Job Polarization in Europe: the Roles of Technology, Globalization and Institutions [R]. CEP Discussion Paper, 2010: 1026.

Goos M., Manning A., Salomons A. Explaining Job Polarization: Routine-biased Technological Change and Offshoring [J]. The American Economic Review, 2014, 104 (08): 2509–2526.

Graetz G., Michaels G. Robots at Work [J]. https://ssrn.com/abstract=2575781. 2015.

Handel, Michael. What Do People Do at Work? A Profile of U.S. Jobs from the Survey of Workplace Skills, Technology and Management Practices (STAMP) [J]. Journal for Labor Market Research, 2016, 49 (02): 177–197.

Hanlon M. E. Technological Change and the Future of Warfare [M]. Brookings Institution Press, 2011.

Holmes C., Mayhew K. The Changing Shape of the UK Job Market and its Implications for the Bottom Half of Earners [J]. London: Resolution Foundation, 2012.

Ikenaga T., Kambayashi R. Long-term Trends in the Polarization of the Japanese Labor Market: the Increase of Non-routine Task Input and Its Valuation in the Labor Market [J]. Hitotsubashi University Institute of Economic Research Working Paper, 2010 (464).

Jallade J. P. Occupational and Educational Structures of the Labour Force and Levels of Economic Development [J]. 1970.

Jaimovich, Henry E. Siu. The Trend is the Cycle: Job Polarization and Jobless Recoveries [R]. National Bureau of Economic Research, 2012: 18334.

Katz L. F., Murphy K. M. Changes in Relative Wages, 1963–1987: Supply and Demand Factors [J]. The Quarterly Journal of Economics,

1992, 107 (01): 35-78.

Keller W., Utar H. International Trade and Job Polarization: Evidence at the Worker-level [R]. National Bureau of Economic Research, 2016: 22315.

Kroeger. The Contribution of Offshoring to the Convexification of the U.S. Wage Distribution [J]. http://people.bu.edu/skroeger/research.htm. 2013.

Lehn C. V. Labor Market Polarization, the Decline of Routine Work, and Technological Change: A Quantitative Evaluation [R]. Society for Economic Dynamics, 2015.

Lewandowski P., Keister R., Hardy W., et al. Routine and Ageing? The Intergenerational Divide in the Deroutinisation of Jobs in Europe [J]. 2017.

Lewandowski P, Keister R., A Routine Transition in the Digital Era? The Rise of Routine Work in Central and Eastern Europe [J]. Transfer: European Review of Labour and Research, 2017: 1024258917703557.

Manning A. We Can Work It Out: The Impact of Technological Change on the Demand for Low-Skill Workers [J]. Scottish Journal of Political Economy, 2004, 51 (05): 581-608.

Mazzolari F., Ragusa G. Spillovers from High-skill Consumption to Low-skill Labor Markets [J]. Review of Economics and Statistics, 2013, 95 (01): 74-86.

Michaels et al. Has ICT Polarized Skill Demand? Evidence From 11 Countries over 25 Years [R]. National Bureau of Economic Research, 2010: 16138.

Medina C., Posso C. Technical Change and Polarization of the Labor Market: Evidence for Brazil, Colombia and Mexico [C]. Banco De La República, 2010.

Mehta A., Felipe J., Quising P., et al. Where have All the Educated Workers Gone? Services and Wage Inequality in Three Asian Economies [J]. Metroeconomica, 2013, 64 (03): 466-497.

Meng X. Labor Market Outcomes and Reforms in China [J]. The Journal of Economic Perspectives, 2012, 26 (04): 75-101.

Moretti E. The New Geography of Jobs [M]. Houghton Mifflin Harcourt, 2012.

Moretti E. Local Multipliers [J]. The American Economic Review, 2010, 100 (02): 373-377.

Morin M. Computer Adoption and the Changing Labor Market [J]. Unpublished Manuscript (Job Market Paper), Columbia University. URL, http://www.columbia.edu/mm3509/Miguel_Morin_Jobless_Recoveries.pdf, 2014.

Oldenski. Offshoring and the Polarization of the U.S. Labor Market [J]. ILR Review, 2014, 67 (03): 734-761.

Oesch, Menes. Upgrading or Polarization? Occupational Change in Britain, Germany, Spain and Switzerland, 1990 - 2008 [R]. MPRA Paper, 2010: 21040.

Plunkett J., Pessoa J. P. A Polarising Crisis? The Changing Shape of the UK and U.S. Labour Markets from 2008 to 2012 [J]. Resolution Foundation, London, 2013.

Reid L. W., Rubin B. A. Integrating Economic Dualism and Labor

Market Segmentation: The Effects of Race, Gender, and Structural Location on Earnings, 1974-2000 [J]. The Sociological Quarterly, 2003, 44 (03): 405-432.

Rendall M, Weiss F J. Employment Polarization and the Role of the Apprenticeship System [J]. European Economic Review, 2016, 82: 166-186.

Sassen S. Nine. Economic Restructuring as Class and Spatial Polarization: The Global City New York, London, Tokyo [J]. 2001 (Mar. 14).

Senftleben C., Wielandt H. The Polarization of Employment in German Local Labor Markets [C] // Annual Conference 2012 (Goettingen): New Approaches and Challenges for the Labor Market of the 21st Century. Verein für Socialpolitik / German Economic Association, 2012: 379-389.

Spitz-Oener A. Alexandra. Technical Change, Job Tasks and Rising Educational Demands: Looking outside the Wage Structure [J]. Journal of Labor Economics, 2006, 24 (02): 235-270.

Spitz-Oener A. The Returns to Pencil Use Revisited [J]. ILR Review, 2008, 61 (04): 502-517.

Telles E. E. Urban Labor Market Segmentation and Income in Brazil [J]. Economic Development and Cultural Change, 1993, 41 (02): 231-249.

Vainiomäki J. Aggregate Evidence for Job Polarization in Finland [J]. Proceedings in ARSA - Advanced Research in Scientific Areas, 2013 (01): 116-172.

Weiss, Matthias. Skill-biased Technical Change: Is There Hope for the Unskilled?［J］. Economics Letters, 2008. 100（3）: 439-441.

Wright E. O., Dwyer R. E. The Patterns of Job Expansions in the USA: A Comparison of the 1960s and 1990s［J］. Socio-Economic Review, 2003, 01（03）: 289-325.

Xiu L., Gunderson M. Occupational Segregation and the Gender Earnings Gap in China: Devils in the Details［J］. International Journal of Manpower, 2015, 36（05）: 711-732.

Yao Jinxin, Lu Xingfu, Qiu Fengxian. Residential Segregation and Employment Stability Among China's Migrant Population, and Related Intergenerational Differences—Analysis based on Propensity Score Matching［J］. International Journal of Urban Sciences, 2022.

# 后　记

从最早接触"劳动力市场极化"这个概念至今已经过去了九年，九年的时间里，我国劳动力市场发生了巨大的改变。AI技术日趋成熟、数字经济正在深刻改变生产生活方式、经济全球化遭遇逆流，这些变化都深深影响了劳动者的就业和工资水平，改变着我国的劳动力市场结构。从讨论是否存在劳动力市场极化到研究影响劳动力市场极化的因素，再到基于劳动经济、政治经济、社会学等不同学科理论，更深入探讨劳动力市场极化的形成，学界关于极化的研究在不断深入。几年来，我读到了很多关于极化研究的优秀论文，也愈发感到本书中还有很多未尽的工作值得去做。所以，本书的出版既是对过去多年工作的总结也是下一阶段研究工作的启动。

本书是在我博士学位论文的基础上修改完善的，这本书的出版可以说见证了我自读博以来的科研之路。

也许是源于当年硕士毕业时找工作的种种经历，我一直对劳动经济学的研究内容十分关注，特别是与就业市场相关的研究。2015年，《经济学（季刊）》上发表了一篇关于我国劳动力市场是否出现极化现象的文章，我在第一次阅读了这篇文章后便毫不犹豫地选定了这个研究方向。极化，是劳动力市场上出现的新问题，是一个还在讨论，未有定论的新趋势，但可以预见，随着人工智能的不断发展必然对劳动力市场产生前所未有的影响。可以说，我非常幸运在学术研究的初期就找到了一个值得研究的好问题，之后便一点点开始阅读国内外文献，收集数据，一步步开始了对我国劳动力市场极化的研究。历经两年时间，在几经修改后，我于2017年底完成了《劳动力市场极化问题研究综述》这篇文章，这是我研究极化问题的第一篇学术文章，投稿时非常忐忑，发表时当然是非常开心，有幸这篇文章于2018年在《劳动经济研究》期刊上发表了。如今回想起来，2018年对于我来说是充满幸运，收获满满的一年。这一年，我顺利毕业了，这篇发表的文章在9月份被人大复印报刊资料全文转载了，在11月又被《新华文摘》转载了。读书如行路，一路上我始终低头爬坡，获得博士学位，有了小小的学术成果，20多年的读书生涯终于画上了一个比较满意的句号。

经过读博四年的学习和训练，我掌握了独立完成一项研究的基本方法，对于在高校从事社科研究工作是一种什么样的生活有了具体的感受，这都源于我的导师罗淳教授。罗老师人如其名，淳厚君子，他有细致严谨的治学态度，和善宽容的待人态度，积极乐观的人生态度，运动健康的生活态度，既能潜心做研究，又能完美平衡好工作与生活。很感恩在我走上学术道路的起点有罗老师指引，现在我也已经是硕士生导师，在与学生相处时常常想起从前罗老师如何指导我写文章、看文献、鼓励我参加学术会议等等，也总希望自己能够成为一名像他一样，得到学生真心认可的老师。

博士毕业后，我开始了新一阶段的科研工作，申报了一些课题继续开展劳动力市场的有关研究，但关注点开始有了变化。在这一年，

## 后 记

我认识了亦师亦友的吴瑛教授，她带我开始了新的社科研究方向：智库研究。我开始尝试做决策咨询研究，这个方面的研究工作让我对社科研究有了新的认识。在此之前，我对于在高校从事科研工作的理解是要研究具有理论前沿性的问题，而在吴老师的影响下，我逐渐看到了社科研究的社会价值，逐渐意识到社科研究要服务于国家，有价值的研究成果不一定是站在理论最前沿的，但切实能够影响一个领域、一个地方、一个群体的发展。可以说，当年将劳动力市场极化作为博士论文选题是一个源自个人学术兴趣和跟踪全球学术前沿的选择，而在工作后继续这个选题是因为认识到了研究劳动力市场极化的社会价值。

正如我在研究展望中所说，研究劳动力市场极化将带来怎么的经济和社会效应更加具有现实意义。劳动力市场的变化是技术、经济变革的映射，而作为普通人参与最广泛、最深入的要素市场，劳动力市场的变化深刻影响着每个人的就业和工资。我相信很多学者是认同我这个观点的，因为近两年我看到越来越多学者从经济学、社会学、管理学的角度出发来探讨劳动力市场结构变革下出现的新问题及其治理。这是本书没有来得及去延伸的部分，在本书即将出版之际，给自己未来设定的一个目标，能够不忘初心，开启下一阶段的研究工作。

曹 洁

2024 年 12 月于云子

图书在版编目(CIP)数据

劳动力市场极化问题研究：基于技能偏向型技术进步和劳动力流动的视角 / 曹洁著 . --北京：社会科学文献出版社，2024.12. --ISBN 978-7-5228-4694-1

Ⅰ.F249.212

中国国家版本馆 CIP 数据核字第 2024ED0664 号

## 劳动力市场极化问题研究
### ——基于技能偏向型技术进步和劳动力流动的视角

著　　者 / 曹　洁

出 版 人 / 冀祥德
组稿编辑 / 任文武
责任编辑 / 丁　凡
责任印制 / 王京美

出　　版 / 社会科学文献出版社·生态文明分社 (010) 59367143
　　　　　　地址：北京市北三环中路甲 29 号院华龙大厦　邮编：100029
　　　　　　网址：www.ssap.com.cn
发　　行 / 社会科学文献出版社 (010) 59367028
印　　装 / 三河市尚艺印装有限公司

规　　格 / 开本：787mm×1092mm　1/16
　　　　　　印张：18.75　字数：234 千字
版　　次 / 2024 年 12 月第 1 版　2024 年 12 月第 1 次印刷
书　　号 / ISBN 978-7-5228-4694-1
定　　价 / 88.00 元

读者服务电话：4008918866

▲ 版权所有 翻印必究